地洋丸甲板上の澁澤男爵（當時）一行

（右ヨリ中列）

明石照男
澁澤武之助
馬越恭平
澁澤男爵
尾高次郎
白岩龍平

地洋丸甲板上の澁澤男爵（當時）一行

（右ヨリ中列）

明石照男　澁澤武之助　馬越恭平　澁澤男爵　尾高次郎　白岩龍平

2012年度華中師範大學自主科研項目資助

# 1914　澀澤榮一中國行

田　彤　編

華中師範大學出版社
2013年・武漢

**新出圖證(鄂)字 10 號**

**圖書在版編目(CIP)數據**

1914 澀澤榮一中國行/田彤 編.
—武漢:華中師範大學出版社,2013.1

ISBN 978-7-5622-5920-6

Ⅰ.①1… Ⅱ.①田… Ⅲ.①澀澤榮一(1840～1931)—人物研究
Ⅳ.①K833.137=5

中國版本圖書館 CIP 數據核字(2013)第 011457 號

**1914 澀澤榮一中國行**

**作　者**:田　彤 ©
**責任編輯**:馮會平　蕭緒旭　張懷東
**責任校對**:易　雯　　**封面設計**:羅明波
**編輯室**:文字編輯室　　**電話**:027－67863220
**出版發行**:華中師範大學出版社
**社址**:湖北省武漢市珞喻路 152 號
**電話**:027－67863040(發行部)　027－67861321(郵購)
**傳真**:027－67863291
**網址**:http://www.ccnupress.com　　**電子信箱**:hscbs@public.wh.hb.cn
**印刷**:武漢理工大印刷廠　　**督印**:章光瓊
**字數**:270 千字
**開本**:710mm×1000mm　1/16　　**印張**:16.5
**版次**:2013 年 1 月第 1 版　　**印次**:2013 年 1 月第 1 次印刷
**印數**:1—1500　　**定價**:45.00 元

歡迎上網查詢、購書

# 序　一

## 華中師範大學原校長　榮譽教授　章開沅

早先,因爲研究張謇,略知澀澤榮一其人,但並未作任何深入探討。直至本世紀初,承蒙關西大學陶德民教授熱心聯絡,我們才開始與澀澤雅英先生及澀澤榮一財團建立友好交流關係。2005 年在南通共同舉辦澀澤榮一和張謇比較研究的國際研討會,這才大大增加了我對"日本近代實業之父"的認知與理解,並且與雅英先生一見如故,從此成爲莫逆之交。特別是 2007 年春季,我們在東京逗留較長,不僅經常與雅英夫婦傾心叙談,還再次前往風景如畫的飛鳥山澀澤榮一故居及紀念館歡聚,兩個家庭之間也産生了親密友誼。

我們還共同倡議並建立華中師範大學澀澤榮一研究中心,同時又由於雅英的促進,與關西大學建立合作交流關係,短短幾年期間,做了許多卓有成效的工作。今年適逢中日建交 40 周年,我們澀澤榮一研究中心理應隆重紀念,除共同舉辦學術講座以外,還決定正式出版田彤博士多年辛苦經營的文獻資料結集《1914 澀澤榮一中國行》。澀澤此次訪華,曾經引起很大轟動,但過去由於資料比較零散,一直缺乏深入研究。此次旅行堪稱澀澤榮一晚年的一次壯舉,但好些重要問題至今仍需作尋根究底的探究。諸如:此次訪華真正的目的究竟是什麼? 整個旅行安排與中日雙方互動的細節,雙方各自的期盼與實際成效如何? 等等。我想,本書提供的資料,主要是報刊新聞資訊,未必能够對上述問題提供圓滿的答復,但至少可以提供若干真相、若干綫索乃至若干值得深入探究的疑點。因此本書的出版,或許可以引起同行學者的閱讀興味與求索衝動。

根據現有文獻記載,澀澤榮一曾經三次來華。

第一次是在 1867 年,當時德川慶喜之弟應拿破侖三世邀請前往巴黎參觀萬國博覽會,27 歲的澀澤榮一,作爲一橋家臣隨行訪法。他已經投入維新運動,才智過人,意氣風發。其主要注意力集中於西行取經,深思苦慮如何借鑒歐洲先進文明推動日本的現代化(即所謂“脱亞入歐”)。此次無非途經上海,逗留極爲短暫,除一條黄浦江以外别無其他深刻印象。

第二次來華是在1877年,距前次僅10年,但在這10年間,澀澤榮一已經成爲一個相當成熟的政治實業家,不僅曾進入明治維新政府,任大藏大臣,“參與處理國家財政樞機”,而且又在1874年(明治六年)因爲政見分歧而毅然辭職,全心全意轉身投入發展近代實業。但此次來華似乎也没有什麽明顯意圖,仍然屬於“小作勾留”,對上海的印象還是浮光掠影。

1914年是他最後一次訪華,也是僅有的一次時間較長的參觀訪問。其時他已經是74歲高齡,所經營的近代實業涵蓋金融、紡織、鐵路、輪船、漁業、鋼鐵、煤氣、電氣、煉油、採礦諸多方面,事業鼎盛如日中天,因此他的訪華自然要引起很大的關注乃至轟動。當然,同時也引起中外各界許多有根據的或無根據的猜測。

關於此行目的,澀澤榮一在大連接受採訪時講得很清楚:一是參拜孔廟、孟廟,此乃多年宿願;二是日中實業公司的創建,此乃當務之急。

第一件大事,由於身體不適而臨時取消計畫,剩下來的就只有第二件大事——中日實業公司的創建了。因爲合作對象更易(原爲孫中山),他必須前往北京拜會袁世凱和北京政府相關部門有所會商,此外又專程到上海、杭州、蘇州、南京、漢口等長江中下游重要城市訪問考察。

1914年,中國内部政争與中日關係都十分複雜,因此,澀澤榮一在華言論相當謹慎,儘量避免涉及政治、軍事、外交等敏感問題,其諸多公開言論可以概括爲“在商言商”四個字。當然,也包括宣講其“《論語》加算盤”的成功理念。

不能認爲這些言論都是表面文章,因爲澀澤榮一已經進入人生的晚年,他在國際關係與社會生活兩方面確實有許多深刻的感悟。譬如他曾説過:“經濟無國界,爲了經濟上和實業上的目的,雙方努力擴大共同利益是當然的事,何況日中兩國兩千年來在歷史上有着不可分離的密切關係,同文、同種的兩國人民,風俗人情也極爲接近。”“要以道義上的邦交爲基礎,在此之上廣泛建立兩國間經濟上的聯繫,然而做到公平公正、利益均沾是兩國親善的關鍵。因此,最重要的就是雙方能遵循以德爲重,‘己所不欲,勿施於人’之聖訓,相互運用人才、物力和資金三要素,以此開拓上天賦予支那的豐富資源。”“國際經濟關係並非是右手握武器,左手握算盤,兩國相互對峙,而必須是兩國互相尊重雙方的利益,在道義的基礎上謀求事業的發展。如我這樣的商人，在本國經營企業之時，都要右手握《論語》，左手握算盤般的精細，並以此作爲唯一的信條。本次兩國的經濟合作，也應以此作爲唯一信條推進事業的發展。”如此等等，至今都可以作爲中日經濟文化交流的重要借鑒。

我很高興地發現，1914 年 5 月 20 日下午，澀澤榮一曾經拜會時任代理農商總長的章宗祥，而後又應邀參加了日方的答謝晚宴。章宗祥亦屬浙江吴興荻溪章氏家族，是我的堂伯。但是我又遺憾地發現，當時仍屬在任農商總長的張謇，却反而無緣與這位日本的實業之父見面。原因似乎很簡單，當時張謇已經離開北京，正偕荷蘭工程師勘察淮河。但澀澤榮一既然訪問上海、蘇州、南京，爲何却没有順道去看看新興工業城市南通呢？其中可能還存在着若干有待參悟的玄機。

但是，歷史的遺憾已經被後世的努力彌補了。正是由於澀澤雅英先生與澀澤榮一財團的建議與支持，我們不僅舉辦了中日兩國實業之父比較研究的國際學術會議與澀澤榮一紀念講座，創設了澀澤榮一研究中心，還做了許多有益於促進日中友好交流的工作。讓日本人民多瞭解一點張謇，讓中國人民多瞭解一點澀澤榮一，今後我們還要做更多的努力。

雅英先生德高望重而又平易近人，把促進中日友好作爲自己的終生事業。前些年他以八十高齡還去西藏旅行，對此我甚爲驚訝，他却不畏艱險，並且還盛情邀請我結伴再次前往同遊。我想，目前中日之間邦交陷於低谷，問題成堆，糾結如麻，促進中日友好持續發展的困難恐怕也同八十老翁遊西藏高原一樣。這就需要更多兩國民間人士，以這種大無畏的堅毅精神，共同克服眼前暫時困難，排除前進途中各種障礙，把中日邦交重新引向正確道路。

“前事不忘，後事之師。”也許，這就是對中日建交 40 周年最好的紀念。

2012 年 9 月

# 序　二

華中師範大學　教授　馬敏

1914年5月至6月澀澤榮一率團訪華是當時中日關係史上的一件大事。此爲有日本“實業之父”之稱的澀澤榮一平生第三次中國之行。這次訪問儘管只有短短的30餘天，但於中日實業界之間的交流却有着極爲重要的意義，同時，其背後則牽扯到更爲錯綜複雜的中日政界關係及其暗中博弈；因此，不失爲研究民國初年“二次革命”前後中日政治、經濟關係史的一個重要課題。

澀澤榮一的訪華，肇因於孫中山1913年訪日期間與日本財界密切接觸，從討論到最終創設中日合辦企業“中國興業公司”。澀澤在中國興業公司的談判及最終簽約中始終扮演着主導角色，1913年8月11日該公司成立後，澀澤榮一爲顧問，總裁位置暫時空缺(原内定由孫中山擔任，“二次革命”發生後，日本爲慎重計，故空缺)，副總裁由倉知鐵吉擔任。以袁世凱爲首的北京政府之所以要急不可耐地邀請澀澤榮一訪華，其中的重要原因之一，便是要與澀澤當面討論中國興業公司的中方人選改組問題，尤其希望由剛入京的工商總長張謇與澀澤親自面商改組及合作内容事宜。儘管後來澀澤與張謇並未謀面，但二人在這一過程中所起到的重要作用却是不容忽視的。

澀澤榮一訪華團規模雖小，却是近代日本財界派出的第一個有工商界最高領導人參加的對華實業考察團，故引起海内外的强烈關注。中國方面接待的規格相當之高，各地方長官和紳商紛紛出迎，日本各地使領館也全力以赴接待，提供高規格的服務。在北京，澀澤榮一一行更是受到大總統袁世凱等的接見，備受禮遇。通過與袁世凱和楊士琦等人的會談，澀澤不僅推動了圍繞創建中國興業公司(後改爲中日實業公司)所進行的中日經濟合作，而且爲日本謀取到了更多的經濟權益。日本報紙曾以“澀澤大獲成功”報導了澀澤的中國之行，認爲“澀澤此行給中日實業關係帶來了極大的效果，解除了北方實業家的誤會，雙方氣氛良好”。

當年中國的《申報》、《大公報》等主要媒體也對澀澤的訪華進行了大量跟蹤報導，反映了中國社會尤其是工商界對澀澤訪華的看法。工商界雖對日本政府圖謀在中國攫取各項利權心存戒心，有强烈的不信任感，但對澀澤欲加强日中之間實業的交流與合作，基本還是持肯定和歡迎的態度。1914年5月30日的《申報》刊載《澀澤氏演詞中之對華態度觀》，向國人介紹了澀澤對華觀的要點，即日中要相互提攜，共同開發實業："我之對華實業策在利益支那，即同時利益日本，並同時利益世界。實業會社即本此意味所設之助長機關。倘以中日兩國實業家合同之力，尚不能達其目的，更不可不進而求列國實業家之提攜。在今日之時勢，單以自國之利益爲目的，而欲開發支那之富源，不可能之事也。"從澀澤關於實業開發的一貫觀點看，他在關心日本利益的前提下，的確抱持有世界主義的觀點，所言也並非不是他真心的想法。中國媒體也注意到澀澤對中國古典文化和中國文字是很有興趣並有一定造詣的。澀澤曾經提出通過《論語》加算盤來創立日本近代資本主義的新經濟倫理，在文化上對中國抱有好感，如他所言："余之遊華，蓋了久蓄之願。余自髫年讀中國經書時即心向往之，且余向尊孔學，久欲一謁此中國先師之墓。而外間對於余之此行多所誤會，謂余乃往求讓與權，且謂將於揚子江英國利益有礙云云，其實毫無影響。余無所求，此行以遊覽爲主，余以研究中國文字之故，乃蓄此極誠之意，余既爲商家，則自將調查中國經濟狀況，且望得與該國領袖、商家把晤傾談。且余乃中日實業公司發起員之一，余固極欲得悉中國實業現狀。總之，此行實未挾有政治使命也。"（《申報》1914年5月6日）儘管日後中日實業公司實際扮演了日本在中國進行經濟擴張的橋頭堡角色，但參之日本政界、軍界、新聞界與實業界有合有分，各自有不同追求的實況，作爲實業界領袖，澀澤所言似仍有可信之處。

澀澤中國之行有兩點是頗令人感到疑惑不解的：一是孫中山對此基本没有什麼反應和言論，而最早與澀澤等商談實業合作計畫的恰好是孫中山本人。李廷江在研究日本財界與辛亥革命時，已注意到這一問題，他解釋孫中山雖然對此事没有直接的評論，但已通過致函大隈重信（1914年5月11日）的形式，提醒日本要警惕袁世凱利用實業交往而服務於其政治陰謀。孫中山之所以基本未予置評，一是澀澤等人在公司改組方面已得到孫中山的事前許可，二是孫中山一直對日本期待過高，不願得罪日本（李廷江：《日本財界與辛亥革命》，中國社會科學出版社，1994年，第313—314頁）。

另一點很令人費解的是，張謇在澀澤訪華之前，作爲工商總長積極參與了與澀澤等派出的代表倉知鐵吉的會談和宴請，並協商將中國興業公司改組爲中國實業公司，同時張謇、盛宣懷二人還被補選爲股東。但在澀澤榮一30多天的訪華期間，張謇却似乎並未與澀澤謀面，至少目前並未見到有二人會面的史料記載。查張謇日記，他這段時間的行程爲南行到安徽“復勘淮河”並順便回南通老家，時間爲該年4月4日離京至6月24日回京，錯過了與澀澤榮一見面的時機。張謇日記中也没有任何關於澀澤訪華情況的片言隻語。事實上，原本中方邀請澀澤訪華，很重要的一個目的，就是希望這兩位中日雙方實業界的領袖在北京見面，面商中日實業界的合作事宜。而且，澀澤來華後先後見到了盛宣懷、楊士琦、周金箴等政界和商界的實業領袖，唯獨没有見到號稱“中國實業之父”(或者説中國的澀澤榮一)的張謇。錯過這次機會之後，這兩位近代東亞最重要的實業鉅子平生都未曾謀面，這不能不説是一個歷史的遺憾。

還有兩年就是澀澤榮一中國行一百周年紀念，此時將澀澤訪華期間中國媒體的大量報導彙集成册，加以出版，爲推進對澀澤榮一這位日本近代實業史上最爲重要人物的研究，以及對近代中日關係史的研究無疑都具有重要的意義。我們衷心感謝編者的辛勤勞動和“甘爲他人作嫁衣”的學術奉獻精神！

謹此爲序。

2012年9月20日於武漢

# 序　　三

公益財團法人澀澤榮一紀念財團研究部　部長　木村昌人

今次《1914澀澤榮一中國行》資料集能由華中師範大學澀澤榮一研究中心編輯、華中師範大學出版社出版，對此我表示衷心祝賀。本序旨在概述華中師範大學與本財團之聯繫、澀澤榮一與中國之關係，以及資料集的出版意義。

2005年5月，章開沅先生（華中師範大學原校長）與華中師範大學校長馬敏先生（現任該大學校務委員會主任），出席中國江蘇省南通市舉辦的第二屆澀澤國際儒教研討會。此前，二位先生對張謇與澀澤榮一早已有過相關研究，而在此次研討會上與關注張謇研究的本財團理事長澀澤雅英會面之時，立刻發現雙方的研究興趣不謀而合，於是決定在華中師範大學設立澀澤榮一研究中心。9月26日，在研究中心成立之際，本財團向中心捐贈了《澀澤榮一傳記資料》（全卷"本篇"58卷、"別篇"10卷）和與澀澤榮一相關書籍。自2007年起，中心與本財團開始共同舉辦"澀澤榮一紀念講座"。至今已舉辦的講座如下：

2007年 澀澤雅英（澀澤榮一紀念財團理事長） "歷史視野中的澀澤榮一"

2008年 傅高義（哈佛大學名譽教授） "第二次世界大戰後的中日關係"

2009年 五百旗頭真（日本防衛大學校校長） "世界格局下的中日關係"

2010年 珍妮特·亨特（Janet Hunter 倫敦政治經濟學院教授） "承前啓後的英雄——東西方企業家精神與工業化比較"

2011年 蘿拉·米勒（Laura Miller 密蘇里州立大學教授） "電梯女郎與當代日本大衆文化"

每年的講座不僅有華中師範大學學生的廣泛參與，還得到來自武漢市各大高校學生的積極支持。演講結束後，同學們踴躍提問，氣氛十分熱烈。

下面，我想概要介紹澀澤榮一與中國的關係。澀澤榮一出生於1840年

（天保十一年），91 歲高齡去世。他終生致力於實現“《論語》加算盤”，即道德經濟的一致性，並參與實業和福利等領域的數百家企業和組織的設立，爲創造近代日本的經濟社會而竭盡全力。榮一在少年時期熟讀《論語》，對孔子和中國十分尊敬。進入 20 世紀，榮一堅信要維護世界和平及日本的持續發展，必須建立日、中、美三國的良好關係。榮一懷抱這個信念，通過商貿、經濟協助、災害援助、人文交流等，爲中日友好而努力。他還邀請來訪日本的中國政要和外交官到他在飛鳥山的私人宅邸，開展獨立的民間外交活動。

榮一一生三次訪華。1867 年（慶應三年），他作爲德川幕府派遣的巴黎萬國博覽會考察團成員，首次途經上海、香港，目睹歐洲列强的對華行爲，深刻感受到了列强的威脅。第二次訪華是在 1877 年（明治十年），榮一與三井物産的益田孝共同訪問北京，就借款問題與中國政府進行交涉，但這項借款最終並未實現。隨後，他出任日本第一家按照西方銀行模式建立的第一國立銀行（後更名爲第一銀行，現爲日本三大銀行之一的瑞穗銀行）行長，並很早就開始向朝鮮半島拓展經濟事務。1906 年（明治三十九年），榮一雖然擔任南滿洲鐵道株式會社的設立委員，但他始終反對日本把滿洲列入領土的行爲。翌年，他支援白岩龍平建立湖南汽船公司，爲創設日清汽船公司而努力。

榮一認爲要加强中日經濟關係，改善中國經濟社會的基礎設施建設是當務之急。他與倉知鐵吉、尾崎敬義、高木陸郎等人籌畫，並於 1913 年（大正二年）與訪日途中的孫中山會談，創立中國興業公司，由他擔任顧問。翌年，袁世凱接任公司中方代表，公司更名爲中日實業公司，榮一擔任日方代表。榮一對辛亥革命後中國社會的混亂局面十分擔憂。1914 年（大正三年），他與白岩龍平等人訪問中國，遍歷上海、杭州、南京、武漢、北京、天津等城市。訪華期間，榮一與袁世凱等中國政商界人士會面，並就中國經濟的基礎設施建設問題，提出了建立中央銀行、改革貨幣制度、鋪設鐵路等建議。日本向中國提出“二十一條”之後，中國國内排日運動激化、勞資糾紛勃發，加上第一次世界大戰後發生的經濟大蕭條，這些都對中日實業公司帶來了決定性的打擊。榮一爲重建公司，重組人事安排，讓高木陸郎出任副總裁。1920 年（大正九年），榮一肩負日本政府和商界的重託，創立了日華實業協會，並出任會長。

由於日本軍部實施强硬路綫，加上中國國内排日運動日趨高漲，兩國經濟協作也停滯不前。榮一感到單從經濟方面協作的力量有限，便開始藉由東亞同文館傾力於對中國北方旱災救援等人文關懷和交流。1927 年(昭和二年),他在飛鳥山接待正在訪日的蔣介石,並就中日關係的將來進行會談。1931 年(昭和六年),他號召全日本向中國地震災區發出救援活動,並送去救援物資,但由於同年 9 月“滿洲事變”爆發,援助活動被迫中止。同年 11 月,91 歲高齡的澀澤榮一與世長辭。據聞蔣介石接到訃告後,立刻暫停會議爲榮一默哀。

最後,在立足於榮一與中國之關係的基礎上,我想闡述資料集的出版意義。

首先,資料集收録了中國各城市的主要新聞報導,是研究中國方面如何看待澀澤榮一訪華的第一手資料。榮一於一戰爆發前夕的 1914 年 5 月訪問中國。他作爲日本商界泰斗,在政商各界都具有非凡的影響力,因此他的一舉一動自然成爲中外媒體注目的焦點。資料集收録了中國各地媒體對榮一行程的詳細報導,十分有意義。目前,學界已有一些關於澀澤榮一訪華的研究成果。在已有研究的基礎上,本書可以説在對這一内容進行補全和深化上做出貢獻。

其次,金東的研究已經明確當時駐華的各國媒體(尤其是英國)對榮一訪華的態度以及責難,本書亦可作爲考察中國方面對此如何認識的資料。總之,通過本書能够詳細考察一戰前夕歐美各國和日本圍繞中國市場展開的行動。

另外,資料集還收録山座圓次郎客死中國的資料。山座曾是日本外務省骨幹之一,因肩負中日關係發展而備受矚目。這一部分也是分析澀澤榮一訪華前後的中日關係的重要史料。

除此之外,爲能够從各個角度分析 1910 年代的中日關係,希望本資料集可以得到各位學者的充分利用。

2012 年 9 月 24 日

(梁紫蘇　譯)

# 序　四

## 日本關西大學　教授　陶德民

承蒙田彤教授的好意邀請，謹此作序，以記述相關事宜，便於讀者瞭解本書的由來和其中的部分內容。

誠如章開沅老師在其序言中所説，在2006年秋華中師範大學澀澤榮一研究中心的籌組過程中，我在該校和澀澤榮一紀念財團之間起過牽綫搭橋的作用。我之所以願盡綿薄之力，有以下三點理由。第一，1990年在國立大阪大學完成的博士論文研究的是近世大阪商人集資創辦的著名儒學書院“懷德堂”及其近代的轉型，因而對以近代中國的商會和儒商研究著稱的華中師範大學歷史所(1999年改稱中國近代史研究所)的成就一直比較關注；第二，在1990年代之初訪問普林斯頓大學時，有幸結識當時也在該校訪問的章老師，對其學識和人格魅力十分景仰；第三，我雖然生於上海，但祖籍爲武昌，也常回武漢探親，故有一份報效故鄉的情懷。

從2004年到2006年，在澀澤財團研究部的資助下，我和在日本、美国、中國臺灣和香港執教或從事研究的中青年學者一同組成國際儒學研究課題組，先後籌備並召開了3次國際研討會。第一次於2004年9月在東京的國際文化會館召開，題爲“比較視野中的社會公益事業”。普林斯頓大學名譽教授余英時(著有《中國近世宗教倫理與商人精神》)、京都大學教授夫馬進(著有《中國善會善堂史研究》)、東京大學名譽教授溝口雄三(著有《中國的公與私・公私》)在會上作了主題報告。第二次於2005年5月在南通文峰飯店召開，題爲“中日近代企業家的人文關懷和社會貢獻——澀澤榮一和張謇的比較研究”。張謇研究的開拓者章開沅老師回顧了自己的研究歷程，並對今後的研究方向作了指點。華中師範大學校長馬敏作了題爲《基於東亞價值觀的近代企業家之父——張謇與澀澤榮一之比較觀》的主題報告。第三次於2006年9月在美國普林斯頓大學召開，題爲“十九世紀後期二十世紀前期的太平洋兩岸關係”。哈佛大學教授入江昭作了主題報告，馬敏校長也出席並作了報告。

令我感到特别高興的是，在南通會議上，澀澤榮一的曾孫、澀澤財團理事長澀澤雅英先生和張謇的嫡孫、全國政協常務委員張緒武先生也在百忙之中前來出席致辭並握手言歡。澀澤雅英先生在致辭中説："南通是偉大的先輩張謇的故鄉，同時也是他事業的所在地。有機會前來南通拜訪張先生的親屬等，與之進行親切的交流，我們感到非常光榮，也非常高興。我希望通過這次對話，總結先輩們留給我們的經驗和教訓，使我們在面向未來時能够更有智慧。"

在東京和南通的研討會上發表的論文，已於 2009 年 3 月由日本經濟評論社分兩卷出版，書名分別爲《東亞公益思想的變容：從近世到近代》和《近代東亞的經濟倫理及其實踐——以澀澤榮一和張謇爲中心的比較》。順便提到，2010 年 3 月由我們關西大學文化交涉學教育研究中心、復旦大學歷史系和當代上海研究所共同在復旦大學共同召開的"尋求太平洋地區的和諧與繁榮：從 1910 年南洋勸業會到 2010 年上海世博會"國際研討會也得到了澀澤財團的資助，題爲《世博會與東亞的參與》的會議論文集於今年 3 月由上海人民出版社出版，其中也包括中國世博會史研究的開拓者馬敏校長在會上所作的主題報告。

從以上的簡略回顧不難看出，與其説是我在華中師範大學和澀澤財團之間起了牽綫搭橋的作用，不如説兩者之間的聯繫和互動有其自身的内在動因，因爲對澀澤榮一和張謇這兩個懷抱"經世濟民"理想的實業鉅子的比較研究是其必須面對和合作推進的重大研究課題，而澀澤榮一研究中心的成立則將這種水到渠成的關係加以建制化了。近年來該中心的卓有成效的活動，可以由澀澤財團研究部長木村昌人爲本書所寫的序言得到瞭解。

由於專攻日本漢學和中日文化交流史的關係，我對本書記載的澀澤 1914 年訪華當時所表明的儒學信仰及其"《論語》加算盤"的道德經濟合一論頗感興趣。例如，出發之前，澀澤便表明"余之遊華，蓋了久蓄之願。余自髫年讀中國經書時即心向往之，且余向尊孔學，久欲一謁此中國先師之墓"（上海《申報》1914 年 5 月 6 日）。歸國當天又重申："我此次來華訪問的初衷是想實現自己多年來的願望，參拜位於山東曲阜的孔子廟和位於濟南府的孟子廟。依照旅程的安排，預定首先訪問北京，其後參拜孔廟。然而不幸的是，在五月二十七日抵達天津時胃部不適，加之當時的氣温高達華氏九十度以上，隨行的醫生非常擔心接下來的旅途中我的健康問題，在醫生和同行的其他人員由衷的勸説下，我不得已放棄了本次旅行的重點行程，即放棄參拜兩座聖廟。對此，我感到萬分遺憾，並衷心期望他日能有機會一償夙願。"

“國際經濟關係並非是右手握武器，左手握算盤，兩國相互對峙，而必須是兩國互相尊重雙方的利益，在道義的基礎上謀求事業的發展。如我這樣的商人，在本國經營企業之時，都要如右手握《論語》，左手握算盤般的精細，並以此作爲唯一的信條。本次兩國的經濟合作，也應以此作爲唯一信條推進事業的發展。企業經營的真諦就是一手握《論語》，一手握算盤，並使這兩者不失協調。”（大連《滿洲日日新聞》1914 年 6 月 2 日）

當時澀澤已是 75 歲高齡，其所言乃出自肺腑，可以由所作所爲得到佐證。雖然這次中國行未能實現曲阜朝聖的夢想，但 14 年後的 1928 年 2 月，當東京大學教授、斯文會理事鹽谷温赴華考察並參拜曲阜孔廟時，澀澤專門託其獻書，並託其代爲朗讀自己親自撰寫的祭文，以了却夙願。此前此後，還有以下一系列推崇儒學和《論語》的重要舉措。

1916 年，澀澤指導下的公共團體龍門社委託東京高等師範學校教授林泰輔編纂《論語年譜》，作爲慶祝澀澤 77 歲大壽之紀念品。

1922 年春，委託女婿、東京大學教授穗積陳重搜集各種版本的《論語》，在日本工業俱樂部舉辦的龍門社秋季總集會及孔夫子追遠紀念演講會上展出。這些收藏在 1923 年關東大地震引起的火災中燒毀後，再次讓穗積陳重盡力搜集，並於 1926 年將所獲收藏於其飛鳥山邸内青淵文庫。

1926 年，積三年功夫書寫的《手抄論語》十卷告成，並於次年將其制爲珂羅版分贈友人。

1926 年，東京湯島聖堂（江户時代的孔子廟）復興期成會成立，澀澤任副會長，親自捐贈五萬日元，並積極籌集捐款。

1927 年，龍門社設立《論語》日譯委員會，委託東京大學教授服部宇之吉總其成，澀澤任副會長。次年出版《日譯論語》以慶祝澀澤 88 歲壽辰，並向斯文會會員及全國各小學贈閱該書。

1931 年 2 月，澀澤通過鹽谷温向宫内省圖書寮長官申請攝影及複刻出版該省圖書寮所藏之宋版《論語注疏》十卷十册一事得到許可，同年 8 月以珂羅版複製的該書共三百套出版，用於分贈皇室成員、各有關學校和圖書館以及友人。

聽其言，觀其行，可以知道澀澤乃是“言必信，行必果”之人。其提倡儒學和《論語》的虔誠態度，乃至如佛教徒寫經一般地手抄《論語》，真可謂“烈士暮年，壯心不已”。

更爲難能可貴的是，1931 年 9 月 6 日，澀澤以中華民國水災同情會會長的名義，在其飛鳥山宅邸作了募集捐款的廣播。鹽谷温聞後做漢文詩《九月六日夜聽青淵子爵賑災勸募電聲感而有作》一首，並募集斯文會會員有志者之次韻詩作贈與澀澤。雖然澀澤募集的大量捐款由於“九一八事變”後中日關係極端惡化而未被中方接收，但我相信，他在同年11月11日逝世之前的這一善行是會得到後世的公正評價的，並且也會對當下面臨中日關係困境的兩國人士產生相當的啓示作用。因爲“惻隱之心，人皆有之”（《孟子》），我們絶不能因爲研究的物件、人物所屬的國家而對其抱有成見或偏見，否認其仁愛和博愛之心，以至爲狹隘民族主義所綁架而造成認識上的誤判。

同樣地，我們也必須將近代史上正常的跨國經濟開發和以政治軍事强權爲後盾進行超經濟强制的跨國經濟侵略加以嚴格區分。正如澀澤在華期間針對外界猜疑所作的解釋那樣：“要以道義上的邦交爲基礎，在此之上廣泛建立兩國間經濟上的聯繫。然而做到公平公正、利益均沾是實現兩國親善的關鍵，因此，最重要的就是雙方能遵循以道德爲重、‘己所不欲，勿施於人’之聖訓，相互運用人才、物力和資金三要素，以此開拓上天賦予中國的豐富資源。要達此目的，最好的辦法就是促進兩國的互相親善，融合一致。否則，雙方關係一旦有所動摇，中方就會對日本的政治態度抱有疑慮，對兩國經濟實業兩方面的接近也懷有恐懼心理。”（大連《滿州日日新聞》1914年6月2日）如果如今還有人把1914年5月27日《申報》之雜評《澀澤氏之經濟道德談》中的觀點——“投資爲侵略人國之先驅，路礦實業爲制人死命之導綫”——視爲正論，那麽，當前中國在世界各地的投資興業活動又該作何評價呢。我們有必要理解，而且從近30年來我國的工業化和城市化過程中已經體驗到了，近代化是一個始自西歐，並不可避免地要席捲全球的經濟政治的變革過程，而近代東亞各國的先覺者們早就與時俱進，以各種不同的形式參與其中了，例如澀澤榮一和上文提到的張謇。只是在今天地球環境已經不堪人類的過度開發所造成的破壞，人類的生存也遭到因自身的開發活動所帶來的威脅，可持續發展和環境保護就成爲人們普遍關心，並且時常被列入國際論壇的主要議題了。不過，儘管人們完全有理由指望並要求投資開發活動更加人性化和注意環保，即顧及投資開發區的勞工和當地居民的利益，但是作爲社會經濟運轉的主要杠杆，這些活動本身是決不會少歇和停止的。從這個意義上説，本書爲學界提供了一個極有價值的歷史文本，並促使讀者思考一些從近代一直延續至今的世界認識問題，以及近些年來新出現的以美國次貸危機爲代表的金融資本的貪婪問題。

# 編輯凡例

編者廣泛搜羅北京《順天時報》，上海《新聞報》、《申報》、《神州日報》、《時事新報》、《時報》，瀋陽《盛京時報》，大連《滿洲日日新聞》，開封《河南日報》，成都《國民公報》，杭州《全浙公報》等 10 餘種報紙及相關文獻，並加以點校而成《1914 澀澤榮一中國行》。中綴若干相片，以圖證史，以圖叙述語言之所不逮。

根據文獻主題與相關度，將該資料集釐分爲三部分：

第一部分，詳載澀澤榮一自神户起航，歷經上海、杭州、蘇州、南京、九江、大冶、武漢、北京、天津、大連、旅順，終則返國的旅次及其間之言行。諸如澀澤榮一發表演説，拜謁民國大總統袁世凱，出席中國政商及日本駐華外交官、軍方、日僑舉辦之聚會等史實，均有備述。

第二部分，系有關駐華公使山座圓次郎及參事官水野幸吉逝世之報導。澀澤榮一此次第三次遊歷中國，受到山座與水野參事官熱情款待。澀澤榮一原訂行程過半時，兩位使官驟然離世，這是外國駐華使官第一次在華逝世，民國北京政府給予其極高規格的禮遇。此種變故也是澀澤改變行程、匆忙回國的一個重要因素。内中不少文字關涉對山座、水野兩人外交功績之評價，亦反映中土人士對此後中日關係走向的焦憂。

第三部分，既收録與澀澤榮一、兩使官逝世相關的報導與評論，又臚列有關日本外交、政潮之資料，較爲“深度”、全面地透視日本内閣更替、中日商界的交誼、中日實業公司之開辦、日本對華外交的内在分歧、日英兩國在華關係的調適等諸般面相，凸顯澀澤榮一訪華目的、背景及中日關係之變局。

尚需説明：

1. 各報“()”爲原件内容。

2. 添補原件缺字或解釋，用“〈〉”標注；原件缺字，不能斷定者，用“〈?〉”表示。

3. 原件誤字均予保留，更正字置於“[]”内。

4. 原件衍文，用“{}”標明。

5. 原件不可辨認字,用“□”示注。

6.《滿洲日日新聞》系日文報,爲便於華人閱讀,特將譯文附在每條報導之後。

7. 本資料集各部分標題排列,以其所列各報及相關文獻首字拼音先後爲序,各報中内容按時間順序臚列。

8.“支那”系日本近代稱中國之舊謂也,現均以“中國”代“支那”,故譯文中均將“支那”譯為“中國”。

《1914 澀澤榮一中國行》資料集,能爲豐富“日本近代化之父”澀澤榮一的研究、探討中日實業家的互動、梳理近現代中日關係,提供新的視域。

# 目　録

## 第三部分　相關報導與評論

# 第一部分

# 澀澤榮一行止

# 一　天津《大公報》

1914年5月6日（甲寅四月十二日）　第二張（二）　第4208號

**《澀澤男爵來華之目的》**

日本實業專家澀澤男爵業已起程來華。探聞澀澤男爵此次來華，擬聯絡中日各實業家倡辦日華實業會，並主張兩國經濟同盟。一星期後可以抵京，我國農商部現正預備歡迎云。

1914年5月9日（甲寅四月十五日）　第一張（六）　第4211號

**本埠　《指令招待日員》**

天津商務總會昨奉農商部指令，謂：日本實業家澀澤男爵已於本月初一日，由神户乘輪船來華遊歷考查實業，如到津時應請招待，以篤邦交。

1914年5月17日（甲寅四月廿三日）　第一張（四）（五）　第4219號

**電報　漢口電**

澀澤男爵此次來華遊歷同行者十一人，本日已經抵漢，旋即參觀漢陽鐵廠。翌日，赴武昌往訪段督。聞該督届時特開午餐會，以表歡迎。是日夜，漢口商會亦欲設宴款待。又：該遊歷團訂於十八日上午，搭乘京漢火車取道來京，因之該鐵路當局特爲預備花車，以示格外優待云。

1914年5月30日（甲寅五月初六日）　第一張　第4232號

**本埠　《遊歷團到津》**

日本大實業家男爵澀〈澤〉榮一來華遊歷，刻已到津。天津商務總會函約都督朱君經田、内務司長吴君子明、財政司長汪君向叔、實業司長梁君式重、交涉員王君麟閣、都督副官張君紹山、渤海觀察使劉君琴舫、參謀長陸君秀山、員警廳長楊君敬林、津海關監督徐君指升、天津縣知事王君芷颾，於前日下午在商會歡迎。奈是日男爵澀〈澤〉榮一等因事未克賁臨，已經辭謝。並聞各該實業家在津小作勾留，即乘津浦車赴山東謁孔廟、登泰山畢，當即回國。

1914年5月31日（甲寅五月初七日）　第一張（六）　第4233號

**本埠　《實業團啓節》**

日本實業澀澤榮一男爵等，已於昨早六鐘由紫竹林碼頭乘坐“西江”輪船先赴大連，公幹畢再回本國。是時，員警廳長楊君敬林督同偵探、差遣樂隊等，齊集碼頭，恭送如儀。

## 二　成都《國民公報》

1914年6月13日（甲寅五月二十日）　星期六　第二版

**《澀澤氏遊歷明陵》**

日本澀澤男爵來華遊歷，於五月二十五號赴南口遊覽明陵，外交部爲敦睦邦交起見，特派該部主事呂烈煌爲之鄉［向］導，並照例發給川資云。

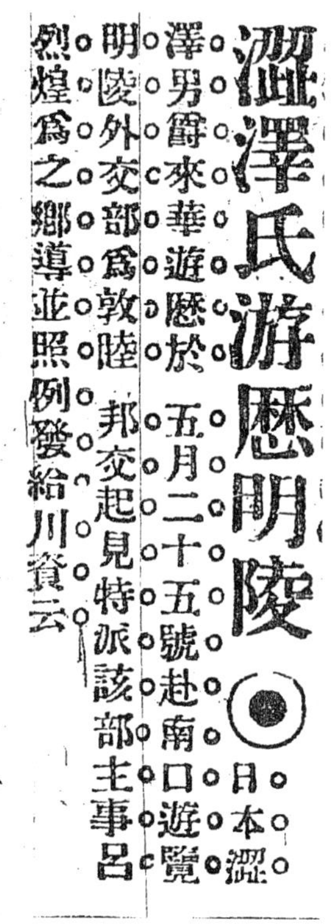
澀澤氏遊歷明陵

◎日本澀澤男爵來華遊歷於五月二十五號赴南口遊覽明陵外交部爲敦睦邦交起見特派該部主事呂烈煌爲之鄉導並照例發給川資云

# 三　開封《河南日報》

1914年5月10日（甲寅四月十六日）　星期日　第一張

**《澀澤氏定期晉京》**

日男爵澀澤榮一氏已於五月一日由日本神户起程來華遊歷，業徑抵滬，一行共十二人。現遊歷長江一帶名勝舊址，定於本月十八日由漢口乘坐京漢鐵路火車入京，進謁大總統。逗留一星期，二十四日出京，由津浦車上泰山，並赴曲阜參拜孔子先師之廟。昨交通部、路政局已電令各路局，届時沿〈途〉妥爲照料矣。

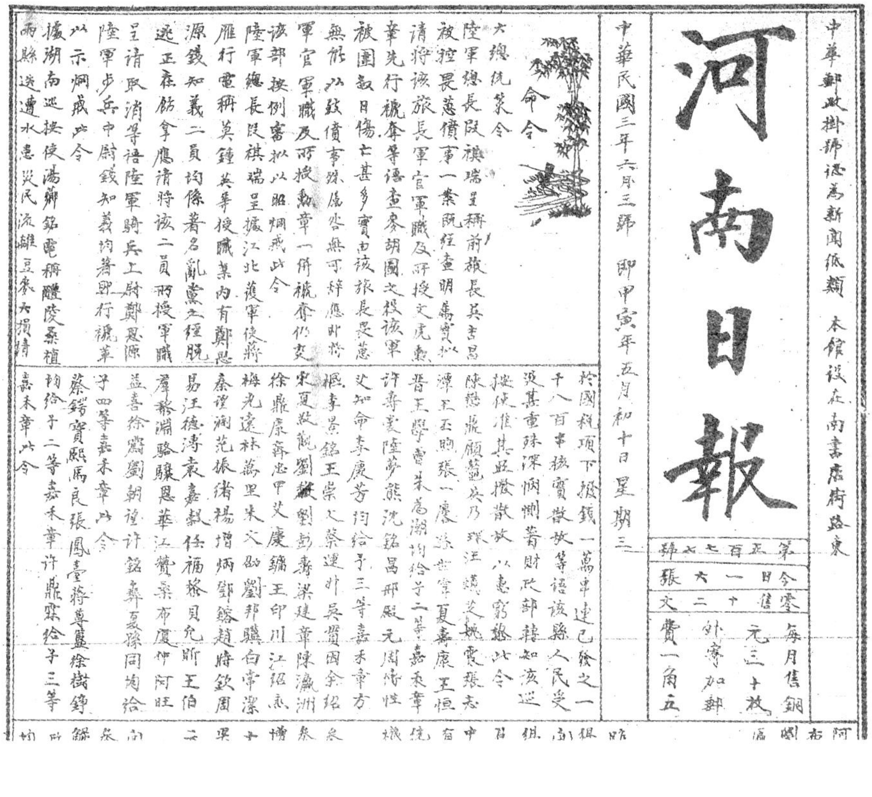

中華郵政掛號認爲新聞紙類　本館設在南書店街路東

河南日報

中華民國三年六月三號　即甲寅年五月初十日　星期三

第五百七十六號

今日一大張

零售十二文

每月售銅元三十枚　外埠加郵費一角五

命令

大總統策令

陸軍總長段祺瑞呈稱前旅長吳吉昌被控畏葸僨事一案既經查明[illegible]請將該旅長軍官軍職及所授文虎勳章先行褫奪等語查[illegible]胡國文投誠軍被圍叛日傷亡甚多實由該旅長畏葸無能以致僨事殊屬咎無可辭應即將軍官軍職及所授勳章一併褫奪仍交該部按例審擬以昭炯戒此令

陸軍總長段祺瑞呈據江北護軍使蔣雁行電稱莫鍾英等授職某內有鄭恩源錢知義二員均係著名亂黨之渠[illegible]逃正在飭拿應請將該二員所授軍職呈請取消等語陸軍騎兵上尉鄭恩源陸軍步兵中尉錢知義均着即行褫革以示炯戒此令

據湖南巡按使湯薌銘電稱醴陵[illegible]兩縣迭遭水患災民流離豆麥大損請於國稅項下撥錢一萬串速已發之一十八百串撥賞散放等語該縣人民受災甚重殊深憫惻著財政部轉知該巡按使准其照撥散放以惠窮黎此令

陳懋鼎顧鰲[illegible]汪[illegible]張志潭[illegible]張一麐[illegible]夏壽康王恒晉王學曾[illegible]均給予二等嘉禾章許壽裳陸夢熊沈銘昌邢殿元周作性史知命李慶芳均給予三等嘉禾章方徐鼎康蔣忠甲艾慶鏞王印川江紹杰宋夏敦龍劉[illegible]劉彭壽梁建章陳瀛洲秦理潮范振緒楊增炳鄧鎔趙時欽周梅光遠林萬里朱文劭劉邦驥白常潔易汪德溥袁嘉穀任福黎貝允昕王伯群[illegible]益壽徐[illegible]劉朝望許銘彝[illegible]同均給予四等嘉禾章此令

蔡鍔寶熙馬良張鳳臺蔣尊簋徐樹錚均給予二等嘉禾章許鼎霖給予三等嘉禾章此令

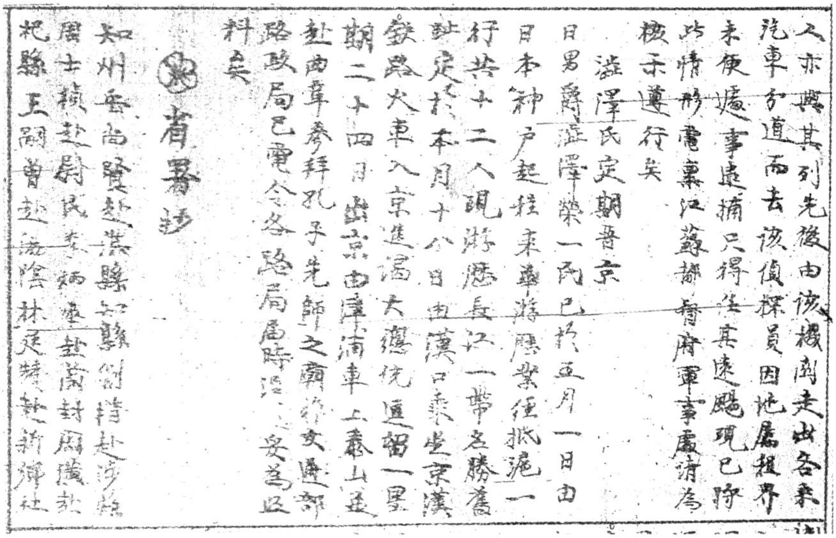

人亦興其列先後由該機關走出各乘
汽車分道而去該偵探員因地屬租界
未便遽事逮捕只得任其遠颺現已將
此情形電稟江蘇都督府軍事處請為
核示遵行矣
澁澤氏定期晉京
日男爵澁澤榮一氏已於五月一日由
日本神戸起程來華游歷業經抵滬一
行共十二人現游歷長江一帶名勝舊
赴定於本月十八日由漢口乘坐京漢
鐵路火車入京進謁大總統逗留一星
期二十四日出京由津浦車上泰山並
赴曲阜參拜孔子先師之廟前交通部
路政局已電令各路局屆時照料妥為照
料矣
省署抄
知州晉尚贊赴洪縣知縣劉[illegible]赴[illegible]
居士楨赴尉氏李炳垚赴商封[illegible]赴
杞縣王嗣曾赴汝陰林廷[illegible]赴新鄭社

1914年6月3日（甲寅五月初十日）　星期三　第一張

**《澀澤氏歸國》**

澀澤男爵日昨已由天津乘輪返國，不復往遊泰山。茲聞日前熊希齡、梁啓超、汪大燮三君公宴時，澀澤氏演説極長，曾引小村春太郎之言曰：初遊中國者，甫至北京數日，輒曰：我已知中國之情形，及居數月反覺茫然，再閲一二年而中國情形更幾乎全然不知。説者謂其意有所託也。及楊君士琦以中日興業公司名義宴請澀澤氏，楊君致頌詞後，澀澤答以最長之演説，多有勉勵實力進行之語，並引韓〈愈〉文“業精於勤，荒於嬉”之句云。

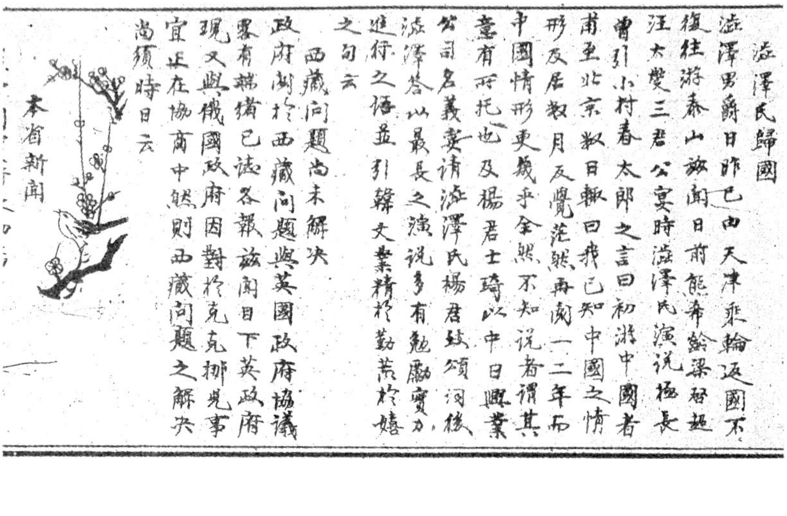

澁澤氏歸國
澁澤男爵日昨已由天津乘輪返國不
復往游泰山茲聞日前熊希齡梁啓超
汪大燮三君公宴時澁澤氏演説極長
曾引小村春太郎之言曰初游中國者
甫至北京數日輒曰我已知中國之情
形及居數月反覺茫然再閱一二年而
中國情形更幾乎全然不知説者謂其
意有所托也及楊君士琦以中日興業
公司名義宴請澁澤氏楊君致頌詞後
澁澤答以最長之演説多有勉勵實力
進行之語並引韓文業精於勤荒於嬉
之句云
西藏問題尚未解決
政府關於西藏問題與英國政府協議
累有端倪已誌各報茲聞目下英政府
現又與俄國政府因對於克克挪兒事
宜正在協商中然則西藏問題之解決
尚須時日云
本省新聞

# 四　大連《滿洲日日新聞》
## (THE MANSHU NICHI-NICHI SHIMBUN)

大正三年五月三日　第 2347 號　第一版（二）

### 渋沢男出発

支那漫遊の為先づ上海に向ふべき渋沢男は本日出発す野村総裁と同一列車なる為新橋停車場の見送り人は近頃稀なる雑沓にて尾崎法相、阪谷市長、実業家其他多数プラットホームに満てり

**[譯文]**

**《澀澤男爵出發》**

今日，澀澤男爵與野村總裁，搭乘同一輛列車出發去上海，經由上海漫遊中國。尾崎法相、阪谷市長以及許多實業家等紛紛前來送行，齊聚月臺，昔日安靜的新橋車站也因此熱鬧非凡。

大正三年五月四日　第 2348 號　第二版（二）

### 渋沢男来期

渋沢男、馬越恭平一行は来る十日奉天に至り十二日大連に赴き十三、十四両日旅順視察の予定なり

**[譯文]**

**《澀澤男爵來期》**

澀澤男爵、馬越恭平一行人，預計於下月十號抵達奉天，十二號前往大連，十三、十四號兩天視察旅順。

大正三年五月五日　第 2349 號　第一版（二）

### 渋沢男来期

渋沢男、馬越恭平一行は来る十日奉天に至り十二日大連に赴き十三、十四両日旅順視察の予定なり

**[譯文]**

**《澀澤男爵來期》**

澀澤男爵、馬越恭平一行人預計於下月十號抵達奉天，十二號前往大

連，十三、十四號兩天視察旅順。

大正三年五月九日　第2353號　第一版（二）

## 渋沢男来連期

昨年来支那旅行を思立ち居たる渋沢男爵は既報の如く一日東京出発支那視察の途に上りたるが海路上海に向ひ長江一帯視察後武漢地方より北上北京天津に遊び約二十日余を費して六月一日奉天着二日来連の予定なるが一行中の馬越氏は奉天より渋沢男と同時に来連するや否や未定なりと因みに予定日程左の如し

▲六月一日奉天着　▲二日大連着　▲三日大連滞在　▲四日旅順往復　▲五日大連発奉天着　▲六日奉天滞在　▲七日長春着　▲八日吉林往復　▲九日撫順着　▲十日撫順炭坑視察奉天着　▲十一日本溪湖着　▲十二日安東着　▲十三日安東発京城着

[譯文]

**《澀澤男爵來大連》**

從去年開始，澀澤男爵就決定前往中國旅行。據報導，男爵一日從東京出發，踏上了去中國視察的旅程。由海路抵達上海，視察長江一帶後，經由武漢北上前往北京、天津遊歷，全程將花費二十餘天。預計男爵一行將於六月一日抵達奉天，二日抵達大連。而一行中的馬越氏能否從奉天出發，與澀澤男爵同時前往大連一事暫且未定。預定的日程如下：

△六月一日抵達奉天　△二日抵達大連　△三日在大連停留　△四日往返旅順　△五日從大連出發抵達奉天　△六日在奉天停留　△七日抵達長春　△八日往返吉林　△九日抵達撫順　△十日視察撫順煤礦後到達奉天　△十一日抵達本溪湖　△十二日抵達安東　△十三日從安東出發抵達京城

大正三年五月十四日　第2358號　第二版（二）

## 渋沢男と上海

▼一行上海上陸

東洋汽船の地洋丸は日東実業界の耆宿渋沢男の一行及び同行せる日支の各商星を乗せて呉淞に六日入港せり同社代理店の小蒸汽アレキサンドラは午前九時二十分一同を運んで税関碼頭より上陸せしむ海上平穏なりし航海にて一同頗る元気よくアストルハウスへ入りたり

▼上海の歓迎会

六日の夜在留邦人の官民有志は男の一行及び同行者を主賓とし並に支那の重なる官民を招待し新築日本人倶楽部に於て開宴せり

支那側より出席せしは伍廷芳、唐紹儀、上海観察使代理、洪上海縣知事、周上海商総会総理、貝同協理、沈仲礼の諸氏其他二十余名、宴半ばを過ぐる頃村上領事官補の歓迎辞並に来賓招待の辞を述べ次て渋沢男中国来賓一同に代りて貝商総会協理、沈仲礼、虞上海観察使代理諸氏の演説あり十時過散会会せり

▼一行蘇杭行

一行は七日朝七時汽車にて杭州に向ひたる男一行の同地に着するや支那官商及在留邦人の出迎を受け清泰旅館に入りて小憩し日本領事館にて中食を済し夕刻近く都督府民政署を訪問し七時より都督府にて開かれたる歓迎宴に臨席せり

翌八日は名所古蹟を周巡して清遊し午餐は商会の歓迎会に臨み終て後又周遊して三時頃小蒸汽に曳かれて杭州を辞し翌九日朝八時蘇州に着し黒澤税関長官邸に小憩の後税関の小蒸汽に乗じて寒山寺に杖を曳き留園に到りて段鎮守使、朱師長、楊外交使其他重なる官商の催せる歓迎会に臨み午後一時発の汽車にて回滬せり

▼上海実業団催

同日午後五時三十分より当地綿紗公所に於て上海総商会、漢冶萍公司、中日実業公司支那側関係者の聯合にて男歓迎会を開催せり

出席する者主客合して百余名茶亭にて各斎数十幅の展覧ありて後宴に移り支那演劇の余興あり宴の将に終り近からんとする機会に於て沈仲礼氏、盛宣懐氏の歓迎辞を代読し次て周総商会総理、孫中日実業会社取締役、渋沢男、村上領事官補等交々歓迎の辞謝辞並に演説あり

終りて男は再び起って日本人が屢渡来し貴国人の歓迎を受くるは債務を負はしむると同様なれば諸君も大に渡日し負債を償却せられんことを望むと述べたり本日日曜日なるにも拘らず当地日本人実業協会の請ひに応じ午後一時より日本人倶楽部に於て男は商業上に関する講演を為せり又本日楊交渉使、鄭鎮守使、薩警察督辦等の主催にて男を招待して宴を交渉公署にて開張せり（九日上海特信）

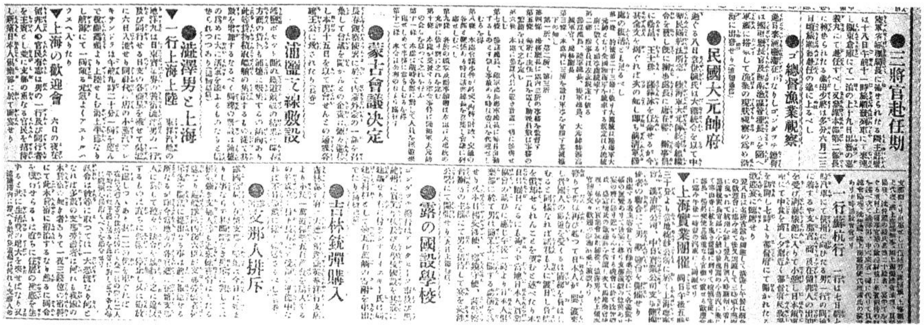
三將官赴任期
民國大元帥府
蒙古會議決定
澁澤男と上海
▼一行上海上陸
▼上海の歡迎會
▼一行蘇杭行
吉林銃彈購入

[譯文]

**《澀澤男爵之上海行》**

一行於上海登陸

日東實業界耆宿澀澤男爵，以及同行的日中各商業界巨星，搭乘東洋輪船“地洋丸號”，於六號抵達吴淞港。一行人搭乘同公司代理店的小蒸汽船“亞歷山大號”，於上午九時二十分從關税碼頭上陸。由於航行途中風平浪静，登陆時一行人状态頗佳，直接前往上海安天實業公司（アストルハウス）大楼。

上海的歡迎會

六日晚，留居中國的日僑官民相關人士，在新建的日本人俱樂部舉辦宴會，招待作爲主賓出席的澀澤男爵和同行人員，以及中國的主要官紳。中方出席宴會的有伍廷芳、唐紹儀、上海觀察使代理、上海縣知事洪某、上海總商會總理周某、上海總商會協理貝某、沈仲禮等二十餘名。宴會過半，見習領事官村上致歡迎辭。接着，由總商會協理貝某、沈仲禮、上海觀察使代理虞某等發表演講。宴會於十點多鐘結束。

一行蘇杭行

七日早上七時，澀澤男爵一行乘火車前往杭州，中國官商及日僑前往迎接。男爵一行先在清泰旅館休息片刻，後到日本領事館用午餐。傍晚時分，訪問都督府民政署，於七點出席都督府舉辦的歡迎宴。

八日巡遊名勝古迹後，男爵於午間出席商會的歡迎宴會。接着巡遊三小時後，搭乘小蒸汽船離開杭州，並於九日早上八時抵達蘇州。在黑澤税關長官宅邸小憩之後，乘坐税關的小蒸汽船前往寒山寺，隨後散步到達留園。男爵出席由鎮守使段某、朱師長、外交使楊某和其他重要官商舉辦的歡迎會後，於下午一時乘火車回滬。

上海實業團主辦

當天下午五時三十分，在棉紗公所，上海總商會、漢冶萍公司、中日實業公司中方相關人員，聯合爲男爵舉辦歡迎會。主客雙方出席者共計百餘人，茶庭中展出了數十幅字畫。在其後的宴會中，有中國的戲劇表演助興。宴會接近尾聲之際，沈仲禮、盛宣懷代讀歡迎詞。接着總商會總理周某、中日實業公司管理官員孫某、澀澤男爵、領事見習官村上等，相繼發表對歡迎宴會的感謝並發表演講。

最後，男爵再次起立。他説，日本人屢次來到我國，受到了我國人民的熱烈歡迎。希望大家也能多去日本，讓他也能一盡地主之誼。當日雖是周日，但男爵還是應當地日本實業協會的邀請，從下午一時開始，在日本人俱樂部發表有關商業方面的演講。同日，交涉使楊某、鎮守使鄭某、員警督辦薩某等，在交涉公署商討招待男爵事宜。（九日上海特報）

大正三年五月十八日　第2362號　第一版（二）

## 渋沢男と日支経済

目下南清地方旅行中なる渋沢男の一行は本月下旬北京に入るべく男は特殊の使命を有せずと吹聴したるに拘はらず其の愈々北京に入るに至らば日支経済上に或種の進行を見るべしと或筋に於て期待せられ居れり

**［譯文］**

**《澀澤男爵與日中經濟》**

眼下正在南清地區旅行的澀澤男爵一行，可能會於本月下旬到訪北京。無論男爵此行是否肩負特殊使命，都期待他能在抵達北京後，對日中經濟的發展及其他方面有所作爲。

大正三年五月二十日　第2364號　第一版（二）

## 渋沢男一行接伴

支那漫遊の途にある渋沢男爵及び馬越恭平氏一行は六月一日京奉線より奉天に着すべきが一行の氏名及び満鉄接伴順序左の如し

▲一行氏名　　渋沢男爵、渋沢武之助、明石照男、秘書役増田明六、医師堀井宗一、野口米次郎、堀江傳三郎諸氏

▲同行者氏名　　大日本麦酒株式会社々長馬越恭平、同社員（馬越氏随行）仲田慶三郎、東洋生命保険株式会社々長尾高次郎、同社員（尾高氏随行）辻友親諸氏

▲接伴順序

一、一行の為に貴賓車第二号を連結し満鉄より接伴員若干を附し左記旅程に依り各地官憲及関係者とも協議の上沿線を案内すること

一、撫順奉天間に臨時列車を運転すること

一、一行人員多きを以て貴賓車食堂車にては到底用を弁じ能はざるを以て昼食は可成日本弁当を用意すること

一、総裁より星ヶ浦にて一行に晩餐を供すること

▲旅行日程　　▲六月一日（月）午後七時七分京奉線より奉天着（渋沢男はヤマトホテル）馬越、尾高氏一行は瀋陽館投宿　▲二日（火）午前九時二十分奉天発午後八時二十分大連着（食堂車の連結無き故一行の昼飯は和食弁当夕食は簡単なる洋食を供す、遼東ホテル投宿）▲三日（水）大連滞在市中、埠頭、築港及沙河口工場等案内星の家にて晩餐を供す▲四日（木）午前七時五十分発午後七時大連着旅順往復見物場所は官憲と打合の上定む　▲五日（金）午前九時三十分大連発普通列車午後八時三十分奉天着（ホテル、瀋陽館分宿）▲六日（土）奉天滞在（宮殿、北陵等見物該地の関係者と打合の上定む）▲七日（日）午前八時十分奉天発午後四時五十五分長春着（男爵一行はヤマトホテル、同行者は名古屋館分宿）▲八日（月）午前七時卅分発午後六時十分長春着吉林往復（見物時間少き為領事館と打合せ適宜取極のこと）▲九日（火）午前七時十五分長春発（沿線は車中より視察のこと）午後四時十四分蘇家屯着昼食午後四時廿五分発午後五時五十八分撫順着（炭坑倶楽部投宿）▲十日（水）撫順滞在（炭坑見物）午後三時撫順発臨時列車奉天着ヤマトホテル瀋陽館分宿　▲十一日（木）午前九時四十分奉天発午前十一時四十分本溪湖着（本溪湖煤鉄公司と打合せの上宿屋準備及見物場所取極めのこと）▲十二日（金）午前十一時四十分本溪湖発午後四時三十五分五龍背着（温泉ホテル投宿荷物は安東へ送り置くこと）▲十三日（土）午前七時五十分五龍背発急行車午前八時二十五分安東着午前九時五十分安東発（駅に於て税関検査時間約一時間半此間に安東新旧市街見物めのこと）▲十四日(日)

午前六時十九分京城着（或は先方通知の通十二日安東着一泊十三日朝普通列車にて安東発午前八時二十分同夜七時三十分京城着のこと）

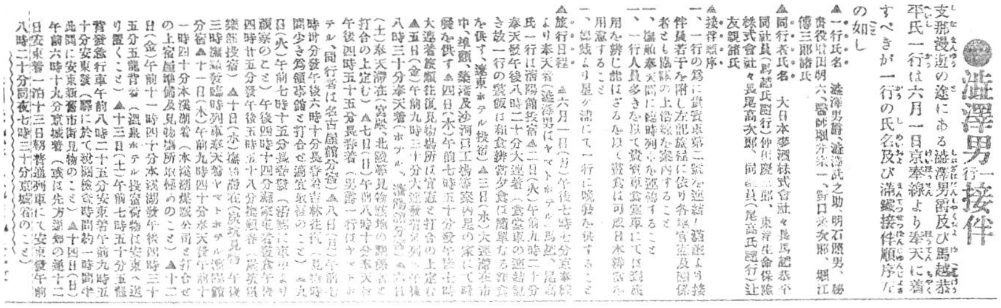
澁澤男一行接件

支那漫遊の途にある澁澤男爵及び馬越恭平氏一行は六月一日京奉線より奉天に着すべきが一行の氏名及び滿鐵接件順序左の如し

[譯文]

《招待澀澤男爵》

在中國漫遊途中的澀澤男爵及馬越恭平氏一行，將於六月一日經京奉綫抵達奉天。一行的姓名及滿鐵的招待順序如下：

一行的姓名：澀澤男爵、澀澤武之助、明石照男、秘書增田明六、醫師堀井宗一、野口米次郎、堀江傳三郎，等等。

同行者姓名：日本麥酒股份有限公司社長馬越恭平、公司社員（馬越恭平隨行）仲田慶三郎、東洋生命保險股份有限公司社長尾高次郎、公司社員（尾高氏隨行）辻友親等人。

招待順序

一、爲男爵一行人連結貴賓車二號車廂，並增加滿鐵接待員若干。依照下列協商好的旅行日程，與各地官員及相關者一起，陪同男爵參觀沿綫地區。

二、撫順奉天之間運行臨時列車。

三、由於一行人員衆多，無法使用貴賓餐車，因此午餐爲一行人準備了日本便當。

四、由總裁於星浦招待一行人用晚餐。

旅行日程

六月一日（月）（星期一）下午七時七分，經由京奉綫到達奉天（澀澤男爵下榻大和賓館）。馬越、尾高氏一行下榻於瀋陽館。

六月二日（火）（星期二）上午九時二十分由奉天出發，下午八時二十分抵達大連（没有連結餐車，午餐爲一行人提供日式便當，晚餐提供簡單的西餐，晚上下榻在遼東旅館）。

六月三日（水）（星期三）在大連停留，陪同參觀市內、碼頭、港口及沙河口工廠等，在星之家晚餐。

六月四日（木）（星期四）上午七時五十分出發前往旅順參觀，下午七時回到大連。參觀地點同政府官員商量後再作決定。

六月五日（金）（星期五）上午九時三十分從大連出發，乘普通列車於下午八時三十分到達奉天（分別下榻於大和賓館和瀋陽館）。

六月六日（土）（星期六）在奉天停留（宮殿、北陵等處觀光，與當地有關人員商議後再作決定）。

六月七日（日）（星期日）上午八時十分從奉天出發，下午四時五十五分到達長春（男爵一行下榻於大和賓館，同行者入住名古屋館）。

六月八日（月）（星期一）上午七時三十分出發前往吉林，下午六時十分返回長春（因觀光時間甚少，需與領事館商議之後作出決定）。

六月九日（火）（星期二）上午七時十五分從長春出發（在車中視察沿綫），下午四時十四分到達蘇家屯用餐，下午四點二十五分出發，五點五十八分到達撫順（投宿於煤礦俱樂部）。

六月十日（水）（星期三）在撫順停留（觀光煤井）。下午三時從撫順出發，乘臨時列車到達奉天，分別下榻於大和賓館和瀋陽館。

六月十一日（木）（星期四）上午九時四十分從奉天出發，在上午十一時四十分到達本溪湖（同本溪湖煤鐵公司商議後，再決定投宿地和觀光地點）。

六月十二日（金）（星期五）上午十一時四十分由本溪湖出發，下午四時三十五分到達五龍背（在温泉旅館投宿，行李提前送往安東）。

六月十三日（土）（星期六）上午七時五十分從五龍背出發，乘坐快車於上午八時二十五分到達安東，上午九時五十分從安東出發（距車站税關檢查的時間大概一個半小時，這期間在安東新舊市街上觀光）。

六月十四日（日）（星期日）早上六時十九分到達京城（或如之前通知的一樣，於十二號到達安東，停留一晚。十三日上午八時二十分乘坐普通列車從安東出發，晚上七時三十分到達京城）。

大正三年五月二十九日　第 2369 號　第一版（二）

## 渋沢男と旅順

渋沢男一行十二名は来る六月一日午後七時七分奉天着四日午前七時

五十分大連発旅順に着する筈なるが旅順にては都督府民政部長陸軍部等歴訪後各戦跡を巡覧し同日の終列車にて大連に引返すべく同日白仁長官は一行を大和ホテルに招待し午餐の饗応をなす由一行の出迎ひとしては多分白須秘書課長外一名大連迄出張すべし（旅順）

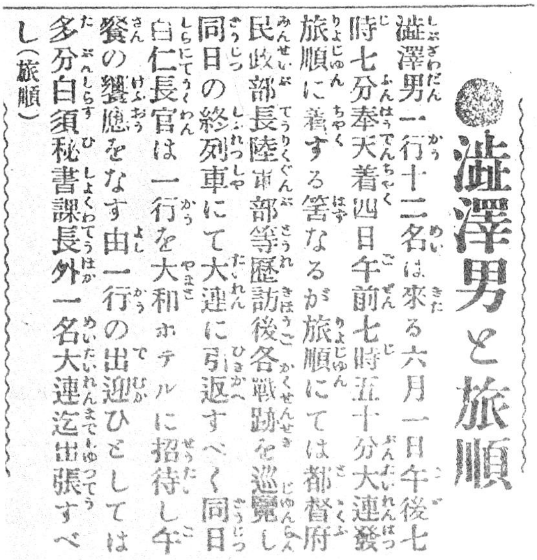
澁澤男と旅順

澁澤男一行十二名は來る六月一日午後七時七分奉天着四日午前七時五十分大連發旅順に着する筈なるが旅順にては都督府民政部長陸軍部等歴訪後各戰跡を巡覽し同日の終列車にて大連に引返すべく同日白仁長官は一行を大和ホテルに招待し午餐の饗應をなす由一行の出迎ひとしては多分白須秘書課長外一名大連迄出張すべし（旅順）

［譯文］

《澀澤男爵與旅順》

澀澤男爵一行十二人，應於六月一日下午七時七分到達奉天，並於四日上午七時五十分從大連出發抵達旅順。在旅順訪問都督府、民政部長、陸軍部等之後，參觀各戰爭遺迹。當天乘末班列車折回大連。同日，由於白仁長官要在大和賓館設午餐會招待男爵一行人，所以應由白須秘書課長以外的一人赴大連執行迎接任務。

大正三年五月二十九日　第2273號　第一版（二）

## 渋沢男歓迎協議

渋沢男爵一行が支那視察の途次海路青島より汽船龍門号に乗じて来月九日来連するに依り大連市にては官民聯合の歓迎会を催ふすべく今二十九日午前十時より大連民政署に大内民政署長を始め

久保満鉄庶務課長、実業会及聯合町会の代表者相生由太郎、安川三井支店長、井上正金支店長、村田満日副社長、金子泰東日報社長、末永遼東新報社長（代理）、須田川崎造船出張所長、中澤小野田セメント支配人、石埼商船支店長、原田正隆銀行専務、加藤通信管理局長、楢崎埠頭事務所長、中村鮮銀支店長

等の諸氏会合して歓迎方法に就き協議すべしと

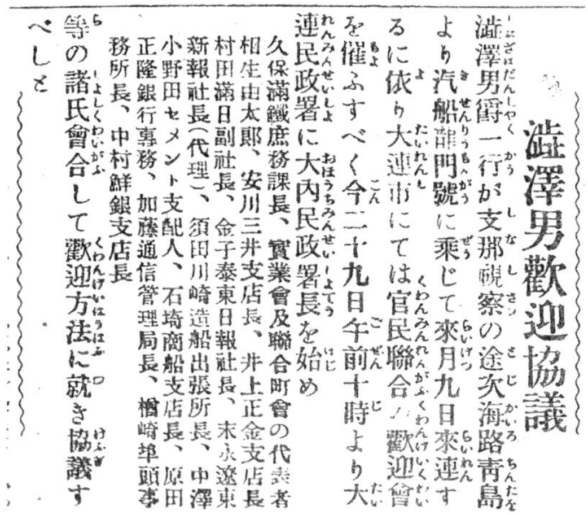

澁澤男歡迎協議

澁澤男爵一行が支那視察の途次海路青島より汽船龍門號に乘じて來月九日來連するに依り大連市にては官民聯合の歡迎會を催ふすべく今二十九日午前十時より大連民政署に大内民政署長を始め久保滿鐵庶務課長、實業會及聯合町會の代表者相生由太郎、安川三井支店長、井上正金支店長村田滿日副社長、金子泰東日報社長、末永遼東新報社長(代理)、須田川崎造船出張所長、中澤小野田セメント支配人、石埼商船支店長、原田正隆銀行專務、加藤通信管理局長、楢崎埠頭事務所長、中村鮮銀支店長等の諸氏會合して歡迎方法に就き協議すべしと

［譯文］

**《商討歡迎澀澤男爵之有關事宜》**

在中國視察途中的澀澤男爵一行人，經海路由青島出發乘坐遊輪“龍門號”，預定於下月九日抵達大連。爲此，大連市預計舉辦一場官民聯歡會，定於本月二十九日上午十時在大連民政署開始，以大内民政署長爲首，滿鐵庶務課長久保、實業會及街道聯合會代表相生由太郎、三井分店長安川、正金分店長井上、《滿洲日日新聞》社副社長村田、《泰東日報》社社長金子、《遼東新報》社社長末永（代理）、川崎造船出張所長須田、小野田水泥有限公司經理中澤、商船分店店長石埼、正隆銀行專務原田、通信管理局局長加藤、碼頭海務事務所所長楢崎、朝鮮銀行支行行長中村等人會合，就歡迎方式進行協商討論。

大正三年五月二十九日　第2273號　第二版（二）

## 渋沢男一行

旅程変更九日来連

渋沢男馬越恭平氏一行は来月二日来連の旨報ぜしも其後満鉄に到達

せる通報に依れば六月八日独逸郵船龍門号にて青島出発翌九日大連着に変更したる為め従て其後の日程も順次繰下げらるべきが何れ一行来着の上ならでは確定せざるべし

[譯文]

**《澀澤男爵一行旅程變更爲九日抵達大連》**

與澀澤男爵以及馬越恭平氏一行下月二日來大連的要報有所偏差，根據之後到達滿鐵的報告，男爵一行將於六月八日乘德國郵船“龍門號”從青島出發，於次日即九日抵達大連。據此變更，後面的日程應依次順延。一行人究竟何時到達還不能肯定。

大正三年五月三十日　第2374號　第一版（二）

## 渋沢男着連期

三十一日に又変更す

支那視察の途次海路青島より独逸郵船龍門号にて来月九日に来連すべかりし渋沢男爵及び馬越恭平氏の一行十三名は二十八日天津に来着せるが渋沢男は途中微恙に罹りし為め旅程を変更して三十日天津出帆の独逸郵船西江号に乗じ三十一日着連当地に二日間滞在の上二日発の嘉義丸にて直ちに帰京に決せり因みに病気の模様に依りては或は保養の為め数日間滞在すべしとのことなり

[譯文]

**《澀澤男爵抵達大連的日期再次變更爲三十一日》**

在中國視察途中的澀澤男爵以及馬越恭平一行十三人，原預定經海路由青島出發乘坐德國遊輪“龍門號”於下月九日抵達大連，已於二十八日抵達天津。由於澀澤男爵於途中抱恙，使得行程有所變更。澀澤男爵一行人將於三十日乘坐德國遊輪“西江號”由天津出發，並於三十一日抵達大連。在大連當地停留兩天後，下月二日乘坐“嘉義丸號”直返東京。另外，根據男爵病情的變化，或許會停留數日休養。

大正三年五月三十日　2374號　第一版（二）

## 渋沢男歓迎会

渋沢男爵一行来連に就き官民聯合の歓迎会を催ふす為め二十九日午前十時より大連民政署々長室に於て

大内署長、上田（満鉄）、佐藤（実業会）、飯塚（聯合町会）、相生、安川三井、井上正金、村田満日（欠席）、金子泰東、平岡遼東、須田川崎、中澤（小野田セメント）、石埼商船、原田正隆、加藤通信、楢崎海務、中村鮮銀

等の諸氏会合し種々の打合せをなし結局実業倶楽部楼上に於て講演会を催ふし男爵に一場の講演を請ひ引続き歓迎会に移ることに決定せしも別項の如く男爵が途中病気に罹り旅程を変更したりとの電報達したれば一応先方の都合を問合することとし直ちに窪田天津総領事に問合せの依頼電報を発したるが返電の如何によりて更らに協議すべしと

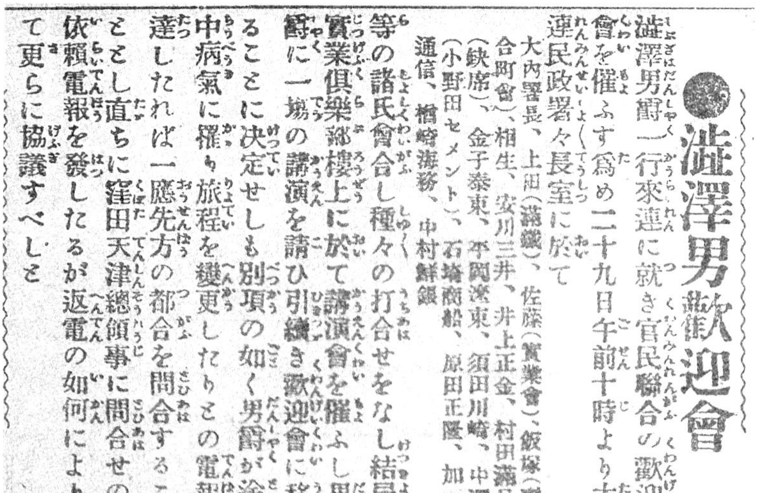
澁澤男歡迎會

澁澤男爵一行來連に就き官民聯合の歡迎會を催ふす爲め二十九日午前十時より大連民政署々長室に於て大内署長、上田（滿鐵）、佐藤（實業會）、飯塚（聯合町會）、相生、安川三井、井上正金、村田滿日（缺席）、金子泰東、平岡遼東、須田川崎、中澤（小野田セメント）、石埼商船、原田正隆、加藤通信、楢崎海務、中村鮮銀等の諸氏會合し種々の打合せをなし結局實業俱樂部樓上に於て講演會を催ふし男爵に一場の講演を請ひ引續き歡迎會に移ることに決定せしも別項の如く男爵が途中病氣に罹り旅程を變更したりとの電報達したれば一應先方の都合を問合することとし直ちに窪田天津總領事に問合せの依賴電報を發したるが返電の如何によりて更らに協議すべしと

［譯文］

《澀澤男爵歡迎會》

爲了舉辦歡慶澀澤男爵一行抵達大連的官民聯歡會，二十九日上午十點，大内署長、上田（滿鐵）、佐藤（實業會）、飯塚（街道聯合會）、相生、三井分店長安川、正金分店長井上、《滿洲日日新聞》社副社長村田（缺席）、《泰東日報》社社長金子、《遼東新報》社平岡、川崎造船所須田、中澤（小野田水泥有限公司經理）、商船分店店長石埼、正隆銀行專務原田、通信管理局局長加藤、碼頭海務事務所所長楢崎、朝鮮銀行支行行長中村等人和企業代表，集會於大連民政署署長辦公室，商討相關事宜。在一係列協商無果後，最終決定於實業俱樂部召開演講會，並在男爵的演講之後舉辦歡迎會。另外，由於先前收到的電報中指出，男爵在旅行

途中罹患疾病，行程有所變更，衆人商議應首先詢問男爵的情況，並立即向天津總領事室田發出委託問詢的電報，然後根據回復的情況再做商討。

大正三年五月三十日　2374號　第二版（二）

## 渋沢男動静

二十八日天津に到着せる渋沢男は長途の旅行を続けたると各地の暑気漸く加はれるとにて疲労したるも敢て病気と云ふ程にあらず三十一日来連の上は一先づ閑地に居りて静養し度きに付き適地を用意し置かれ度き旨満鉄に依頼し来たれる由

**[譯文]**

**《澀澤男爵的近況》**

二十八日抵達天津的澀澤男爵，由於長途的旅途勞頓，加之長期受到各地的暑氣薰蒸，積勞成疾。男爵於三十一日抵達大連後，將暫居静僻之地静心休養。據悉，滿鐵公司已接到委託，爲男爵準備最爲適合休養的地方。

大正三年五月三十一日　2375號　第一版（二）

## 渋沢男一行着連

渋沢男爵が長途の旅行に疲労せし為め既定の旅程を変更したる同男一行の支那視察員は既報の如く三十一日午前五時着独逸郵船西江号にて来連し二日出帆の嘉義丸にて帰京する旨本日天津総領事より或る筋に電報ありたり

卅一日天津より來連すべき
男爵　澁澤榮一氏

[譯文]

《澀澤男爵一行抵達大連》

澀澤男爵由於長途跋涉，舟車勞頓，變更預定的行程。今日收到與男爵同行的中國視察員由天津總領事處發來的電報，説明了大致的情況。正如之前報導的一樣，男爵乘坐德國遊輪“西江號”於三十一日上午五時抵達大連，並將於下月二日乘坐“嘉義丸號”返回東京。

本日天津より來連の　澁澤榮一男

大正三年五月三十一日　2375號　第二版（二）

## 歓迎会は中止

渋沢男の辞退に依り

渋沢男爵及び馬越恭平氏の一行が支那視察の途次来連を機とし大連市の官民聯合の歓迎会を催ふし且つ一席の講演を請ふことに決定したるも男が長途の旅行にて疲労せる為旅程を変更する旨の電報に接したれば一応先方の都合を問合するの要ありとし二十九日大内民政署長より窪田天津総領事に宛てて男の都合を問合すべく照電せしに総領事より

渋沢男爵は微恙の為め旅程を変更し三十日午前五時五分当地出発汽船西江号にて三十一日貴地着の筈なるも尚静養を要するに付歓迎会等は一切謝絶したし悪からず諒知ありたしとの事なり

右の如き返電ありたれば遺憾ながら講演会及び歓迎会共に中止する□とし其旨大内署長より歓迎会各発起人に宛て通知したり

澁澤男と共に來連する馬越恭平氏

[譯文]

《歡迎會取消》

因澀澤男爵的婉拒而取消

澀澤男爵與馬越恭平一行於中國視察途中訪問大連，藉此機會，大連市決定籌辦一場官民聯歡會，並邀請男爵做演講。但由於先前接到男爵因旅途勞頓導致行程變更的電報，因此有必要事先詢問男爵的情況。因之大內民政署長於二十九日，向天津總領事室田發出委託問詢的電報。總領事的回復電報如下：

澀澤男爵在旅行途中身體抱恙，導致行程有所變更。男爵預定於三十日上午五時五分乘坐由天津出發的遊輪“西江號”，並於三十一日抵達貴地。但由於男爵的身體需要靜養，故謝絶一切歡迎會等活動。還望諒解。

對此我們感到非常遺憾。有關演講會以及歡迎會取消的事，大內署長已經告知歡迎會的各位發起人。

大正三年五月三十一日　2375號　第二版（二）

## 歡迎渋沢男爵

我実業界の泰斗、商事界の偉人渋沢男爵来れり、男爵の声望天下に高く、識見一世に重し、在満の同胞男爵を渇仰せること久しかりしが、今日親しく渾然たる芳容に対し、温乎たる謦咳に接することを得るは吾人の深く光栄とする所なり。渋沢男の崇高なる人格、卓抜なる識見多面なる閲歴、多大の功勳は中外の倶瞻する所にして吾人は茲に贅せざるべし、男爵は埼玉県榛澤郡血洗島に出で、何等の閥閲あるにあらず、少壮由比正雪を以て任じ、夙に経世済民の大志を懐く、徳川覇府の乱離に当り、慷慨激越自ら禁ずること能はず、或は外人襲撃を企て、或ひは横浜焼打を策し、為めに一身を誤まらんと□しが、一朝翻然として悟る所あり一橋家に仕えて、理済的天才を発揮し、欧洲に遊びて、世界的智識を吸収す、明治維新政府に入りて財政の枢機に当り井上侯と並びて計画する所多かりしが、時流を超越したる識見経営は当路の容るる所とならず、屡々辞意を漏らせしも、大隈伯其他の慰諭によりて其職に在りしが、大久保利通公の大蔵郷時代に於て財政整理問題に関し衝突し、明治六年五月二十三日遂に断然野に下るに至れり曰く『国家の基礎は商工業に在り、政府の官吏は凡庸の人物にて可なり、商工業者は達識英邁の資質を要す』と、男爵は官尊民卑の時に当り、三等出仕の栄職を抛って一商民となる、他人に在りては難しとする所なるも、男爵は軒冕を棄つること弊履の如かりき、男爵と連袂辞職したる井上侯は其後屡々朝班に列し、顕要の地に立ちたるも男爵は一去飄然江湖に退ぞいてより爾来四十有余年、何人の勧誘にも応ぜず、専念一意我実業界の発達に貢献せり。

渋沢男は明治実業界の大恩人、活如来なり、日本経済界の創造者、活歴史なり識見の雄大は一世の思潮を動かすべく、人格の清高は当代の師表と仰ぐに足れり過去四十年に於ける我帝国の商工上及び経済界の経営施設は一として男爵の関係せざるなく、参与せざるなし、実に我実業界は渋沢男を中心とし囲繞して発達し勃興せる□□、明治の聖代、富豪鉅商を出すこと多しと雖も、所謂政商、虚業家の類にして、官府に夤縁し、利益を壟断せしに過ぎず、男爵は此間に立ち卓然として高く地歩を占め、無冠の大蔵大臣、布衣の農商務大臣たる権威と声望とを有す、偉なりと謂ふべし。

渋沢男今次の来満は吾人の歓喜措く能はざる所にして、官民聯合一席の宴を開き、男爵一行歓迎の微意を表すると共に親しく高邁なる男爵の所見を聴き得るを楽しめるに、微恙の為め一切の歓迎を辞退せられたるは官民の深く遺憾とする所にして、男爵の一言一行は政府を動かし時代を宰す、満蒙多事の今日、減賃問題あり、満鉄問題あり、大連海港問題あり、母国と満洲の関係、満洲と朝鮮の関係、更に大陸経営、対支政策に及びて男爵の指教を請ふべきもの少なからず、之に関する男爵の片言隻辞だも得て、在満同胞の指針を為すを許さば、吾人の本懐之に過ぎたるはなし、終りに臨み国家の為め男爵の加餐珍重を望む。

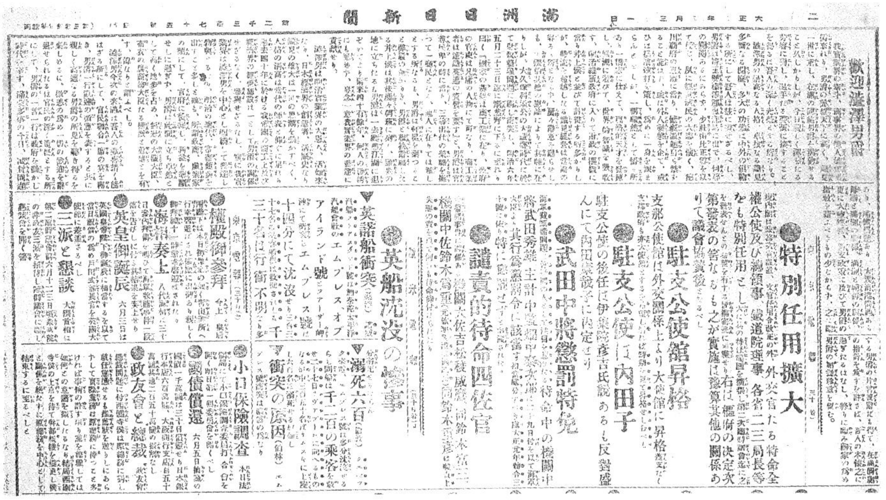

滿洲日日新聞

歡迎澀澤男爵

特別任用擴大

駐支公使館昇格

駐支公使は内田子

武田中將懲罰特免

譴責的待命四佐官

英船沈沒の慘事

英諸船衝突

溺死六百

衝突の原因

小口保險調查

國債償還

權殿御參拜

海相奏上

英皇御誕辰

政友會と總裁

三派と懇談

[譯文]

《歡迎澀澤男爵》

我們實業界的泰斗、商事界的偉人澀澤男爵來了。男爵享譽世界，學識淵博，滿洲的同胞們對男爵景仰已久。今日有幸一睹男爵的風采，我等深感榮幸。澀澤男爵具有崇高的人格，卓絶的見識，豐富的閱歷，卓越的功勳，我等認爲男爵的這些品質應爲中外各國人民共同瞻仰。男爵出生於琦玉縣榛澤郡血洗島，無閥閲世家之背景，少壯即以由比正雪自居。夙懷經世濟民之遠大理想，面對德川幕府之離亂，不禁滿腔憤慨，或是策劃武力攘夷之活動，或是策劃火燒横濱之計畫，爲此也使自己走向歧途。一日突然醒悟，他踏入一橋家門，發揮其理財才能，遊歷歐洲，吸收世界先進知識，後來進入明治新政府，參與處理國家財政樞機，經常與井上侯爵一同制定方略。因其學識見解超越時代潮流，經營方式不被當局認同，他曾多次吐露出辭職之意，其後在大隈伯爵等人的勸慰下繼續任職。然而，在大久保利通擔任大藏卿時代，男爵在財政清理問題上與當局産生了重大分歧，最終在明治六年五月二十三日斷然辭官。他曰："國家的基礎在於工商業，政府官員們都是平庸之才，而工商業者必須富有遠見、才智過人。"

男爵在"官尊民卑"的時期，毅然放棄了三等少輔的職位，棄官從商。放棄高官職務對他人來説是件極其困難的事情，但男爵却棄之如敝履。與男爵一同辭職的井上侯爵，其後屢次位列朝班，地位顯赫。即使如此，男爵從未動摇，辭官以來凡四十餘年，不理會他人的多次邀請，杜絶誘惑，一心一意爲我實業界的發展壯大做出貢獻。

澀澤男爵是明治實業界的大恩人，如活佛在世。他是日本商界的創始人、活見證人，其卓絶的見識影響了一個時代的思潮，其高潔的人格使其成爲當代的楷模，值得人們敬仰。在過往的四十年裏，我帝國的工商業以及實業界之經營設施，若少了男爵的關照、參與是無法運作的。可以説我國實業界是圍繞着男爵不斷發展壯大、蓬勃興起的。雖説在明治聖世，富豪鉅賈輩出，但所謂政治商人、投機家之類，不過是與官府勾結，壟斷利潤之輩。男爵在此時横空出世，獨佔高位，被視爲無冕之大藏大臣、布衣農商務大臣，極具權威和聲望，着實是位偉人。

澀澤男爵此次到訪滿洲，我等難以抑制歡喜之情，預備舉辦一場官民聯歡會，聊表對男爵一行到訪之歡迎之意，藉此也得以垂聽我們可親可敬男爵之有關見解。但由於男爵身體抱恙，從而婉拒一切邀請，對此我等深感遺憾。男爵的一言一行無不影響着政府當局，影響着此一時代。在滿蒙多事之秋，有關減薪問題、滿鐵問題、大連海港問題、祖國與滿洲之關係問題、滿洲與朝鮮關係問題，以及大陸經營問題、對華政策問題等，想向男爵請教之事尚多，若能得到男爵哪怕片言隻語，並容許其成爲在滿同胞之指引，就是滿足我等畢生夙願。最後，衷心希望男爵能爲國家注意飲食，保重身體。

大正三年六月一日　2376號　第二版（二）

## 渋沢男着連

渋沢栄一男一行八名及び馬越恭平氏一行四名は既報の如く卅日天津解纜の独逸汽船西江号に便乗三十一日予定よりは稍々遅れて午後一時半着連したり渋沢男は黒の山高帽に黒の雨外套を羽織り極めて元気よく折柄降りしきる雨を衝き楢崎埠頭事務所長の先導にて真先にタラップを降り温顔微笑を含みつつ出迎への野村満鉄総裁大内民政署長其他多数官民に会釈し差回されたる満鉄三井遼東ホテルの馬車に分搭し上田満鉄秘書役の案内にて遼東ホテルに投宿せるが渋沢男の微恙は北京を離れ天津に至りて後朱直隷都督を訪問せるのみにて請宴等一切辞退せる為め殆ど全癒したりといへるが渋沢男馬越氏一行の氏名は左の如し

男爵渋沢栄一　渋沢武之助　明石照男　秘書増田明六　同木澤正道　医師堀井宗一　野口米次郎　堀江傳三郎

大日本麦酒会社長馬越恭平　同社員仲田慶三郎　東洋生命保険会社長尾高次郎　同社員辻友親

埠頭に上陸せる澁澤男

（先に立てるは野村滿鐵總裁）

**澁澤男着連**

澁澤榮一男一行八名及び馬越恭平氏一行四名は既報の如く卅日天津解纜の獨逸汽船西江號に便乘三十一日豫定よりは稍々遅れて午後一時半着連したり澁澤男は黒の山高帽に黒の雨外套を羽織り極めて元氣よく折柄降りしきる雨を衝き楢崎埠頭事務所長の先導にて眞先にタラップを降り温顔微笑を含みつゝ出迎への野村滿鐵總裁大内民政署長其他多數官民に會釋し差廻されたる滿鐵三井遼東ホテルの馬車に分搭し上田滿鐵秘書役の案内にて遼東ホテルに投宿せるが澁澤男の微恙にて北京を離れ天津に至りて後朱直隷都督を訪問せるのみにて請宴等一切辭退せる爲め殆ど全癒したりといへるが澁澤男馬越氏一行の氏名は左の如し

男爵澁澤榮一　澁澤武之助　明石照男　秘書增田明六　同木澤正道　醫師堀井宗一　野口米次郎　堀江傳三郎

大日本麥酒會社長馬越恭平　同社員仲田慶三郎

東洋生命保險會社長尾高次郎　同社員辻友親

［譯文］

《澀澤男爵抵達大連》

澀澤榮一男爵一行八人以及馬越恭平一行四人，已如早前報導，於三十日乘坐德國輪船“西江號”由天津出發，三十一日下午一時三十分抵達大連，比預計的時間稍遲。澀澤男爵頭戴黑色圓頂硬禮帽，身披黑色防雨外套，顯得特別精神。此時，澀澤男爵冒着雨，在楢崎碼頭事務所長帶領下，率先走下舷梯。男爵面容慈祥，面帶微笑地向前來迎接的野村滿鐵總裁、大内民政署長以及其他的多數官員和民眾點頭致意。其後，一行人搭乘滿鐵三井遼東酒店派遣的馬車，由滿鐵秘書上田陪同下榻於遼東酒店。澀澤男爵由於身體抱恙，從北京出發直至抵達天津後，僅拜訪過直隸都督朱某，謝絶一切宴請活動，因此可以説身體基本已經痊癒。澀澤男爵及馬越恭平一行人名單如下：

男爵澀澤榮一　澀澤武之助　明石照男　秘書增田明六　秘書木澤正道　醫生堀井宗一　野口米次郎　堀江傳三郎

大日本麥酒公司社長馬越恭平　大日本麥酒公司員工仲田慶三郎　東洋生命保險公司社長尾高次郎　東洋生命保險公司員工辻友親

大正三年六月一日　2376號　第二版（二）

## 渋沢男一行動静

三十一日来着したる渋沢男、馬越恭平氏一行は遼東ホテルに投じて当日は当地重なる官民の訪問を受け夜は男と馬越氏との外他の一行は星ヶ浦に催したる満鉄の晩餐会に臨み今日は一行打揃て旅順に至り戦跡を弔ひ夕刻帰連の上二日の嘉義丸にて帰京の筈なり因に男は大連市民の厚意に依り歓迎会の催しありたるに拘らず微恙の為め折角の厚意に応じ得ざるは甚だ遺憾なりと談じ居れり

**[譯文]**

**《澀澤男爵一行的近況》**

三十一日澀澤男爵以及馬越恭平一行人，抵達大連，下榻遼東酒店，當天即接受當地許多官員和民眾之拜訪。當晚，男爵、馬越恭平以及其他一行人出席了於星浦舉辦的滿鐵晚餐會。今天，一行人一同出發前往旅順戰争遺迹祭奠，並於傍晚時分返回大連。預計將於二日搭乘“嘉義丸號”返回東京。另外，男爵還談到雖然大連市準備遵從民意爲自己舉辦一場歡迎會，但由於身體抱恙而無法回應民眾之厚愛，感到十分遺憾。

大正三年六月二日　2377號　第一版（二）

## 日支経済の接近（上）

北京を訪問せる渋沢男実業的日支提携の先駆

北京訪問の帰途来連せる渋沢男爵を遼東ホテルに訪問せしに長途の旅行にて多少疲労せられたるにも拘らず長時間の対話を承諾されしは記者の深く感謝する所なり男は天津に於て健康を害なはれたるやに聞けるも差したる事なく元気旺盛談論縦横の概は平素の男と異るなし

▲支那訪問の本意は山東の曲阜に於ける孔子の聖廟と済南府に在る孟子の廟とを参拝して多年の渇望を遂ぐるに在りしも旅程の都合に依り北京訪問を先にし聖廟参拝を後にしたるが五月二十七日天津に着ける折不幸にして胃を害ひ殊に九十度以上の暑気に会したる等旁々先途を気遣ひ同伴の医師及び一行の人々より切なる忠告もありて遂に今回旅行の第一眼目たる二聖廟の参拝を思止まるの余儀なきに至れるは実に遺憾千万なりされど他日機を得て参拝の初一念を達し度く切望し居れり

▲其他の各地視察も右の有様にて中止し青島旅行を始めとして満洲各地を視察すること能はざりしは遺憾なり殊に満洲啓発の策源地たり主脳地たる此大連をすら詳細に視察し得ずして二日の嘉義丸に搭じ帰京の途に就くべく日程を変更したるは返す返すも残念の至りなり併しながら第二の要件たる

▲中日実業公司の設立に関し北京諸大官と有数実業者と日本側資本主との意思疎通に就ては遺憾なく当初の素志を貫徹し来たれる積なり同公司は既に五百万圓の資本として其四分の一即ち百二十五万圓に対し支那側の株主より其半額六十二万五千圓日本側の株主より残半額六十二万五千圓の払込みを済し楊士琦氏を総裁に倉知鉄吉氏を其副総裁として立派に成立を見たるが

▲本公司の事業は諸会社乃至銀行等の如くに今直ちに或る特殊の目的の為めに資本を投下して或る種の事業を経営すると云ふ本旨にあらず要は日支の実業的経済的立場より見て両国間に有利と認めたる支那の或る事業を営み又は其事業の成立と経営とを容易ならしめんとするに在れば或る利権を獲得すべしとか利益を独占すべしとか言ふ意思は毫末もあることなし元来本公司の前身たる

▲中国興業公司なるものは当時全国鉄道全権たりし孫文氏来朝の際氏の提言に基きて日支間に経済的実業的提携を遂げて以て天恵に富める支那の各種工業を開拓するを唯一の目的として成れるものにて氏も日本資本家に依頼して資本の供給を受くるを感謝し支那に於ける株主募集の如きは其の一身に引受けて全責任を果たすべきを誓ひて帰国せるに間も

なく宋教仁の殺害事件ありて以来当時臨時大総統なりし袁世凱氏と相好からず為に第二の革命となりたれば南北の乖離益々甚だしく本公司の前途亦如何に成行くかと案じられたる折柄日本は南方に味方して北方を倒さん意向ありとの疑惑を生じ袁世凱氏を中心とせる北方の人士は日本に対し兎角不快の感情を持するに至りしが其後孫宝琦、李盛鐸の二氏の来朝するあり先に孫文氏との間に成立の道程を進めたる中日興業公司に対し従前の如く其企画を進め南方との関係を断ち更に袁世凱氏を中心として支那政府との間に成立せしむべく尽力を乞ふ旨陳述ありたるが本公司は政治政策と全く没交渉にして

▲純然たる実業本位の会社なれば南に頼るも北に組するもそれは余の関知する所にあらず所詮支那に於ける各種の事業を有効に而も健全に発達せしめて日支両国の経済的親善を多々益々強固ならしむるに在れば政権の何人に帰するも本事業の促進上何等支障なかるべしと答へ殊に孫氏も亡命して日本に来たりし際折角計画したる本事業を政変の為めに中絶するが如きは本意に非らず此際余（孫氏）との従来の関係の如き更に顧念することなくして支那全国の為本事業の一日も速に其緒に就かん事を希望し居れば其積にて切に尽力を乞ふと述べたる一言もあれば使節として来朝したる前述二氏に向ても今後相共に協力して素志徹底に尽すべきを約したる次第なりし殊に

▲経済に国境なく経済と実業とを目的として相互の利益増進に尽すは当然の事なり況んや日支両国は二千年来の歴史的に離るべからざる密接の関係を為し同文同種の両国民にして風俗人情二つながら接近し居る両国資本家に依て成立せんとする本事業の如きは政権の何れに帰するを問ふの要なく支那全土支那全国民と日本との間に温情相通ぜる経済的協力を実現するは列国に向ても何等憚る所なき道理なれば公々然と期成的活運を続け以て今日に至れる次第なるが日支の国際的関係動もすれば親善を欠くの虞れありたる等の事情より延いて日本の実業家をすら忌避し且つ疑はんとする内情も見えたれば何れ機を見て此の謬見を解かんことを期待し居れり

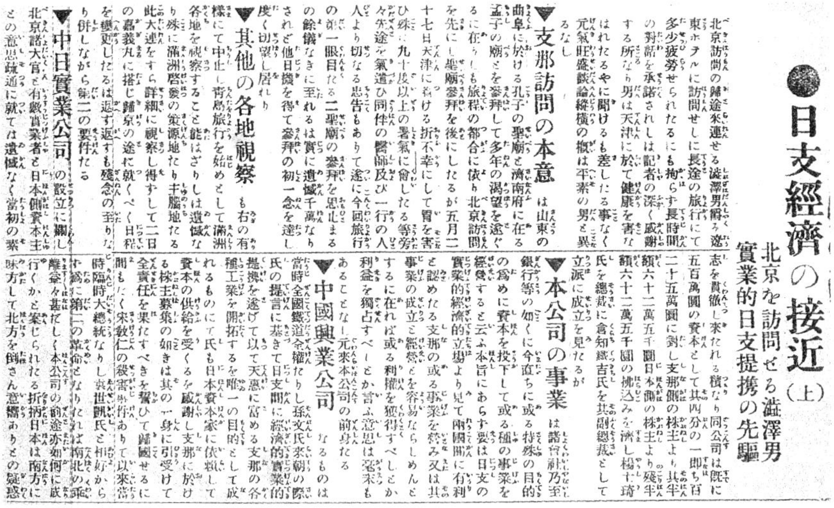

# 日支經濟の接近（上）

北京を訪問せる澁澤男

實業的日支提携の先驅

北京訪問の歸途來連せる澁澤男爵を遼東ホテルに訪問せしに長途の旅行にて多少疲勞せられたるにも拘らず長時間の對話を承諾されしは記者の深く感謝する所なり男は天津に於て健康を害なはれたるやに聞けるも差したる事なく元氣旺盛談論縱橫の槪は平素の男と異るなし

▼支那訪問の本意 は山東の曲阜に於ける孔子の聖廟と濟南府に在る孟子の廟とを參拜して多年の渴望を遂ぐるに在りしも旅程の都合に依り北京訪問を先にし聖廟參拜を後にしたるが五月二十七日天津に於ける折不幸にして胃を害ひ殊に九十度以上の暑氣に會したる等旁々先途を氣遣ひ同伴の醫師及び一行の人人より切なる忠告もありて遂に今回旅行の第一眼目たる二聖廟の參拜を思止まるの餘儀なきに至れるは實に遺憾千萬なりされど他日機を得て參拜の初一念を遂し度く切望し居れり

▼其他の各地視察 も右の有樣にて中止し青島旅行を始めとして滿洲各地を視察することは能はざりしは遺憾なり殊に滿洲啓發の策源地たり主腦地たる此大連をすら詳細に視察し得ずして二日の嘉義丸に搭じ歸京の途に就くべく日程を變更したるは返す返すも殘念の至りなり併しながら第二の要件たる

▼中日實業公司 の設立に關し北京諸大官と有數實業者と日本側資本主との意思疏通に就ては遺憾なく當初の素志を貫徹し來たれる積なり同公司は既に五百萬圓の資本として其四分の一即ち百二十五萬圓に對し支那側の株主より其半額六十二萬五千圓日本側の株主より殘半額六十二萬五千圓の拂込みを濟し楊士琦氏を總裁に倉知鐵吉氏を其副總裁として立派に成立を見たるが

▼本公司の事業 は諸會社乃至銀行等の如くに今直ちに或る特殊の目的の爲めに資本を投下して或る種の事業を經營すると云ふ本旨にあらず要は日支の實業的經濟的立場より見て兩國間に有利と認めたる支那の或る事業を總み又は其事業の成立と經營とを容易ならしめんとするに在れば或る利權を獲得すべしとか利益を獨占すべしとか言ふ意思は毫末もあることなし元來本公司の前身たる

▼中國興業公司 なるものは當時全國鐵道全權たりし孫文氏來朝の際氏の提言に基きて日支間に經濟的實業的提携を遂げて以て天惠に富める支那の各種工業を開拓するを唯一の目的として成れるものにて氏も日本資本家に依賴して資本の供給を受くるを感謝し支那に於ける株主募集の如きは其の一身に引受けて全責任を果たすべきを誓ひて歸國せるに間もなく宋敎仁の殺害事件ありて以來當時臨時大總統なりし袁世凱氏と相好からず爲に第二の革命となりたれば南北の確離益々甚だしく本公司の前途亦如何に成行くかと案じられたる折柄日本は南方に味方して北方を倒さん意嚮ありとの疑惑

**[譯文]**

**《日中經濟之接近（上）》**

促進日中企業合作之先驅——澀澤男爵到訪北京

在訪問北京的歸途中抵達大連的澀澤男爵，不顧長途旅行的疲勞，在下榻的遼東酒店裏接受了我們長時間的訪談，作爲記者，我對此深表感謝。聽聞男爵在天津時健康受損，由此看來並無大礙，男爵精力充沛，侃侃而談，與以往的狀態並無不同。

我此次來華訪問的初衷是想實現自己多年來的願望，參拜位於山東曲阜的孔子廟和位於濟南府的孟子廟。依照旅程的安排，預定首先訪問北京，其後參拜孔廟。然而不幸的是，在五月二十七日抵達天津時胃部不適，加之當時的氣温高達華氏九十度以上，隨行的醫生非常擔心接下來的旅途中我的健康問題，在醫生和同行的其他人員由衷的勸説下，我不得已放棄了本次旅行的重點行程，即放棄參拜兩座聖廟。對此，我感到萬分遺憾，並衷心期望他日能有機會一償夙願。

其他各地的視察計畫也因上述原因被迫取消。未能完成由天津開始直至全國各地的視察計畫，未能詳細視察滿洲文化啓蒙的基地與重要之地大連，就改變計畫於二日搭乘“嘉義丸”動身返回東京。對此，我甚爲遺憾。

我此次訪華的第二大要事，即有關中日實業公司的創立。我已與北京的許多重要官員、著名的實業家以及日本方面的資本家溝通協商。預計會堅持最初的意見，建立資産總額爲五百萬的公司，楊士琦爲總裁，倉知鐵吉爲副總裁。資産的四分之一（一百二十五萬圓）將由中方和日方的股東各支付一半（六十二萬五千圓）。

本公司的宗旨並非像普通的公司或者銀行那樣，爲了特殊的目的進行投資或者經營某種事業，而是從日中實業和日中經濟的立場出發，經營有利於兩國的某種中國事業。同時，本公司絶不會爲了方便公司事業的建立和經營而謀取特權或是獨佔收益，這也是公司最初的宗旨。

中國興業公司是基於當時全權負責全國鐵路的孫中山先生來日之際的提議，爲促進日中經濟和實業上的合作，以發展中國的各類工業爲唯一目的建立的。孫先生還十分感謝日本的資本家能够接受他的請求，爲新公司提供資金。在中國國内招募股東，就是孫先生發誓將履行全部責任回國後採取的舉動之一。回國後不久就發生了宋教仁案，在那之後由於不滿當時臨時大總統袁世凱，孫中山先生發動了“二次革命”，致使南北更加背離。正值孫先生對公司的未來發展，以及如何發展之事無比擔心之時，以袁世凱爲首的北方人士認爲日本有意支持南方、打倒北方而對日本心生懷疑，甚至心生不滿之情。其後，孫寶琦、李盛鐸兩位來日，對於不久前我與孫先生共同推進的中日興業公司的成立事宜，對我極力懇求：他們希望公司的建立依舊按照原定計劃推進，但要與南方切斷聯繫，改與以袁世凱爲首的中國政府合作建立。雖然如此，但與政治策略全無半點關係。

單純以實業爲本的此興業公司不論是依靠南方建立，還是與北方合作建立，這都與我没有太大幹係，只要公司能使中國國内的各種事業能够有效而健全地發展壯大，對中日兩國經濟上的親善多多有益，使其日益鞏固的話，無論最終政權會否介入，都不會對公司的事業發展有任何的阻礙。何況孫中山先生也已逃亡日本，若由於政變而不得不中止難得計畫好的事業，這也並非我的本意。若此次兩位未改同孫先生的關係，對其並無顧慮，僅僅是爲了中國全國，希望此事業能够儘快展開；若兩位的極力懇求中，哪怕只有一句話是爲此目的，我就會與作爲使節來日的兩位約定，今後一同合作，竭力實現宿願。

經濟無國界，爲了經濟上和實業上的目的，雙方努力擴大共同利益是理所當然的事，何況日中兩國兩千年來在歷史上有着不可分離的密切關係，同文、同種的兩國人民，風俗人情也極爲接近。正如依靠兩國的資本家才得以開展的此項事業一樣，無論最終會歸於哪個政權，中國全國、中國全民依然能够同日本熱情往來，實現經濟上的通力合作，使我們面對其他各國時，理所當然地毫不忌諱，公開地繼續開展這些即將成功的事業直至今日的話，日中兩國也不會動不動就擔心會缺乏國際親善關係，若人們能够看清這點，他們就能認識到他們根本不必對日本的實業家們都心存忌諱，有所疑慮。我衷心期望人們終有一日能够有機會改變他們的錯誤看法。

大正三年六月二日　2377號　第一版（二）

## 渋沢男旅順行

来連中なる渋沢栄一男一行は馬越恭平氏を除き朝鮮銀行理事三島太郎同大連支店長中村光吉両氏を加へて十三名一日午前九時大連駅発臨時列車に搭乗し都督府より出迎へたる白須秘書官に就きて窓外に移り行く山川を指呼しては交々戦跡談を聞きやがて十時卅分といふに旅順に到着するや駅には白仁民政長官青木要塞司令官川島要港部司令官佐藤警視総長吉田民政署長等多数官民の出迎あり男一行はホームに降りて丁寧に挨拶を為し渋沢男及び随員六名は特に都督府より差回したる馬車にて白仁長官と共に工科学堂に到り教室工場を参観し他は市川警部補の案内にて爾霊山に登臨して過ぎし日露役に敵味方の流血山を染めて山形改まるに及べる激戦の状を察して引返し渋沢男と合し午後零時半白仁民政長官の主催せるヤマトホテル午餐会に臨めり午餐会は賓客十三名の外に陪賓として要塞より青木司令官、阪部副官、要港部より川島司令官、松枝副官、陸軍部より田村高級副官、民政部より佐藤警視総長、白須秘書官、五泉、黒崎、百済各事務官、吉田民政署長列席し卓上の歓談に時を移して一時半頃退散し渋沢男並に随員は白玉山納骨堂に参拝して地下の英魂を弔ひたる後戦利品陳列館に馬車を駆り可児大尉の説明を聴きたるが余は再び別れて直ちに市川警部補に伴はれ背面各砲台を視察し午後四時三十分旅順駅発大連に帰れり

**[譯文]**

《澀澤男爵旅順行》

正值大連訪問期間，澀澤男爵一行（除馬越恭平外）連同朝鮮銀行理事三島太郎和朝鮮銀行大連分行行長中村光吉兩人，一共十三人於一日上午九時搭乘由大連站發車的臨時列車。男爵與從都督府前來迎接的白須秘書官一同，指着窗外不斷變換的山川，輪流聽取對方關於戰爭遺址的看

法。最終，一行人在上午十時三十分左右到達旅順。前來車站迎接的有民政長官白仁、要塞司令官青木、要港部司令官川島、警視總長佐藤、民政署長吉田等多數官員和民眾。男爵走下月臺向大家禮貌問候。澀澤男爵及其隨行六名人員，乘坐由都督府特意派遣的馬車，同白仁長官一同到達工科學堂。在參觀教室、工廠後，在警部補市川的陪同下登上了 203 高地，考察由於在日俄戰爭的激戰中染上敵我雙方的鮮血致使山的形狀都有所改變的戰役的慘狀。返回後，澀澤男爵一行在中午十二時三十分，出席由民政長官白仁主辦的大和飯店午餐會。除十三名賓客外，還有作爲陪客出席的要塞司令官青木、副官阪部，要港部司令官川島、副官松枝，陸軍部高級副官田村，民政部警視總長佐藤，秘書官白須、五泉、黑崎和百濟的事務官以及民政署長吉田。在席間的盡情暢談後，於一時三十分左右散場。然後，澀澤男爵一行及其隨行人員來到水交社，並參照旅順港海戰模型，對當時的戰況進行説明。之後，參拜了白玉山納骨祠，在祭奠長眠於此的將士英魂後驅車前往戰利品陳列館，聽着可兒大尉的講解，澀澤男爵爲公司分局的攝影班拍攝了紀念照。之後澀澤男爵再次離開，在警部補市川的陪同下視察後方的各個炮臺。澀澤男爵於下午四時三十分搭乘由旅順站發車的臨時列車返回大連。

大正三年六月二日　2377 號　第二版（二）

## 渋沢男一行出発

渋沢男と馬越恭平氏との一行は予定の如く今二日午前十時出帆の嘉義丸にて出発帰京の筈なり因に一行中の東洋生命保険会社長尾高次郎氏のみは一行に別れ陸路朝鮮を経て帰京する由

**［譯文］**

**《澀澤男爵一行出發》**

按照預定計劃，澀澤男爵與馬越恭平一行人應乘坐今天（二日）上午十時起航的“嘉義丸號”出發返回東京。另外，一行人中，只有東洋生命保險公司的社長尾高次郎與眾人分別，經陸路取道朝鮮返回東京。

大正三年六月二日　2377 號　第二版（二）

## 日支経済の接近（下）

北京を訪問せる渋沢男実業的日支提携の先駆

▼経済的親善の実を挙ぐるには一度余をして北京を訪問せしむるを

良策とする旨山座公使より外務省に宛て注意ありたるやに承知したるが当時余は健康を顧慮したる為め倉地鉄吉氏に北京訪問を託し日支興業公司を継承して成立せしむべく斡旋したる結果、今日あるを得たるが爾来日支間の国交的関係は動もすれば不良ならんとする形勢見えこれが為めに或は余等の折角組立てたる会社の経営に付て悲しむべき結果を見ることとなるやを慮りつつありしに本春に至りて健康も回復したれば此度の旅行を思ひ立ち□次第なり而して此度の北京行が如何なる効果を勝ち得たるかと云ふに余の信ずる所にては先づ以て予期の如く成果を携へて帰朝するを得たるものと為し心中窃に歓び居るが

▼袁大総統の謁見に於ても自己包蔵の所信を充分開陳し尽し大総統も亦余の卑見を容れ殊の外満足の体にて余に対し

日本の経済界実業界に終始一貫して貢献少からざる貴下殊に事業の経営に付て幾多の実際的経験を有せる貴下を煩はして中日実業公司の経営に邁進するを得ば両国の経済的親善の上に多大の効果あるべきは深く信じて疑はざる所なり向後本事業の為めに多々益々貴下年来の抱負を現実ならしめ以て本事業の成果を多大ならしめられ度切に希望して已まず尚支那に於ける各種事業促進に付ては出来得る限り便宜を計るに吝ならざるべし云々

と語られたるが余も此一言に対し感謝すると共に将来本事業は勿論爾余の両国実業上の親善を計りこれを以て支那全土に於ける無限の富を開拓することを理想とし又これに向て向上せんことを期し尚又

▼徐国務卿を始め其他台閣各要路の人々にも面会し実業家中錚々たる人々にも幾回か来往して来意を告げ且つ日支実業上の提携を切実に開陳したる結果何れも隔意なきを示して経済的親善の必要を覚り此機会に於て両国資本家の提携をして益々強固ならしめ有無相通ずるの切要を語りたるを以て見るも余の今回の北京行は此点に於て聊か効果ありしを自信するものなり而して余が袁大総統を始め北京及び上海の官憲要路者並に代表的各方面の実業家に向て説きたる要旨は

▼道義的国交を基礎として此上に両国の経済的連繫を敷き而して相共に公正なる利益に均霑するは両国親善の要素を作る所以なり要は相互に道徳を重んじ己れの欲せざるところこれを人に施す勿れの聖訓に則り人と力と金との三要素を以て支那全土に於ける天恵的富源を啓くは両国

の親善なる融和一致に待つを最上の策とすべし然るに動もすれば日本の政治的態度に疑念を懐ける結果此経済実業両方面の接近に対して尚且危惧の感を懐くは貴国の為めに不利なるのみならず吾々日本の資本家事業家に取ても甚だ遺憾の至りなり余等日本の経済界に多少知られたる者の真意は決して去る異志を懐けるものに非らず外交的国際関係と国民的経済連絡とは全然其経路を異にし経済上の脈絡は自から不動不偏の性質を有することを鑑みざるべからず日支両国の経済的関係も亦此真理を出でざるを思はば国民間に於ける経済実業両方面の提携も亦国際関係と別個の見地に於て実業公司の成立を助け向後の発展を援けざるべからず要は相互に国家を後に背負ひて実業本位資本本位の経綸を進むるに在り元より本事業は国と国との異れる統治の下にある資本家の提携協同に成れるものなれば場合に依りては国際関係を惹起することなきを保せざるも国際的に利権を獲得するものとは自から其選を異にし而も円満裏に両国の親交的解決を希望し又斯くあるべき筈なりと信ず殊に又今後に起すべき事業の性質に依りては支那政府及び日本政府の定めたる法規上の手続を必要とすることもあれば其場合は官憲の手数を煩はし又援助を求むることあるべきは当然のことなれば其点は今より篤と含み置かれ度し

▼国際的経済関係は右の手に武器を提け左の手に算盤を携へて相臨む底の性質のものに非らずして須らく両国相互の利益を尊重し徳義的要素の上に事業の進捗を計るべきを要すれば余の如きは自国内にありて事業を営むにも右の手に論語を携へ左の手に算盤を採る的の精算に基きこれを以て唯一の信条となしたる次第なれば今回両国の経済的提携を形成せしむるに当りても尚此信条を以て事業を進めんとする外敢て他念なし想ふに事業経営の本義は片手に論語片手に算盤を持ち此二者の調節を失はざらんことを念とするに在り支那は世界有数の天恵的富国なるもそれを開かされば其富を増さず其富を啓からんとするには人と力と金との三要素を必要とするも遺憾ながら支那には其内の一乃至二を欠如せるが如ければこれに対して其欠点を補ひ以て両国協同的資本と人材とを以て其目的を達せんとするに在れば幸ひに其意を諒とせられ度しと云ふに在りたるが一同亦これを諒とし余の言に耳を傾け呉れたるは余の大に満足とするところなり而して中日実業公司の事業に付ては夫々談し合ひたる事あるもそれは今日に於て発表する迄に具体的成案を得ず

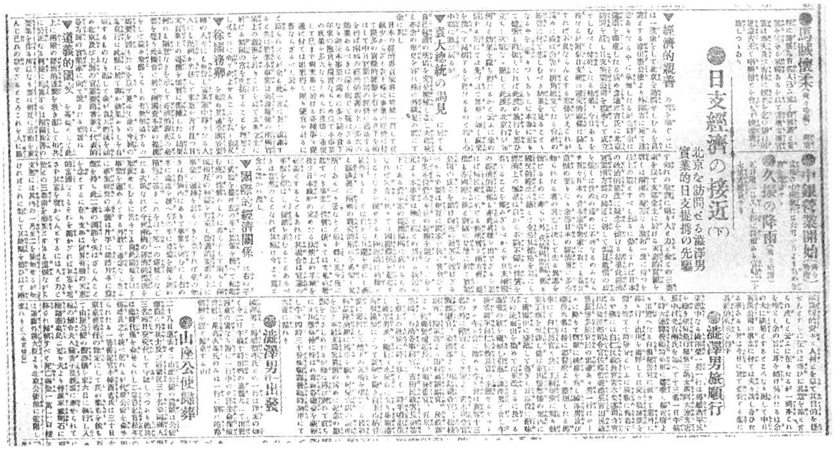
日支經濟の接近（下）
北京を訪問せる澁澤男
實業的日支提携の先驅

[譯文]

《日中經濟之接近（下）》

促進日中企業合作之先驅——澀澤男爵到訪北京

山座公使曾向外務省提議，想讓我訪問北京，以揚經濟親善之實。我雖答應下來，但當時考慮到自身的健康狀況，只得託付倉地鐵吉氏赴北京訪問，爲日中興業公司的成立之事繼續斡旋，因此才有今天的局面。自那以後，我總在想，若日中間的邦交關係一旦有所動摇，就會造成不良的局勢，這樣，我等苦心建立的公司或許也會因此陷入令人遺憾的境地。直到今年春天，我的身體有所好轉，就計畫這次的行程。但要説到此次訪問北京究竟能取得何種效果，我相信只要能攜預想的結果回國，我就心中竊喜。

謁見袁大總統之時，我盡情陳述心中包藏的想法，大總統也接受我的拙見，表現出非常滿意的神態對我説：

“閣下對日本的經濟界、實業界一直貢獻良多，在企業經營方面也富有實踐經驗，今後還要勞煩閣下。若中日實業公司的經營狀況能够取得重大發展，本人深信，這定會對兩國的經濟親善産生極大的效果。今後爲該企業的發展必定盡心盡力，本人衷心希望閣下多年來的抱負能够得以實現，本企業也能取得累累碩果。本人將欣然爲在中國的各個企業的發展盡力謀取方便。”

能得此一言，我在感激之同時也在籌畫未來本企業以及兩國間其他實業上的親善。我今後會以開發上天賦予中國的無盡資源爲理想，也確信一定能够朝此目標邁進。

我也有幸與徐國務卿爲首的其他内閣要員們會面，也與實業家中的傑出人士們有過幾次往來。告知其來意，也誠懇地表達對日中實業合作的意見。有朝一日，兩國間必能消除隔閡，察覺到經濟親善的必要性。我也談到，現在迫切需要兩國資本家能藉此機會合作，使兩國關係日益鞏固，互通有無。我自信能够通過此次的北京之行，在這件事上取得一點效果。我在與袁大總統爲首的北京、上海的官宦要員，以及各方面實業家的代表會談時，談到的最重要的一點就是：

要以道義上的邦交爲基礎，在此之上廣泛建立兩國間經濟上的聯繫。然而做到公平公正、利益均沾是實現兩國親善的關鍵，因此，最重要的就是雙方能遵循以道德爲重、“己所不欲，勿施於人”之聖訓，相互運用人才、物力和資金三要素，以此開拓上天賦予中國的豐富資源。要達此目的，最好的辦法就是促進兩國的互相親善，融合一致。否則，雙方關係一旦有所動摇，中國方就會對日本的政治態度抱有疑慮，對兩國經濟、實業兩方面的接近也懷有恐懼心理。這不僅對中國不利，對於日本的資本家、實業家來説，也是遺憾至極之事。我等在日本的經濟界多少有點名氣，所懷抱的信念，與那些懷有異心的人絶不相同。國際外交關係和國民的經濟往來，其形成途徑是全然不同的，我們必須考慮到經濟上的聯繫是自然形成、穩定不變的，日中間的經濟關係就是如此。因此，我們要從不同的角度，看待國民間經濟、實業兩方面的合作和國際關係。中日雙方應該促進實業公司的成立，並支援其今後的發展，重要的是雙方要背負着國家的利益，按照以企業爲本、資本爲本的原則向前推進。既然此項事業本來就是在不同國家的統治下形成的資本家之間的協同合作，那麽根據不同的情況，有可能引起國際關係的變動也好，還是獲取國際上的特權也好，都是自然形成的不同選擇。我希望兩國間能够圓滿地、親密友好地解決問題，也相信能够做到如此。此外，根據今後建立的企業的性質，可能會需要中國政府以及日本政府所規定的相關法律法規上的手續；如果遇到這種情況，自然還要勞煩各位官員給予幫助。我希望今後各位能認真地把這點放在心上。

國際經濟關係並非是右手握武器，左手握算盤，兩國相互對峙，而必須是兩國互相尊重雙方的利益，在道義的基礎上謀求事業的發展。如我這樣的商人，在本國經營企業之時，都要如右手握《論語》、左手握算盤般地精細，並以此作爲唯一的信條。本次兩國的經濟合作，也應以此作爲唯一信條推進事業的發展。企業經營的真諦就是一手握《論語》，一手握算盤，並使這兩者不失協調。中國雖爲少數的極富天恩的資源大國，但如果資源不被開發，財富就不會增加；若要開發這些資源，那麽人才、物力、資金三者一個都不能少。但是遺憾的是，此時的中國缺少三者中的一個，甚至兩個。爲了彌補這點不足，就需要兩國通力合作，利用兩國的資本和人才，來達成目的。幸運的是，在我表示希望各位能够認同此觀點之時，各位都能表示認同，並且願意傾聽我的拙見。對此，我心滿意足。然而，有關中日實業公司的相關事宜，雖然也談到很多，但截至本次訪談的發表日期爲止，還没有達成具體的方案。

大正三年六月二日　2377號　第二版（二）

## 渋沢男星ヶ浦行

二日午後六時着の臨時列車にて旅順視察より帰連したる渋沢男は秘書一名を随へて停車場前引込線に特に差回したる貸切電車に乗替へ上田満鉄社員の案内にて星ヶ浦に赴き星の家にて同地の風光を愛しつつ晩餐を認め其夜帰連したり因に他の一行は同夜野村総裁催しの扇芳亭の晩餐会に招かる

**澁澤男星ヶ浦行**

二日午後六時着の臨時列車にて旅順視察より歸連したる澁澤男は秘書一名を随へて停車場前引込線に特に差廻したる貸切電車に乗替へ上田滿鐵社員の案内にて星ヶ浦に赴き星の家にて同地の風光を愛しつゝ晩餐を認め其夜歸連したり因に他の一行は同夜野村總裁催しの扇芳亭の晩餐會に招かる

**［譯文］**

《澀澤男爵的星浦行》

乘坐二日下午六時抵達的臨時列車，由旅順視察返回大連的澀澤男爵同一名隨行秘書，於車站前的專用鐵路綫换乘了特派的包租電車，在滿鐵社員上田的陪同下前往星浦。在星之屋，男爵一行人一邊欣賞當地的景色，一邊享用晚餐，並於當晚返回大連。另外，男爵一行人於同夜應邀出席由總裁野村主辦的扇芳亭晚餐會。

# 五　上海《申報》

1914 年 5 月 6 日（甲寅四月十二日）　第二版

**特約路透社電　東京電**

澀澤男爵年已七十餘，爲日本商界之領袖，今日赴華途中，外間對於男爵此行頗多猜測，且有謂擬爲日本求讓與權及開拓在華事業者，實則乃因增長見聞起見，蓋此遊尚屬初次也。日本國家電報社代表曾晉謁男爵，男爵告以將於某日啓程赴華，且曰："余之遊華，蓋了久蓄之願。余自髫年讀中國經書時即心向往之，且余向尊孔學，久欲一謁此中國先師之墓。而外間對於余之此行多所誤會，謂余乃往求讓與權，且謂將與揚子江英國利益有礙云云，其實毫無影響。余無所求，此行以遊覽爲主，余以研究中國文字之故，乃蓄此極誠之意。余既爲商家，則自將調查中國經濟狀況，且望得與該國領袖、商家把晤傾談。且余乃中日興業公司發起員之一，余固極欲得悉中國實業現狀。總之，此行實未挾有政治使命也。"

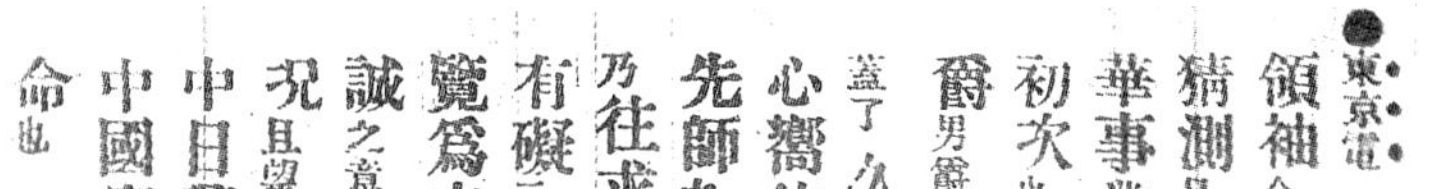
●東京電● 澁澤男爵年已七十餘爲日本商界之領袖今日赴華途中外間對於男爵此行頗多猜測且有謂擬爲日本求讓與權及開拓在華事業者實則乃因增長見聞起見蓋此遊尙屬初次也 日本國家電報社代表曾晉謁男爵男爵告以將於某日啓程赴華且曰余之遊華蓋了久蓄之願余自髫年讀中國經書時即心嚮往之且余向尊孔學久欲一謁此中國先師之墓而外間對於余之此行多所誤會謂余乃往求讓與權且謂將與揚子江英國利益有礙云云其實毫無影響余無所求此行以遊覽爲主余以研究中國文字之故乃蓄此極誠之意余既爲商家則自將調查中國經濟狀況且望得與該國領袖商家把晤傾談且余乃中日興業公司發起員之一余固極欲得悉中國實業現狀總之此行實未挾有政治使命也

1914 年 5 月 7 日（甲寅四月十三日）　第十版

**《日本人歡迎澀澤男爵之筵宴》**

日本男爵澀澤榮一君帶同隨員十餘員，由日本乘輪出發前赴北京等處遊歷。昨日（即本月六號）道出滬江，暫以虹口日本旅館爲行轅。本埠日本副領事兼總領事官村上君，會同譯員西田君並在滬日本鉅賈等，假文路二十號新建日本俱樂部設筵歡迎，並請上海鎮守使鄭汝成君，巡警督辦薩鎮冰君，上海縣知事洪伯言君，巡警南、北兩分廳長崔、徐兩君，上海地方審、檢兩廳長張、汪兩君以及商會董事周金箴君等飲宴。一時觥籌交錯，賓主盡歡而散。

1914 年 5 月 9 日（甲寅四月十五日）　第二版

**專電　杭州電**

日本男爵澀澤於昨日抵杭謁朱督、省長，即在都督府會宴。聞男爵此來係考察實業且資遊歷，並無政治關係，今日遊覽西湖後即欲由拱［杭］赴蘇。

1914 年 5 月 10 日（甲寅四月十六日）　第七版

**地方通信　杭州　《歡迎日本實業家》**

日本澀澤榮一男爵爲日本實業大家，年逾七旬，精神矍鑠，因慕杭州西湖名勝及瞻仰朱舜水祠，昨日由滬乘四號快車來杭。抵城站時由日領事府及交涉公署招待一切，並由實業司派代表曾君、總商會協理王君暨絲綢業各團體趨前歡迎，沿途由朱輔基君妥爲引導。先至清泰第二旅館休息，旋更衣往謁朱督、屈省長。畢，由日領陪往湖上遊覽，迨反棹歸來，已東山月上矣。聞與男爵同來者尚有隨員澀澤武之助、明石煦［照］男等十八人。昨日商界各領袖齊集商會，預備公讌，因男爵急欲遊湖，未便阻其清興，定於今日十一時蒞會公讌。

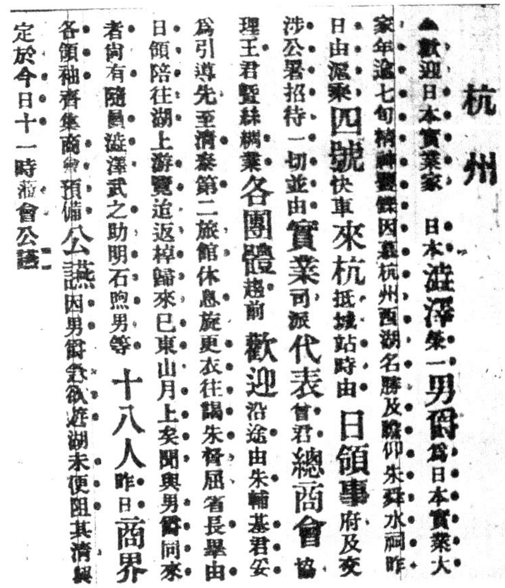
杭州 ▲歡迎日本實業家 日本澀澤榮一男爵爲日本實業大家年逾七旬精神矍鑠因慕杭州西湖名勝及瞻仰朱舜水祠昨日由滬乘四號快車來杭抵城站時由日領事府及交涉公署招待一切並由實業司派代表曾君總商會協理王君暨絲綢業各團體趨前歡迎沿途由朱輔基君妥爲引導先至清泰第二旅館休息旋更衣往謁朱督屈省長畢由日領陪往湖上遊覽迨返棹歸來已東山月上矣聞與男爵同來者尚有隨員澀澤武之助明石煦男等十八人昨日商界各領袖齊集商會預備公讌因男爵急欲遊湖未便阻其清興定於今日十一時蒞會公讌

1914 年 5 月 12 日（甲寅四月十八日）　第七版

**地方通信　杭州　《杭州商會歡迎日本實業家電》**

北京農商部次長鈞鑒：東電謹悉。日本澀澤男爵陽日蒞杭，從者十餘人，商界全體赴站歡迎。庚日在會公宴並備專車恭送。謹聞。杭總商會叩。真。

1914 年 5 月 14 日（甲寅四月二十日）　第二版

**專電　南京電**

日本實業家澀澤男爵將來寧，韓省長通飭各縣保護。

1914 年 5 月 19 日（甲寅四月二十五日）　第二版

**專電　南京電**

日本男爵澀澤偕馬越恭平、白岩龍平等來寧後，都督、省長均宴請，昨日僑亦開會歡迎。

1914 年 5 月 19 日（甲寅四月二十五日）　第六版

**《聯絡外交感情》**

漢口日本總領事，昨接九江日領事電，稱澀澤男爵定某日晨到潯勾留一日，即乘輪上駛至大冶石灰窑上岸，前往大冶鐵山查勘礦産，立行赴漢，準翌日可到。故漢口日領事已預備歡迎事宜，並另柬請江漢關丁都督，夏口縣王知事，租界會審委員侯局長，商務總會總、協理到會參觀。聞商會諸董以澀澤氏此次來華遊歷，實聯絡感情、研究路礦各項實業，亦擬於十六日假地開歡迎會以資聯絡。

1914 年 5 月 20 日（甲寅四月二十六日）　第二版

**專電　北京電**

澀澤今日午後由京漢車到京，念一四時謁袁。日本銀行代表，特訂宴中國各當道，爲之介紹。

**特約路透電　北京電**

澀澤男爵今日下午抵此，擬小住一星期，訂星期四日晉謁袁總統。

**譯電　北京電**

楊士琦今日將代表中政府歡迎澀澤男爵。

1914 年 5 月 21 日（甲寅四月二十七日）　第二版

**特約路透電　北京電**

京中日來款宴桀拉姆海軍大將及澀澤男爵，頗受殷勤。

**譯電　北京電**

澀澤男爵定今日晉謁外交總長孫寶琦，明日晉謁袁總統，明日正午將赴前早稻田大學畢業生公宴。男爵擬寓京至二十七日啓程，取道奉天回國。

1914 年 5 月 22 日（甲寅四月二十八日）　第六版

**《日男爵遊歷武漢紀詳》**

日本澀澤男爵遊歷到漢後，當赴漢陽鐵廠考查，即在該廠午餐，旋興辭回漢，周遊各街，視察市況。是晚七時，在日本倶樂部筵宴，日領請有漢口總商會總、協理諸君相陪，席間演説，頗注重聯絡中日商務。十六日午前渡江至省，赴都督府午讌，日總領事高橋及第三艦隊長土田司令均伴同往。段督招待極爲優禮，特派軍警與樂隊在江幹歡迎，吕省長及各機關長官亦均齊集府中相陪，款洽盡歡。讌畢，由段督派參謀長宋玉峰、交涉員胡朝宗，吕省長亦派實業司長陳希賢引導參觀紡紗、織布二局，模範大工廠，勸業場各處及黃鶴樓諸名勝。午後四時，至官錢局茶會小憩，旋又往行政公署拜會省長。至暮渡漢，復赴總商會歡迎會，日本諸大實業家亦經商會柬請列席，計中日名流共有一百餘人。夏口縣知事各官均到會，頗極一時之盛。十七日，男爵因已將武漢實業局、廠閱畢，是日乃專往視察日人在漢經營之商業，如東亞制粉會社作山工廠各處均臨遊覽。是夜，日商復在倶樂部開僑民全體歡迎會，並未延請中國官商參列。次晨（即十八日），男爵即乘快車北上，中日官商均至車站送行。

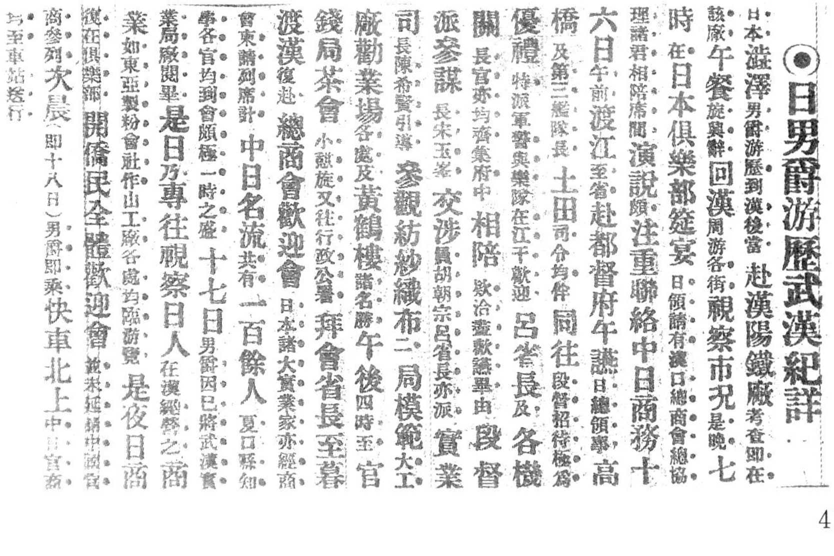
◉日男爵游歷武漢紀詳

日本澁澤男爵游歷到漢後當赴漢陽鐵廠考查即在該廠午餐旋與辭回漢周游各街視察市况是晚七時在日本倶樂部筵宴日領請有漢口總商會總協理諸君相陪席間演説頗注重聯絡中日商務十六日午前渡江至省赴都督府午讌日總領事高橋及第三艦隊長土田司令均伴同往段督招待極爲優禮特派軍警與樂隊在江干歡迎呂省長及各機關長官亦均齊集府中相陪款洽盡歡讌畢由段督派參謀長宋玉峯交涉員胡朝宗呂省長亦派實業司長陳希賢引導參觀紡紗織布二局模範大工廠勸業場各處及黃鶴樓諸名勝午後四時至官錢局茶會小憩旋又往行政公署拜會省長至暮渡漢復赴總商會歡迎會日本諸大實業家亦經商會柬請列席計中日名流共有一百餘人夏口縣知事各官均到會頗極一時之盛十七日男爵因已將武漢實業局廠閱畢是日乃專往視察日人在漢經營之商業如東亞製粉會社作山工廠各處均臨游覽是夜日商復在倶樂部開僑民全體歡迎會並未延請中國官商參列次晨（即十八日）男爵即乘快車北上中日官商均至車站送行

1914年5月23日（甲寅四月二十九日）　第二版

**專電　北京電**

日本澀澤男爵在日本人居留會演説，略謂此後中日當聯合辦實業，利益同等，彼此均利，而力駁該會員等演説中之利權獲得等語，謂其意味不免侮辱中國。

1914年5月24日（甲寅四月三十日）　第二版

**譯電　北京電**

此間對於日本之感情近數日内大有變動，蓋出於澀澤男爵之勢力也。調查漢冶萍公司事務之委員會已允由日本貸款與該公司，惟須日人於不關重要之條件略爲更改即可就緒。此蓋由澀澤男爵與會長湯化龍會談之效力。現料中政府或將以揚子江他項讓與權許予日本。

1914年5月25日（甲寅五月初一日）　第二版

**專電　北京電**

昨熊、汪、梁讌日人澀澤氏等。澀澤演説日本對我外交誤於外務省、陸海軍及對外無責任者三者之中，且多以一知半解爲之，吾實業社有對此甚痛心，日希望有實業之外交出現，即兩國資本聯合，純以公道行事。言甚誠懇。澀〈澤〉此來專爲已經成立之興業公司，頗不以急急要求利權爲然。蓋日人中有先正典型者。

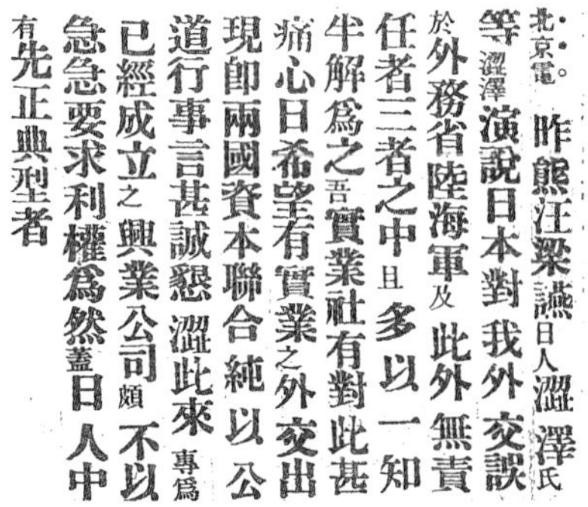
北京電。昨熊汪梁讌日人澀澤氏等澀澤演説日本對我外交誤於外務省陸海軍及此外無責任者三者之中且多以一知半解爲之吾實業社有對此甚痛心日希望有實業之外交出現卽兩國資本聯合純以公道行事言甚誠懇澀此來專爲已經成立之興業公司頗不以急急要求利權爲然蓋日人中有先正典型者

1914年5月26日（甲寅五月初二日）　第二版

**譯電　北京電**

德文報訪員今日（二十四日）晉謁澀澤男爵，男爵謂中日兩國關係密

切，以故兩國人民發起中日興業公司，以便提攜行事。彼爲發起員之一，中國一方面之總理爲楊士琦，日本一方面爲倉知，彼（男爵）非董事部中人，惟圖竭力增進公司之利益而已。該公司資本現已繳出四分之一，總額定銀五百萬兩，中日各認其半。該公司之目的，不外近今德日兩國所訂互保在華實業、文學權利條約規定之各節，毫無政治意義。該公司不欲損礙他國相同之利益，如德國在魯、英國在揚子江流域經營之種種事業是也，至以英國而論，諒不欲全行拒絕有關係之各方面在揚子江競爭利益。職是之故，彼前過滬時曾語某報代表，謂各國當在揚子江流域提攜行事：中國幅壤廓大，供其土地；英國富甲全球，供其資本；日本人才濟濟，供其專家。中日興業公司原爲孫逸仙所組織，與漢冶萍公司、招商輪船公司毫無關係，漢冶萍交涉詳情彼（男爵）無所知。彼擬由京赴青島一遊，以擴眼界，彼殊景仰德人經營該地之能力云。

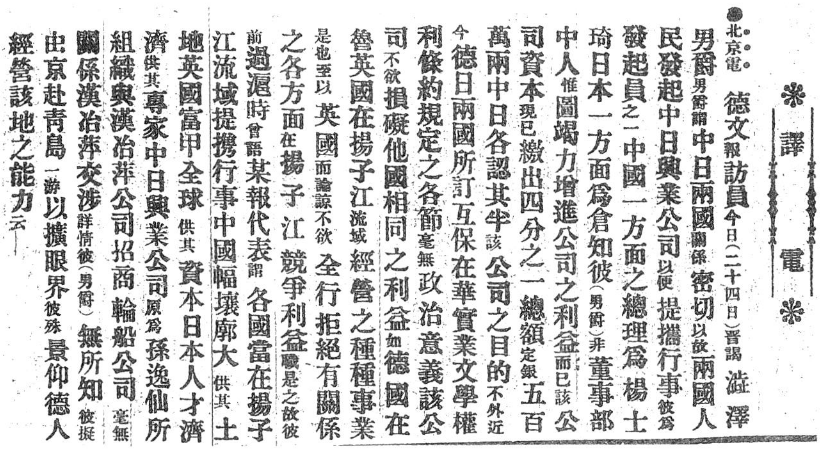
※譯電※

北京電 德文報訪員今日(二十四日)晉謁澁澤男爵 男爵謂中日兩國關係密切以故兩國人民發起中日興業公司以便提攜行事彼爲發起員之一中國一方面之總理爲楊士琦日本一方面爲倉知彼(男爵)非董事部中人惟圖竭力增進公司之利益而已該公司資本現已繳出四分之一總額定銀五百萬兩中日各認其半該公司之目的不外近今德日兩國所訂互保在華實業文學權利條約規定之各節毫無政治意義該公司不欲損礙他國相同之利益如德國在魯英國在揚子江流域經營之種種事業是也至以英國而論諒不欲全行拒絕有關係之各方面在揚子江競爭利益職是之故彼前過滬時曾語某報代表謂各國當在揚子江流域提攜行事中國幅壤廓大供其土地英國富甲全球供其資本日本人才濟濟供其專家中日興業公司原爲孫逸仙所組織與漢冶萍公司招商輪船公司毫無關係漢冶萍交涉詳情彼(男爵)無所知彼擬由京赴青島一遊以擴眼界彼殊景仰德人經營該地之能力云

1914 年 5 月 27 日（甲寅五月初三日）　第三版

**要聞　《澀澤男爵到京後之一夕話》**

旅京日人之歡迎

前晚（二十日）旅京日本人士設席於三條胡同大和俱樂部，招待澀澤男爵並其同行各員，與會者共計一百餘人。酒三行，由發起人致歡迎頌辭。嗣由男爵答謝，始述中日實業公司進步發達之始末，終將經濟及道德毫無二致之理諄諄致意，更將利權之攫取並平和之商戰等等字樣逐一解釋。略謂經濟之道以利己利他爲用，仁愛爲體，斷非戰爭以較勝負、搏噬以事攘奪之可比也。例言之，兹有一生産者焉，其所製造之物件可以裨益消費者，則經濟關係於是成立，是利己兼以利他也；獲一利權，己可得利，人亦可以受益，則彼此利益各不相虧，決非戰争攘奪損他利己之所可仿佛萬一者也。余常以此心爲心，故此次組織中日實業公司，亦不外發揮此意，敬望我同胞努力於中日事務者，無論何界中人，凡一切接物處事，均必以博愛仁恕之道爲其圭臬，企圖兩國之福祉，則決不至有彼此之感也。

先哲祠内之演説

日本實業家澀澤男爵此次來京，旅京早稻田大學同窗會於日昨（二十一）正午設席順治門外京畿先哲祠内，特開歡迎大會。據聞昨午臨席者，中日兩國人士共有五十餘人。席間由政事堂參議林長民君代表同窗會員致辭。略云：我國旅京早稻田同窗會，今日特於此處歡迎我本校關係最深之澀澤男爵，誠不勝感慕之忱。惟現觀中日兩國之關係，先由實業上聯絡最勝急務。凡我同窗會諸君，均於此時切實希望日本有力之實業家澀澤男爵今後努力聯絡中日實業之關係，以敦兩國之親交云云。嗣由男爵起致答辭。略云：今日諸君爲鄙人特開如此盛大之歡迎會，誠深感謝。鄙人今日恭涖此會，居然能以日語演説，殊爲遊華以來之快事也。方今中日之關係，誠如林君所言須先由實業上聯絡之計畫實爲名論，幸而鄙人對於實業上經驗稍較諸君微有一日之長，今後鄙人定須努力經營而爲我所最愛之中國克副一臂之助，而以慰愛我諸君之勢望焉云云。賓主歡宴至下午三鐘，攝影紀念而散。

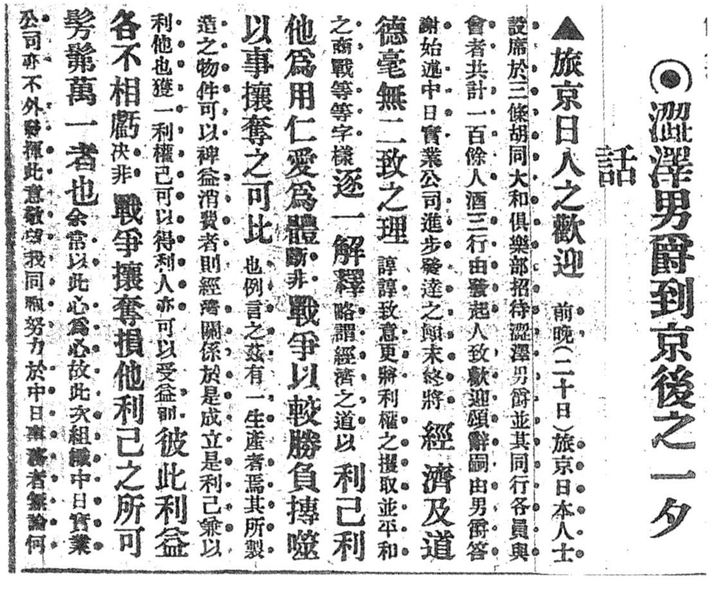
◎澀澤男爵到京後之一夕話

▲旅京日人之歡迎 前晚(二十日)旅京日本人士設席於三條胡同大和俱樂部招待澀澤男爵並其同行各員與會者共計一百餘人酒三行由發起人致歡迎頌辭嗣由男爵答謝始述中日實業公司進步發達之與未終將經濟及道德毫無二致之理諄諄致意更將利權之攫取並平和之商戰等等字樣逐一解釋略謂經濟之道以利己利他爲用仁愛爲體斷非戰爭以較勝負搏噬以事攘奪之可比也例言之茲有一生產者焉其所製造之物件可以裨益消費者則經濟關係於是成立是利己兼以利他也獲一利權己可以得利人亦可以受益則彼此利益各不相虧決非戰爭攘奪損他利己之所可髣髴萬一者也余常以此心爲心故此次組織中日實業公司亦不外發揮此意敬望我同胞努力於中日事務者無論何

界中人凡一切接物處事均必以博愛仁恕之道爲其圭臬企圖兩國之福祉則決不至有彼此之感也

▲先哲祠內之演說 日本實業家澀澤男爵此次來京旅京早稻田大學同窗會於日昨(二十一)正午設席順治門外京畿先哲祠內特開歡迎大會據聞昨午臨席者中日兩國人士共有五十餘人席間由政事堂參議林長民君代表同窗會員致辭略云我國旅京早稻田同窗會今日特於此處歡迎我本校關係最深之澀澤男爵誠不勝感慕之忱惟現觀中日兩國之關係先由實業上聯絡最勝急務凡我同窗會諸君均於此時切實希望日本有力之實業家澀澤男爵今後努力聯絡中日實業之關係以敦兩國之親交云云嗣由男爵起致答辭略云今日諸君爲鄙人特開如此盛大之歡迎會誠深感謝鄙人今日恭逢此會居然能以日語演說殊爲游華以來之快事也方今中日之關係誠如林君所言須先由實業上聯絡之計畫實爲名論幸而鄙人對於實業上經驗稍較諸君微有一日之長今後鄙人定須努力經營而爲我所最愛之中國克副一臂之助而以慰愛我諸君之熱望焉云云賓主歡宴至下午三鐘攝影紀念而散

1914 年 5 月 30 日（甲寅五月初六日） 第六版

《澀澤氏演詞中之對華態度觀》

日本澀澤氏之西來，其主旨在於實業，而欲求其實業進行，必先掃去障礙。本月二十日，澀澤氏赴大和俱樂部之答詞已見梗概。茲又得其赴日本居留民會歡迎之答詞，於日人對我之態度一再致意，爰節登之以告我國人。中日之關係此後當愈向親善，惟新聞紙之議論往往不得正鵠。以中日兩國之同文同種，而地理上又最爲鄰近，我國對於支那當與以援助以希望其獨特之發達。若龜井君所謂權利之獲得及平和之戰争，此種言語，甚不穩當。蓋實業上或國際上之關係，皆相對的或相互的，而所謂權利獲得者，一方極端利益即一方極端不利益，且實業者原以圖相互共通之利益，絶非戰争，即國際上亦無所謂平和戰争之事，況戰争者一勝一負，有勝負即有悲喜，於實業方面而有此等用語，尤吾之所不願。又，人獲得某種權利，我亦應仿之而取得某權利，此種無理由之行動，我國在所不取，而單以自己之利益爲目的而發展支那之實業，尤非吾所贊同。我之對華實業策在利益支那即同時利益日本，並同時利益世界。實業會社即本此意味所設之助長機關。倘以中日兩國實業家合同之力尚不能達其目的，更不可不進而求列國實業家之提攜。在今日之時勢，單以自國之利益爲目的而欲開發支那之富源，不可能之事也。至日本之政界、言論界以及其他一切其國際的活動不能統，外務自外務，陸軍自陸軍，言論自言論，實業自實業，不相爲謀，以此立於競争場裏，甚不適當。予幸此次來遊，得知種種實況，且將實業社主旨及其組織活動使支那官民得一瞭解，舉從前種種誤會一掃而清之。予雖七十五歲，尚欲努力於支那實業之發展，此予微意之所在，願諸君諒之，以後勿復言對支那政策之遜於列國也，但努力於前之所陳而已。

◎澁澤氏演詞中之對華態度觀

日本澁澤氏之西來其主旨在於實業而欲求其實業進行必先掃去障礙本月二十日澁澤氏赴大和俱樂部之答詞已見梗概茲又得其赴日本居留民會歡迎之答詞於日人對我之態度一再致意爰節登之以告我國人 中日之關係此後當愈向親善惟新聞紙之議論往往不得正鵠以中日兩國之同文同種而地理上又最爲隣近我國對於支那當與以援助以希望其獨特之發達 如龜井君所謂權利之獲得及平和之戰爭 此種言語甚不穩當 蓋實業上或國際上之關係皆相對的或相互的而所謂權利獲得者一方極端利益即一方極端不利益 且實業者原以圖相互共通之利益決非戰爭 即國際上亦無所謂平和戰爭之事況戰爭者一勝一負有勝負即有悲喜 於實業方面而有此等用語尤吾之所不願又人獲得某權利我亦傚之而取得某權利此種無理由之行動 我國在所不取而單以自己之利益爲目的 而發展支那之實業 尤非吾所贊同 我之對華實業策在利益支那即同時利益日本并同時利益世界 實業會社即本此意所設之助長機關倘以中日兩國實業家合同之力尚不能達其目的更不可不進而求列國實業家之提携在今日之時勢單以自國之利益爲目的而欲開發支那之富源不可能之事也 至日本之政界言論界以及其他一切其國際的活動不能統一 外務自外務陸軍自陸軍言論自言論實業自實業 不相爲謀以此立於競爭場裏甚不適當 予幸此次來遊得知種種實況且將實業社主旨及其組織活動使支那官民得一了解藉從前種種誤會一掃而清之予雖七十五歲尚欲努力於支那實業之發展 此予微意之所在願諸君諒之以後勿復言對支那政策之運於列國也但努力於前之所陳而已

1914 年 5 月 31 日（甲寅五月初七日）　第六版

**要聞　《澀澤男爵之行蹤》**

日本實業鉅子澀澤男爵，自蒞京以來，除旅京日本官紳盛意歡迎而盡東道之誼以外，復晉謁袁總統，甚被優禮，並受中國官商各界之款待，又種種言動頗發揮經濟上之諸般精義、鋭意扶持中日邦交之良果。聞男爵接洽人士之暇，已於前日遍遊十三陵、八達嶺諸處，憑吊遺迹，探討名勝，飽覽景物，昨已還京。定於（二十七）今晨八鐘三十分，坐京奉專車赴津。聞外交部特派吕君烈煌、交通部亦派人送行，盡其禮遇。是日正午，應駐津總領事之歡讌，傍晚由津門日僑開會歡迎。翌日，則有直隷督署暨商務總會人等分别請宴，互傾睦誼之忱。然後乘火車前往曲阜，肅拜聖廟，登臨岱宗，以伸平素私淑宣聖之至誠，而了歷遊中華之宿志，再回津門乘火車漫遊東省各處，然後始整歸裝云。

◎澁澤男爵之行蹤

日本實業鉅子澁澤男爵自蒞京以來除旅京日本官紳盛意歡迎而盡東道之誼以外復晉謁袁總統甚被優禮並受中國官商各界之款待又種種言動頗發揮經濟上之諸般精義鋭意扶持中日邦交之良果 聞男爵接洽人士之暇已於前日偏游十三陵八達嶺諸處憑弔遺跡 探討名勝飽覽景物昨已還京 定於（二十七）今晨八鐘三十分坐京奉專車赴津 聞外交部特派呂君烈煌交通部亦派人送行盡其禮遇是日正午應駐津總領事之歡讌傍晚由津門日僑開會歡迎翌日則有直隷督署暨商務總會人等分別請宴互傾睦誼之忱然後乘火車前往曲阜肅拜聖廟登臨岱宗以伸平素私淑宣聖之至誠而了歷遊中華之宿志再回津門乘火車漫遊東省各處然後始整歸裝云

1914年6月4日（甲寅五月十一日）　第三版

**《澀澤氏抱病東旋》**

澀澤男爵離京抵津，原擬往赴曲阜參拜聖廟，以達歷年私淑之忱悃，不料在津遊躬，偶覺不快，未便遠道奔逐風塵，遂決意於昨日乘輪由津返東。唯男爵病狀輕微，自可迅占勿藥云。

## 六　上海《時報》

1914年5月6日（甲寅四月十二日）　第二版

**特約路透電**

澀澤男爵年已七十餘，爲日本商界之領袖，今在赴華途中，外間對於男爵此行頗多猜測，有謂擬爲日本求讓與權及開拓在華事業者，實則乃因增長見聞起見。蓋此遊尚屬初次也。日本國家電報社代表曾晉謁男爵，男爵告以將於某日啓程赴華，且曰："余之遊華，蓋了久畜［蓄］之願。余日［自］髫年讀中國經書時，即心向往之，且余向尊孔學，久欲一謁此中國先師之墓。而外間對於余此行多所誤會，謂余乃往求讓與權，且謂將與揚子江英國利益有礙云云，實毫無影響。余無所求，此行以遊覽爲主。余以研究中國文字之故，乃蓄此極誠之意。余既爲商家，則自將查調中國經濟狀況，且望得與該國領袖、商家把晤傾談，且余乃中日興業公司發起者之一，余固極欲得悉中國實業現狀。總之，此行實未挾有政治使命也。"（二日東京專電）

1914年5月7日（甲寅四月十三日）　第七版

**《日本男爵來滬》**

日本男爵澀澤榮一帶同隨員，由日乘輪來華遊歷，昨晨抵滬，以虹口日本旅館爲行轅。

午後三時，乘汽車至斜橋江蘇交涉公署及鎮守使署拜會。

傍〈晚〉，由日本駐滬總領事等，假文路二十號日人俱樂部設筵歡迎，並柬邀中國官商飲宴，聞明晨即赴杭遊覽西湖名勝後再往蘇垣云。

1914年5月8日（甲寅四月十四日）　第七版

**《日本男爵來華遊歷續誌》**

日本男爵澀澤榮〈一〉君於前日（初六）偕同總商會協理周金箴、朱葆三諸君，搭“地洋丸”輪抵滬。在滬官商於前晚七時，在虹口文路日本俱樂部設宴歡迎，滬上官紳與陪者唐紹儀、伍廷芳、觀察使代表虞君、洪伯賢知事、商董周朱二君及貝潤生、沈仲禮等二十餘人，日本官商四十餘人。席間，由澀男爵演説。畢，由觀察使代表虞君及貝潤生君相繼起立演説歡迎之盛意。至十一時，始興盡而散。澀君於昨日晨八時赴杭，訂於明日回滬，十號晚由觀察使署設宴歡迎云。

1914年5月9日（甲寅四月十五日）　第七版

**《商界歡迎日本男爵預誌》**

上海總商會與漢冶萍公司、開明公司等，以日本實業界先輩澀澤榮〈一〉男爵此次來華考察中國實業，今後對於中日兩國實業前途具有非常之希望，特訂於初九日（今日）午後在愛而近路紗業公所開會歡迎，並煩某舞臺全體藝員演戲，以表歡迎誠意云。

1914年5月10日（甲寅四月十六日）　第七版

**《歡迎澀澤男爵紀盛》**

實業家之公宴

日本實業家澀澤榮〈一〉男爵前日由滬赴杭，由杭而蘇，於昨午後二時念分抵申。四時，上海總商會、漢冶萍公司、中日實業公司（昨報誤以開明公司）在紗業公所開會歡迎。昨東賓到者澀澤榮一男爵，隨員澀澤武之助、明石照男，秘書員增田明六、大澤正道，醫師掘［堀］井宗一、野口米次郎、掘［堀］江傳三郎，同行者大日本麥酒株式會社社長馬越恭平同社員（馬越隨行）仲田慶三郎，東洋生命保險株式會社社長尾高次郎同社員（尾高隨行）辻友親。在滬東賓陪宴者日總領事村上義温，副領金萬喜人及西田畊一，陸軍少佐齋藤恒，郵船公司石井撤，三井洋行小田柿捨次郎，正金銀行兒玉謙次，三菱公司齋藤延，日清公司白岩龍平、角田隆郎、木幡恭三，太倉洋行河野久太郎，臺灣銀行草刈融，日信洋行馬場義興，高田商會志保井雷吉，大秦洋行秦太三郎，半田棉行副島綱雄，滿鐵公司村井啓次郎，海關岸本廣吉，麥酒公司吉田勝次郎，日本紀［記］者佐原篤介、井手友喜，漢冶公司池田茂幸，興信所中島忠次郎。華賓陪宴者伍秩庸、唐少川、薩鼎銘、鄭汝成、洪伯賢、關炯之、王崧生、聶榕卿、孫羹梅、朱伯良、虞和甫（楊觀察使代表）、嚴漁三、鍾紫垣、袁静生、周翊生、陶蘭泉等五十餘人。主人方面如周金箴、印錫璋、盛杏蓀、朱葆三、孫多森、王一亭、貝潤生、陳順夫、王子展、沈仲禮、祝蘭舫、宋漢章、田資民、蘇筠尚、顧馨一等百三十六人。澀澤君尤長於書法，由王一亭君先在紗業公所後廳開書畫會，澀澤即在白絹及宣紙上手揮草書數幅留作紀念，而王君等亦以手揮字畫相贈。廳中四壁特懸有大名書畫，如丁一紳之人物、董其昌之行書、元楊鐵崖之《西爽軒記》、高其佩之指畫人物、張瑞圖之行書、厲駭穀之草書、張叔未之臨主［米］南宫龍虎〈字〉、黄恭懋之山水。席間由周君起立暢述歡迎之意，並祝今中日兩國實業之進步，澀澤君亦起而演説中日兩國實業之關係。席即設在大廳，向北作凹字形，北設舞臺，由大舞臺藝員演戲。燈光燦爛，鼓樂喧嘩，頗稱一時之盛云。

交涉署之招待

今日（初十）楊交涉使、鄭鎮守使、員警薩督辦，會宴於静安寺路交涉公署（洋務局），昨日柬請澀澤榮〈一〉男爵暨日總領事村上義温君並隨員及在滬各官紳陪宴云。

時報
EASTERN TIMES.
本報十週年大紀念贈品預告
民國經世文編
預約期限本月底截止
北京大學招考廣告
北京大學儲藏室廣告
人物仕女條屏
哈佛醫學校招考新生

1914年5月11日（甲寅四月十七日）　第七版

**《澀澤莅滬記》**

政界之公宴

昨（十日）晚楊交涉使代表虞和甫君、鎮守使鄭汝成君、員警督辦薩鼎銘君會宴於交涉公署，日賓到者澀澤榮一男爵暨日總領事隨員等二十餘人，中國陪賓唐少川，伍秩庸，温欽甫，虞洽卿，總商會總、協理周、朱、貝三君，南商會總、協理蘇、顧二君，海軍總司令李承梅君，海關監督施理卿君，審、檢兩廳長張、汪二君，上海知事洪伯賢君，英法兩公廨關、聶二君，交涉公署職員卓璧如、何士果、秦谷臣、吴少華、鄭絳生、梁敬身、陳鎮東及日文翻譯官馬卓英，英文翻譯官張少堂諸君，中外陪賓共百餘人。席間賓主各起立演説，感情頗爲密切云。

保護之令文

員警南分廳長崔君令各署長文云：案奉江蘇都督府令開，案據蘇州交涉員呈稱，本年四月三十日奉外交部二十九日十碼電開：日本實業家澀澤男爵五月一日，由神户啓程來華遊歷，到境時優爲照料。等因。奉此，除分致蘇州軍警各界、吴縣知事，届時保護照料外，合行呈報，仍祈鑒核，通飭各屬一體照料保護。等情。據此，合行令仰該廳長查照辦理。等因。奉此，除分令外，合行令仰該署長仰即遵照辦理爲要。此令。

1914年5月14日（甲寅四月二十日）　第五版

**《日本澀澤男爵莅蘇記》**

日本澀澤榮一男爵，實業家也，來華考察一切，且資遊歷。曾經外交部電飭蘇州交涉使轉致蘇商會，俟男爵到蘇時均應一律優待。玆澀澤男爵已於日昨上午莅蘇，當由日本領事池永君暨蘇殷鎮守使，商會總、協理等特假閶門外留園設筵款待，宴畢遂往巴拿馬吴縣出品分會參觀成績。時已夕陽西下，賓主盡歡而散。次日，復由税務司交涉員導男爵赴寒山寺一帶遊覽。嗣由陸軍第二朱師長、水警第二廳趙廳長、蘇州警廳孫廳長、吴縣楊知事暨紳商等仍藉留園款待男爵，互致頌詞，迨午後一時恭送至火車站而别。聞男爵尚須盤桓白下，飽領秦淮風景云。

1914年5月20日（甲寅四月二十六日）　第二版

**專電**

澀澤男爵今晚（十九日）到京，預定馬日（念一日）謁袁總統，有日

（念五日）赴天津，連日有政府及中日人士歡迎宴會。（十九日戌刻北京專電）

1914 年 5 月 20 日（甲寅四月二十六日）　第二版

**特約路透電**

澀澤男爵今日下午抵此，擬小住一星期，定星期四日晉謁袁總統。（十九日北京專電）

1914 年 5 月 21 日（甲寅四月二十七日）　第二版

**譯電**

澀澤男爵今日將由外務總長孫寶琦接見，明日由袁總統接見。明日午刻，由東京早稻田留學生款以午宴。其外，招待參觀之計畫甚多。男爵於二十七日將自京由奉天返日本。（北京二十日德文電報）

1914 年 5 月 21 日（甲寅四月二十七日）　第四版

**“鄂江近訊記”　《日本男爵抵漢》**

日本澀澤男爵此次漫遊中國南北各地，自稱調查商務，隨員共十餘人，已於十五號乘“大貞丸”抵漢，由日本領事招待。爲時甚早，該男爵愛惜光陰，立即赴漢陽鐵廠考察，並留午餐始出，沿途流覽市面，隨以筆記。七時往日本領事館筵宴，在座者除日本有名人士外，華商及各實業家共六十餘人，頗極一時之盛。該男爵定於十六號午前赴都督府，正午都督府午餐會，午後視察武昌城内，午後三、四時在官錢局茶會，午後七時漢口商務總會開歡迎會。業已預備完全，先已分别柬請鎮守使杜君、江漢關丁君、夏口縣王君、員警廳周君及各議董届時一律陪席云。

1914 年 5 月 22 日（甲寅四月二十八日）　第四版

**《日男爵遊歷武漢之歡迎》**

俱樂部之演説

日本大實業家澀澤男爵於十五日抵漢、遊歷漢口，日領事高橋君當邀集日華官商在日本俱樂部開會歡迎，兹將酬酢情形補誌如下：

是日，會場極其整肅，由日領事宣佈男爵來華之遊歷宗旨並代表旅漢口日人致歡迎，聞繼由漢商會總理吴幹庭起言曰：今日澀澤男爵來華調查商務，貴國駐漢領事開會歡迎，承邀與會，樂何如之，但願男爵於中日之商務竭力提倡，庶期貨物流通而聯商務感情。敬祝男爵康健安寧！議董蔡輔卿亦致詞曰：今日貴男爵到漢，貴國領事特開歡迎會，鄙人躬逢其盛，實深慶倖。但我中國與貴國本係同洲同種同文，自應相親相愛，而商務上又得貴男爵之提倡，使中日商務日見發達，逐漸進步，均惟貴男爵是賴焉。澀澤氏起立答曰：鄙人來華遊歷，今日與諸君握手一堂，幸極盛極。惟鄙人來華，計今共三次。茲自滬而之漢，沿途各商埠之商務實較往昔繁盛，且昨往大冶廠礦查勘礦苗，質佳而且富，實爲貴邦特產，當局者若從事大加改良，致富之期可待。然敝國在漢商務，近年雖大有進步，亦賴諸君提倡，若能從此更以同洲同種同文之關係，在商務上盡其相親相愛之心，則敝國與貴國之商務將來定必日有進步，而邦交亦於是日愈鞏固也。

都督府大宴會

澀澤氏於十六日午前十時赴都督府午宴，同行者爲日領事高橋及領事館員，並來漢之第三艦隊司令官土屋少將暨澀澤氏隨員等共二十餘人。段督當派參謀長米［宋］玉峰等率隊在平湖門江岸歡迎，入府立召呂省長及各機關長官列席相陪，殷勤款待，歡洽備至。段督亦頗敬重澀〈澤〉氏之博學，席間談話均係疏通兩國之感情，聯絡兩國之實業。至午後一時散席，即往紡織局大工廠、勸業場及〈黄〉鶴樓名勝各地參觀一周，又在官錢局茶會，傍晚渡江。

總商會歡迎會

十六日晚七時，漢口總商會開歡迎會，日本諸鉅賈亦召請列席。首由吳總理述歡迎辭，略謂：貴男爵同人，係日本實業家之泰斗，今日遊歷漢口，實爲漢口非常之幸譽，並述中日兩國實業之聯絡種種。當由澀〈澤〉氏起致謝辭，略謂：鄙人智識淺薄，不過漫遊以廣見識，對於實業界上頗願一聆諸君之高見云云。其所述均關係兩國實業界之語。當在該會晚餐列席者多至百餘人，誠爲一時盛會。

日僑民晚餐會

澀〈澤〉氏於十五、六兩日已周歷武漢各局、廠視察完畢，十七日乃專參觀日本人經營之實業，如東亞制粉會社等工廠均經周遊。是晚七時，日本在留之官商復在俱樂部樓上開特別晚餐會，列席者多至一百數十人。十八日辰刻遂乘快車北上。

1914年5月24日（甲寅四月三十日）　第二版

**專電**

日本澀澤男爵謁袁總統後退語人曰：吾在日時，但以爲袁氏武人耳，今乃知爲極精密之財政家云云。（念三日亥刻北京專電）

1914年5月25日（甲寅五月初一日）　第三版

**《日本男爵澀澤氏抵京小誌》**

滯留日程

日本實業家男爵澀澤榮一氏於（十九日）下午五時十分由京漢鐵路抵京，寓於六國飯店，兹將澀澤氏在京留滯日程録下：

二十日，午前往謁孫外交總長，正午在正金銀行午餐，午後往謁徐國務卿及章代理農商總長，傍晚臨日僑招待會。二十一日，午前往謁各部總長，正午赴早稻田大學校友招待會，午後謁見大總統，傍晚受孫外交總長招待。二十二日，午前參觀頤和園，正午受章農商總長之招待，午後參觀農事試驗場，傍晚受徐國務卿之招待。二十三日，午前參觀大總統府、北海、瀛台，午後參觀國子監、雍和宫，傍晚受中日實業公司楊總裁之招待。二十四日，係日皇太后喪儀日期，不見客。二十六日，遊覽八達嶺及十三陵，當晚在南口一宿，翌日歸京。二十七日，出京赴津。

招待誌盛

澀澤男爵自十九日來京，昨，翌日，午前、午後均往訪中國達官，敦修睦誼，敬表向往之忱。正午時由日本資本團代表小田切萬壽之助君在裱褙胡同邸内招待男爵及同行全員，並請内務總長朱啓鈐，外交次長曹汝霖，司法兼農商部總長章宗祥，農商次長周家彦，商工局長陳介，交通次長兼路政局長葉恭綽，參事兼鐵路局總務科長權量，籌辦煤、油礦總裁熊希齡，平政院長汪大燮，幣制局總裁梁啓超，税務處督辦兼交通銀行總理梁士詒，中國銀行總裁湯叡，政治會議員李盛鐸，北京商務總會總理馮鱗［麟］霈、協理陶寶楨，中日實業公司協董孫多森，農商部員王治昌諸君蒞席。其在日本方面人員則除山座公使因太后奉安在邇請辭謝宴之外，水野敕任參贊、高尾參贊、實相寺正金分行總辦諸君均列座席。威儀櫟櫟，賓主言歡，移時始散。並聞此日傍晚旅京日本官紳等在三條胡同大和俱樂部開男爵招待會，誼罄東道，極一時之盛云。

1914年5月29日（甲寅五月初五日）　第五版

**《山左近事録》**

日本澀澤男爵定期來東

行政公署昨奉外交部令，以日本澀澤男爵已於昨日來京，現定於二十五日上午赴南口，二十六日上午回京，二十七日上午八點三十分赴天津，在津遊覽一日，廿九日上午九點三十五分赴濟南，三十日上午七點半赴曲阜，三十一日、六月一日、二日謁聖廟、登泰山，遊覽其他聖迹，三日回濟，四日赴青島，着即妥爲招待云云。聞已由公署分令交涉員署及曲阜、泰安兩縣遵照，屆時預備接待矣。

# 七　瀋陽《盛京時報》

1914年5月6日（甲寅四月十二日）　2246號 二

**東京專電　《澀澤男爵行程》**

澀澤男爵偕同馬越恭平等氏隨員前赴滿州各地視察，聞其日期如左：十日抵奉天，十二日抵大連，十三日抵旅順。

1914年5月10日（甲寅四月十六日）　2250號 三

**民國要聞　《日本澀澤男爵來華之目的》**

日本澀澤男爵挈同嗣子武之助、增田明六二氏已於五月一日由神户乘“地洋丸”先至上海，繼往漢口，再赴北京，順道謁孔廟，約六月十日回國。聞澀澤男爵所談來華之目的，記之於左：予此次赴華，世人雖有逞其臆説，云將攫獲中國利權者，此説實不確。蓋經濟與道德始終一致，不可强其分離，或於表面雖有主張盤算之事而裏面則必存有道德。予之赴華，或於鐵道港灣礦山諸現狀實有所見，則當陳述於中日兩國人之前，俾其注意，又非因此排他人而利自己也。予嘗讀《論語》，每以“己所不欲，勿施於人”之金言銘於腦中。故予之所欲也，不以自己爲本位，而必計及乎共通世界之平和與利益，故此次赴中國旅行，絶無何等私心計畫，可斷言者也。予私淑於孔子者已非一日，此次必親謁孔廟，亦不失爲此次旅行之一大目的也云云。並聞民國農商部以該實業來華遊歷，於我國實業前途頗有裨益，昨已通電上海、蘇州、南京、杭州、漢口等埠商會，令俟該實業家抵埠時優爲招待，以盡地主之誼，而聯中日商務上之感情云。

1914 年 5 月 12 日（甲寅四月十八日） 2251 號 三

**民國要聞 《澀澤男爵遊華詳誌》**

日本澀澤男爵來華遊歷，屢誌報端，茲將其隨員及同行人員並其預定行程列記如左：

澀澤男爵隨員爲澀澤武之助、明石照男、增田明六、大澤正道、堀井宗一、野口米次郎、堀江傳三郎諸人。

同行員爲大日本麥酒株式會社社長馬越恭平及其隨員仲田慶三郎、東洋生命保險株式會社社長尾高次郎及其隨員辻友親諸人。

澀澤男爵旅行日程

五月二日於東京發軔，同日乘“地洋丸”輪船由神户啓程，六日抵滬，七日乘滬杭火車前往杭州，勾當［留］一日，於八日復回上海。九日乘滬寧火車，離滬遊蘇，即日回車。十日乘火車離滬，十一日抵寧。十二日乘舟江行，十三日於舟次觀覽九江。十四日黎明，油［泊］船石灰窑，一遊大冶。十五日抵漢。十六日滯留一日，十七日上午九鐘發漢口。十八日午後五點十分，乘火車晉京。十九日至二十三日在京小住，二十四日午前八點三十分離京抵津。二十五日發津門，遊濟南。廿六日，前往曲阜。廿七、廿八日親謁聖廟，登臨泰山。廿九日歸抵濟南。卅日歸津，卅一日抵山海關，六月一日抵奉天，嗣後巡遊大連、旅順、長春、吉林、蘇家屯、{旅順、}本溪湖等處，經安東縣及朝鮮京城東返，月之十七日歸抵日本下關。

1914 年 5 月 21 日（甲寅四月二十七日） 2259 號 二

**北京專電 《澀澤男爵來京》**

澀澤男爵暨其隨員於十九日午後五點時抵京，旋即駐節六國飯店。

1914 年 5 月 22 日（甲寅四月二十八日） 2260 號 二

**北京專電 《楊士琦往訪澀澤男爵》**

中日實業公司顧問澀澤男爵現滯留，十九日有公司總裁（中國方面）楊士琦氏來訪與之晤談，略謂：余此行之目的係爲該實業公司要務，並不含有政治的性質。楊答謂：余亦爲該公司計極力斡旋。該男爵又云：趁此好季節，遊訪華觀光，快樂不可言。又云：中國儒教感化日本影響極大云云。

1914年5月23日（甲寅四月二十九日）　2261號 二

**北京專電　《澀澤男爵晉謁袁總統》**

澀澤男爵偕同駐京山座日使於二十一日前赴總統府，與袁總統面晤。

1914年5月31日（甲寅五月初七日）　2266號 二

**東京專電　《澀澤男爵回國消息》**

澀澤男爵準於本月由天津起程前往滿州。聞該男爵身抱微恙，並不取道朝鮮，擬由大連鼓輪直回日本。

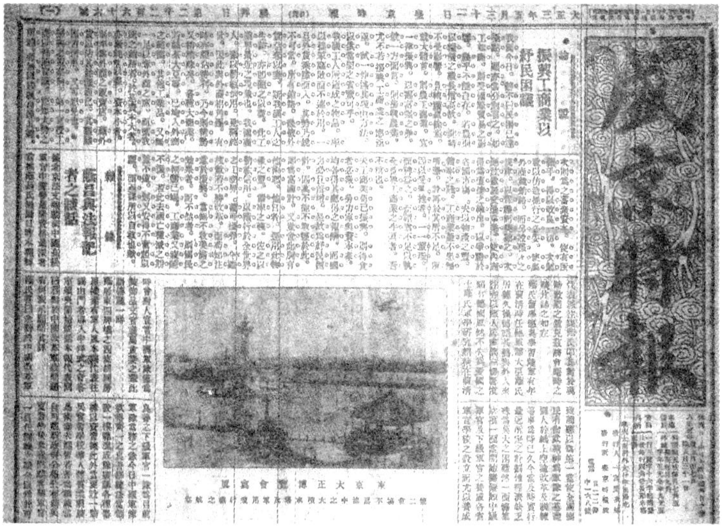

1914年5月31日（甲寅五月初七日）　2266號 六

**東三省新聞　奉天　《澀澤男爵遲日來奉》**

日本大實業家澀澤榮一男爵此次來華，本擬於月底到奉，兹因旅程變更，六月二日始克由海路抵連，由連赴旅順，復折回大連而赴奉天。其抵奉期約預定爲六月六號云。（慶）

1914年6月9日（甲寅五月十六日）　2273號 二

**東京專電　《澀澤男爵回京日期》**

澀澤男爵現在别府温泉静養，訂於十六日回京。

1914年6月16日（甲寅五月二十三日）　2279號 二

**東京專電　《澀澤氏回京》**

澀澤男爵於十五日回京。

# 八　上海《時事新報》

1914年5月7日（甲寅四月十三日）　第一張　第二版

日本澀澤男爵明日（七日）來杭，已由交涉署預備招待。二時日領陪謁都督，三時到商會，三時半遊湖，八日去杭。

THE CHINA TIMES
162, SHANTUNG ROAD, SHANGHAI
時事新報
中華民國三年五月七日
時事彙報第五號出版目錄如左
夏瑞芳先生追悼會
學生作文者注意　新出作文材料精華錄
內地自來水公司廣告
漢口揚子機器製造有限公司股東年會廣告

1914年5月7日（甲寅四月十三日）　第三張　第一版

**《歡迎日本澀澤男爵》**

日本男爵澀澤榮一君帶同隨員十餘人由日本乘輪出發，前赴北京等處遊歷，昨日即本月六號道出滬江，暫以虹口日本旅館爲行轅。而本埠日本副領事兼總領事官村上君會同譯員西田君並駐滬日本鉅賈等，假文路二十號新建日本俱樂部設筵歡迎，並請中國官商如上海鎮守使鄭君，巡警督辦薩君，上海縣知事洪君，南北兩警廳長崔、徐兩君，地方審、檢廳長張、汪兩君等，以及商會董事周金箴君等飲宴。一時觥籌交錯，洵極一時之盛。

1914年5月8日（甲寅四月十四日）　第三張　第一版

**《歡迎日本男爵紀事》**

日本男爵澀澤榮〈一〉君於前日（初六）偕同總商會總、協理周金箴、朱葆三諸君搭“地洋丸”輪抵滬，在滬日本官商於前晚七時在虹口文路日本俱樂部設宴歡迎。滬上官商與陪者唐紹儀、伍廷芳，觀察使代表虞君，洪伯賢知事，商董周、朱二君及貝潤生，沈仲禮等二十餘人，日本官商四十餘人。席間，由澀男爵演説，畢，由觀察使代表虞君及貝潤生君相繼起立演説歡迎之盛意，至十一時始興盡而散。澀君於昨日晨八時赴杭遊覽，不日歸滬再行北上云。

1914年5月9日（甲寅四月十五日）　第三張　第一版

**《總商會歡迎日本男爵》**

上海總商會與漢冶萍公司、開明公司等，以日本實業界先輩澀澤榮〈一〉男爵此次來華考察中國實業，今後對於中日兩國實業前途具有非常之希望，特訂於初九日（今日）午後在愛而近路紗業公所開會歡迎，並煩某舞臺全體藝員演戲，以表歡迎誠意云。

1914年5月10日（甲寅四月十六日）　第三張　第一版

**《歡迎澀澤男爵紀盛》**

實業家之公宴

日本實業家澀澤榮〈一〉男爵前日由滬赴杭，由杭而蘇，於昨午後二時念分抵申。四時，上海總商會、漢冶萍公司、中日實業公司（昨報誤以開明公司）在紗業公所開會歡迎。昨東賓到者澀澤榮一男爵，隨員澀澤武之助、明石照男，秘書員增田明六、大澤正道，醫師掘［堀］井宗一、野口米次郎、掘［堀］江傳三郎；同行者大日本麥酒株式會社社長馬越恭平同社員（馬越隨行）仲田慶三郎，東洋生命保險株式會社社長尾高次郎同社員（尾高隨行）辻友親。在滬東賓陪宴者日總領事村上義温，副領金萬喜人及西田畊一，陸軍少佐齋藤恒，郵船公司石井徹，三井洋行小田柿捨次郎，正金銀行兒玉謙次，三菱公司齋藤延，日清公司白岩龍平、角田隆郎、木幡恭三，太倉洋行河野久太郎，臺灣銀行草刈融，日信洋行馬場義興，高田商會志保井雷吉，大秦洋行秦太三郎，半田棉行副島綱雄，滿鐵公司村井啓次郎，海關岸本廣吉，麥酒公司吉田勝次郎，日本紀［記］者佐原篤介、井手友喜，漢冶公司池田茂幸，興信所中島忠次郎。華賓陪宴者伍秩庸、唐少川、薩鼎銘、鄭汝成、洪伯賢、關炯之、王崧生、聶榕卿、孫羹梅、朱伯良、虞和甫（楊觀察使代表）、嚴漁三、鍾紫垣、袁静生、周翊生、陶蘭泉等五十餘人。主人方面如周金箴、印錫璋、盛杏蓀、朱葆三、孫多森、王一亭、貝潤生、陳順夫、王子展、沈仲禮、祝蘭舫、宋漢章、田資民、蘇筠尚、顧馨一等百三十六人。澀澤君尤長於書法，由王一亭君先在紗業公所後廳開書畫會，澀澤即在白絹及宣紙上手揮草書數幅留作紀念，而王君等亦以手揮字畫相贈。廳中四壁特懸有大名書畫如丁一紳之人物、董其昌之行書、元楊鐵崖之《西爽軒記》、高其佩之指畫人物、張瑞圖之行書、厲駭穀之草書、張叔未之臨主［米］南宮龍虎〈字〉、黄恭懋之山水。席間由周君起立暢述歡迎之意，並祝今中日兩國實業之進步，澀澤君亦起而演説中日兩國實業之關係。席即設在大廳，向北作凹字形，北設舞臺，由大舞臺藝員演戲。燈光燦爛，鼓樂喧嘩，頗稱一時之盛云。

交涉署之招待

今日（初十）楊交涉使、鄭鎮守使、員警薩督辦，會宴於静安寺路交涉公署（洋務局）。昨日柬請澀澤榮〈一〉男爵暨日總領事村上義温君並隨員及在滬各官紳陪宴云。

●歡迎澁澤男爵紀盛
▲實業家之公宴

1914年5月10日（甲寅四月十六日）　第三張　第一版

**《澀澤氏並非爲政治而來》**

日本澀澤男爵此次赴杭，人皆疑爲有政治關係，此實外間猜測之詞。男爵之行，以在東時素慕西湖風景，來此一償夙願，並乘便考察浙省實業，確與政治無關云。

1914年5月11日（甲寅四月十七日）　第三張　第一版

**《澀澤氏莅蘇》**

日本實業家澀澤榮一男爵昨日上午由杭莅蘇，蘇商會業已預備歡迎，當由駐蘇日本領事池永君暨蘇州殷鎮守使，商會總、協理等特假座閶門外之留園設筵款待，嗣同往巴拿馬吴縣出品分會參觀陳列品成績，並款以茶點。聞男爵假寓日租界之東洋旅館云。

1914年5月13日（甲寅四月十九日）　第二張　第二版

日本男爵澀澤暨該國麥酒株式社會社長馬恭越平及銀行總理尾高次郎並帶隨員十數人，午後二時至省公署謁見省長，晤談一時之久。(南京專電)

1914年5月14日（甲寅四月二十日）　第一張　第一版

日本澀澤榮〈一〉{南京}過寧，都督、省長款宴於交涉署。

1914年5月20日（甲寅四月二十六日）　第一張　第二版

**特約路透電**

澀澤男爵今日下午抵此，擬小住一星期，定星期四日晉謁袁總統。

1914年5月21日（甲寅四月二十七日）　第一張　第二版

**北京專電**

日澀澤男〈爵〉昨抵京，自稱來華目的專爲遊歷及討論孔教，預定今日訪外、農部長。

1914年5月22日（甲寅四月二十八日）　第三張　第一版

**《日男爵來漢續誌》**

日本實業家澀澤男爵來漢考查商務已見昨報，玆悉十七號偕同該國駐漢正、副領事及隨員等渡江謁見段都督。先由參謀長宋玉峰、實業司長陳希賢率領護衛、軍樂各隊在平湖門守候，導引入城。至府，旋即設宴款待，繼復由交涉員胡翰宗同行赴漢口商務總會歡迎會，一時中日實業家不下百餘人握手一堂，各致頌辭。該國領事又在本租界俱樂部舉行酬酢式，漢商會總理吴君又致祝詞，略謂：中國與貴國同種同文同洲，自應相親相愛，而商務上又得貴男爵之提倡，必能使中日商務日見發達云云。該男爵起而答曰：鄙人來華計已二次，此次自滬而之漢，見沿途各埠之商務實較往昔尤爲繁盛，前過石灰窑往大冶礦廠查勘礦苗，質佳而富，實爲貴國特産，當局者若從事改良，致富之期可待。然敝國在漢商務雖近年來大有進步，亦賴諸君提倡，若能從此更以同種同文同洲，在商務上盡其相親相愛之心，則敝國與貴國之商務將來定必日有進步，而邦交亦於是日愈鞏固云云。並聞旅漢官民亦各開歡迎大會。男爵今日午前至東亞麵粉會社觀察，正午在東亞制粉社午餐，午前在累苦□蒲（譯音）茶會，午後七時即赴官民歡迎會云。（按：昨日路透電，男爵已到北京。）

1914年5月24日（甲寅四月三十日）　第一張　第二版

**譯電**

自澀澤來京以後，中日兩國交涉事件已有極顯著之更變。調查漢冶萍案之委員會允日人之請，以日款資該廠之進行，惟條件略有更動，然亦無甚關係。此爲澀澤與湯化龍會商之直接效果，中政府允再以長江流域之讓與權畀諸日人之説，外間僉謂其非虚。

1914年5月25日（甲寅五月初一日）　第二張　第二版

**《澀澤氏之行蹤》**

日本澀澤男爵已於月之十九日抵京，二十日午前午後遍訪政界要人。正午時，由日本資本團代表小田切萬壽之助君在裱褙胡同邸内招待男爵及同行全員，並請内務總長朱啓鈐，外交次長曹汝霖，司法兼農商部總長章宗祥，農商次長周家彦，商工局長陳介，交通次長兼路政局長葉恭綽，參事兼鐵路局總務科長權量，籌辦煤、油礦總裁熊希齡，平政院長汪大燮，幣制局總裁梁啓超，税務處督辦兼交通銀行總理梁士詒，中國銀行總裁湯叡，政治會議員李盛鐸，北京商務總會總理馮霈［麟］麟［霈］協理陶寶楨，中日實業公司協董孫多森，農商部員王治昌諸君蒞會。其在日本方面人員則除山座駐使因太后奉安在邇謝絶宴會之外，水野敕任參贊、高尾參贊、賨相寺正金分行總辦均列席，賓主言歡，移時始散。並聞此日傍晚旅京日本官紳等又在三條胡同大和俱樂部開男爵招待會云。

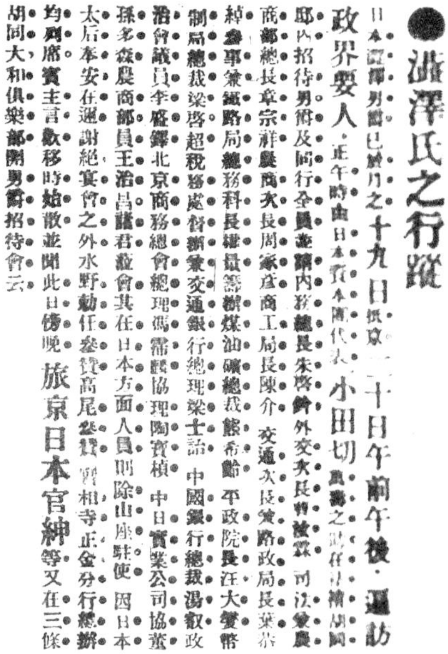
●澁澤氏之行蹤
日本實業團澁澤男爵已於月之十九日抵京，二十日午前午後遍訪政界要人。正午時由日本實業團代表小田切萬壽之助在什錦胡同邸內招待男爵及同行全員，並請內務總長朱啓鈐、外交次長曹汝霖、司法總長章宗祥、農商次長周家彥、商工局長陳介、交通次長兼路政局長葉恭綽、參事兼鐵路局總務科長權量、籌辦煤油礦總裁熊希齡、平政院長汪大燮、幣制局總裁梁啓超、稅務處督辦兼交通銀行總理梁士詒、中國銀行總裁湯叡、政治會議員李盛鐸、北京商務總會總理馮麟霈、協理陶寶楨、中日實業公司協董孫多森、農商部員王治昌諸君。該會其在日本方面人員則除山座駐使因日本太后奉安在邇謝絶宴會之外，水野勅任參贊、高尾參贊、寶相寺正金分行總辦均列席。賓主言歡，移時始散。並聞此日傍晚旅京日本官紳等又在三條胡同大和俱樂部開男爵招待會云。

1914年6月3日（甲寅五月初十日）　第三張　第一版

**《日本實業團回國》**

日本實業團澀澤男爵等，已於二十六早六鐘時由紫竹林碼頭乘坐“西江”輪船先赴大連公幹，再回本國。是日，員警廳長楊君敬林督同偵探，差遣樂隊等齊集碼頭，恭送如儀。

## 九　北京《順天時報》

1914年5月8日（甲寅四月十四日）　禮拜五　3751號　第二版

**《澀澤男爵到滬》**

上海電　澀澤榮一男爵昨日到上海。是晚，僑居上海各重要日本人士在日本會所設宴招待。本日上午離滬，遊歷蘇杭，擬於九號返滬，後即遊歷漢口、南京云。

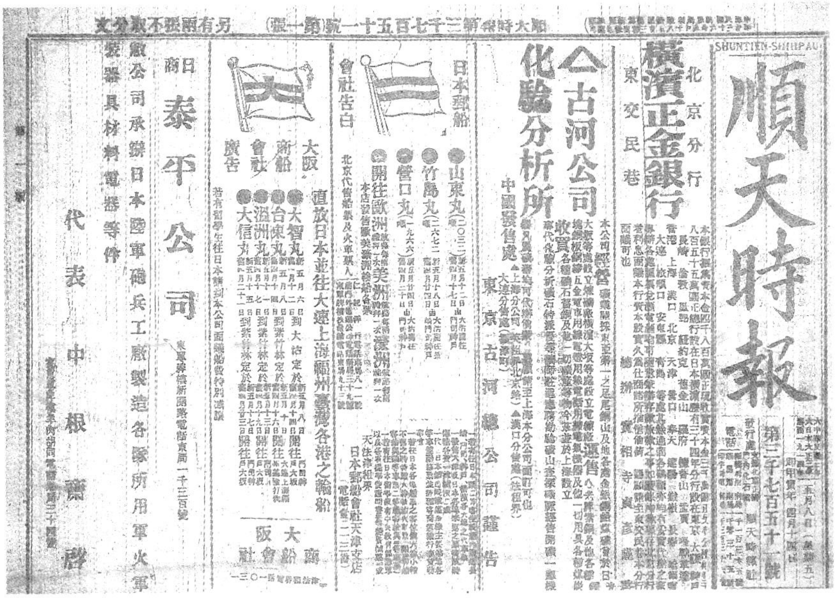
順天時報

SHUNTIEN-SHIHPAU

第三千七百五十一號

橫濱正金銀行

北京分行

東交民巷

古河公司

化驗分析所

東京古河總公司謹告

日本郵船

會社告白

山東丸

竹島丸

營口丸

開往歐洲

日商

泰平公司

代表　中根齋啓

大阪商船會社廣告

大智丸

台東丸

巡洲丸

大信丸

直放日本並往大連上海福州臺灣各港之輪船

大阪商船會社

1914 年 5 月 8 日（甲寅四月十四日）　禮拜五　3751 號　第二版

**時事要聞　《澀澤男爵遊華詳誌》**

日本澀澤男爵來華遊歷，屢誌報端。玆將其隨員及同行人員並其預定行程記如左：

澀澤男爵隨員爲澀澤武之助、明石照男、增田明六、大澤正道、堀井宗一、野口米次郎、堀江傳三郎諸人。

同行員爲大日本麥酒株式會社社長馬越恭平及其隨員仲田慶三郎，東洋生命保險株式會社社長尾高次郎及其隨員辻友親諸人。

澀澤男爵旅行日程

五月二日，於東京發軔。同日，乘“地洋丸”輪船，由神户啓程。六日抵滬。七日，乘滬杭火車前往杭州，勾當［留］一日，於八日復回上海。九日，乘滬寧火車離滬遊蘇，即日回車。十日，乘火車離滬。十一日抵寧。十二日，乘舟江行。十三日，於舟次觀覽九江。十四日，黎明泊船石灰窑，一遊大冶。十五日抵漢。十六日滯留一日。十七日上午九鐘，發漢口。十八日午後五點十分，乘火車晉京。十九日至二十三日，在京小住。二十四日午前八點三十分，離京抵津。二十五日，發津門遊濟南。廿六日，前往曲阜。廿七、二十八日，親謁聖廟，登臨泰山。二十九日，歸抵濟南。三十日歸津。三十一日，抵山海關。六月一日，抵奉天，嗣後巡遊大連、旅順、長春、吉林、蘇家屯、{旅順、}本溪湖等處，經安東縣及朝鮮京城東返，月之十七日歸抵日本下關。

以上係預定行程，此後或略有更動，亦未可知。惟澀澤男爵親謁曲阜孔廟一條，則係男爵之宿願也。男爵夙崇孔學，自從事實業以來，始終奉爲圭臬，曾於遊華以前，往訪大隈首相，晤談及遊華一事，茲録其梗概如左：

予此次遊華，世人臆説紛起，多以攫取中國利權爲言，此説實非篤論。蓋經濟與道德實爲一致，不能分離者也，故於表面雖有時計較得失之事，其裏面則必須常存道德之心。予此次赴華，凡對於鐵路、港灣、礦山各項實業，微有所見聞，故理宜陳述於中日人士之前，披露意見，亦非藉此以排他人而注重己利也。予自從實業以來，常以《論語》“己所不欲，勿施於人”之語銘刻胸中，遇事不以利己爲本位，必熟計乎共通世界之平和與共同之利益，故此次赴中國旅行，亦絶非私心計畫可斷言也。予私淑孔子已非一日，此次親謁孔廟，誠爲此次旅行之一大目的云云。（本）

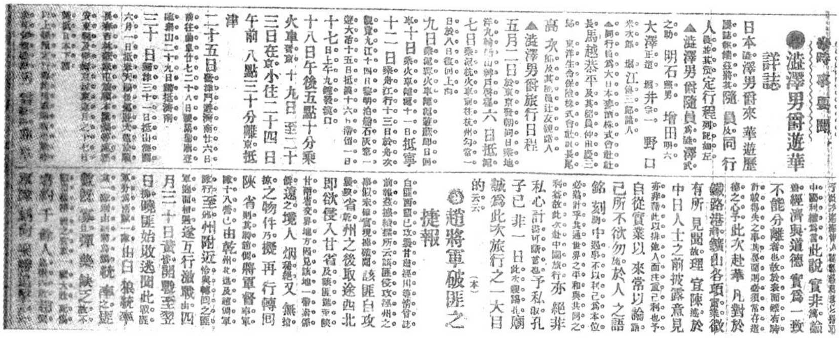


1914年5月13日（甲寅四月十九日） 禮拜三 3756號 第二版

**《澀澤男〈爵〉之遊程》**

（上海電）澀澤榮一男爵星期六日由杭回滬。星期日，澀澤男爵謁海關總税務司。是晚，鄭鎮守使及軍官等設席招待，夜半十一鐘乘火車赴寧云。

1914年5月13日（甲寅四月十九日） 禮拜三 3756號 第九版

**《澀澤男〈爵〉赴杭之歡迎》**

日本大實業家澀澤男爵定於本月七日由申乘早車來杭遊歷曾誌昨報，

兹悉澀澤君之隨員澀澤武之助、明石照男等十一人暫寓清泰第二旅館。本省官商各界均設宴款待，藉表歡迎。届時，觥籌交錯，賓主聯歡，定有一番親睦氣象，兩國商情自必益增敦睦矣。又聞杭總商會於前日接農商部電，以日本著名實業家澀澤男爵五月一日由神户乘輪來華遊歷，先赴滬，經申、蘇、浙、寧、漢入京，抵境時，希妥爲招待，以顧聯絡，即經預備歡迎各事宜。七日，由總理顧君、協理王君暨前赴日觀光之袁子受君代表衆商赴城站歡迎。八日午刻，在總商會大設筵宴，恭請澀澤男爵暨隨員人等。至若招待之秩序，當時澀澤男爵偕隨員早車由申到杭，官商代表到站歡迎，即往清泰旅館休息更衣。二時，由日領事陪赴都督府晉謁都督，旋赴行政公署謁省長。迨三時到商會，同時都督、省長及特派員到日領事府答拜。三時半出錢塘門到日領事府用早餐，畢即登舟，由官商派招待陪伴遊湖，至六時回寓更衣。七時到都督府都督民政長公宴。八日七時，由特派員、日領事陪遊靈隱；至十一時，赴商會公宴；一時，回寓休息；二時，由官商代表到站歡送云。又聞澀澤君此次偕貴族十一人乘車來杭，不僅雅慕湖山風景，實因朱舜水先生故墓遺物在日本均由澀澤君保存。近聞杭州金衙莊建設朱舜水祠，特不遠千里而來，仰瞻廟貌，並考察浙省工藝及農漁之實況。聞六日朱舜水裔朱輔基君已先趁［乘］車赴滬歡迎駕臨云。（采）

1914年5月16日（甲寅四月二十二日）　禮拜六　3759號　第二版

**漢口專電　《澀澤男爵行蹤》**

澀澤男爵此次來華遊歷，同行者十一人本日已經抵漢。旋即參觀漢陽鐵廠，翌日於武昌往訪段督，聞該督届時特開午餐會以表歡迎。是日夜，漢口商務總會亦欲設宴款待。又該遊歷團訂於十八日上午搭乘京漢火車取道來京，因之該鐵路當局特爲預備花車以示格外優待云。

1914年5月17日（甲寅四月二十三日）　禮拜日　3760號　第九版

**《澀澤男爵來京改期》**

日本澀澤男爵於十八日來京，曾於預定行程内揭明，玆悉該男爵所定之行程略有更動。據昨日漢電，十八日始由漢口起程，故將於十九日應能來京云。

1914年5月19日（甲寅四月二十五日）　禮拜二　3762號　第二版

**論説《歡迎澀澤男爵》**

日本大實業家澀澤男爵之來遊，本報曾於三月二十六日社説中一度論之，今則汽笛一聲，伊人蒞止，來遊之男爵已准於本日由京漢鐵路行抵京都矣。按：此次來遊之目的，男爵在上海、漢口等處歡迎會上屢次申明，一則因自幼尊信孔教，《論語》一書尤爲拳拳服膺，故擬謁孔孟故鄉，一瞻中華之文物，二則因中日勢等輔車，理宜親善，故擬藉來遊之便，聯絡兩國經濟關係，以增進其邦交。是以其預定之行程係由上海溯江至武漢，由武漢至京都，勾留數日，再由京都赴山東，瞻謁孔廟，然後歸國。今既到京，則行已過半，數十年之宿望，一旦克償。男爵此行自當異常愉快，而中國士夫藉此得與東洋實業鉅子握手言歡，瞻其丰采，聆其言論，亦未始非一至幸之事也。

惟前此都下輿論對於男爵之來遊，不免有種種風説，或謂將向政府訂結何項契約，或謂將由中國取得何種利權，牽扯附會，不一而足。此不獨有失敬禮鄰國士紳之禮，且足損傷中日兩國感情，故前此本報不惜反復陳詞，以解其惑。今既經男爵累次申明，則來意之無他，已爲天下所共諒，即從前風説，亦皆如冰釋雪消。觀於中國政府屢電各地方官妥爲招待，則其歡迎之誠，固已可想見矣。

且夫中國朝野人士，非日言振興實業耶？乃議論雖多，成功卒鮮，推原其故，固由學識之未足，經驗之未豐，而官尊民卑之風，亦實爲其大梗。蓋中國數千年來概行專制政治，一般人之眼光，莫不視官吏爲貴，實業爲卑，故稍有才具之士，多趨宦途，不願屈身於實業，設此風不改，吾恐實業終無振興之時。今澀澤男爵爲投身實業界起見，舍其高官顯爵如棄敝履，數十年來專心實業一途，東西奔走，至老不倦，中國愛國之士正宜仿其出處，用以爲師。又男爵於中國經濟問題研究有素，如統一幣制、整理紙幣、開拓礦山諸事業，倘能就正於男爵，獲益當亦匪淺。由斯以談，中國士夫對於男爵之來遊，已應額手相慶，況男爵爲日本實業界中泰斗，中日經濟之聯絡，可由男爵而成功，中日邦交之親善，可賴男爵而增進。其宜竭誠盡禮，以表歡迎之意，更何待言乎？

要之，澀澤男爵之來遊本爲個人關係，而自其影響言之，未始非中日國交親善之證、中國實業發達之機，故吾人深望中國士夫之歡迎澀澤男爵，並望其人人以澀澤男爵爲模範也。

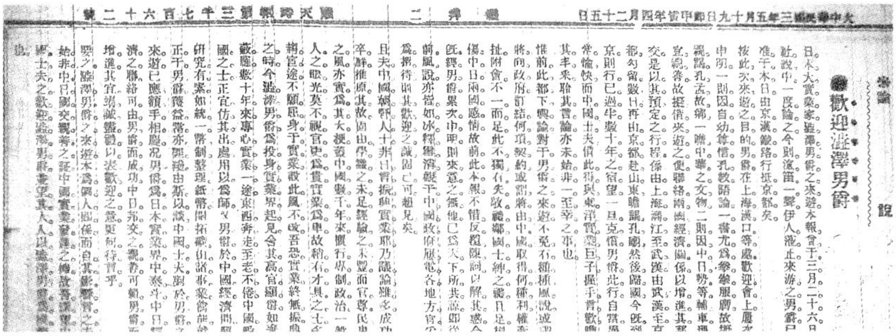
論說

歡迎澀澤男爵

1914年5月19日（甲寅四月二十五日）　禮拜二　3762號　第二版

**漢口專電　(甲寅五月十八日接到)　《澀澤男起程來京》**

澀澤男爵及其隨員等本日上午九時起程，搭乘火車，北上晉京。

1914年5月19日（甲寅四月二十五日）　禮拜二　3762號　第二版

**時事要聞　《男爵之來京》**

日本著名實業家男爵澀澤榮一氏，歷遊東南各省通邑大都，觀風察俗，探討名區勝迹，隨處與内外官紳説經談詩，暢論利國福民之要務，尤受各界歡迎。一鶴一琴，竟逐其遊華夙志，快可知也。現悉男爵及其隨同各員定於本日下午五點十分，乘京漢火車來京，預擬於二十一日下午四鐘晉謁袁大總統。除二十四日適逢日本昭憲皇太后陛下奉安陵寢之際，鎮日守禮哀悼，鍵户不出以外，其餘則逐日遊覽萬壽山、十三陵、八達嶺暨京中名區，並與中日官商往來接洽，以了此次首都之來遊。定於二十七日八點三十分由京赴津。現聞僑居京中之日本居留民會及倶樂部各人員等，均以祖國名流惠然賁臨之故，衷心欣悦，擬磬東道之誼，以表向往之忱云。（天）

1914年5月19日（甲寅四月二十五日）　禮拜二　3762號　第二版

**時事要聞　《澀澤男爵傳略》**

澀澤男爵名榮一，當一千八百四十年二月間生於埼玉，自幼時研鑽文武之學術，弱冠筮任於德川幕府，隨德川民部卿某君歷遊法國。及回國之後，際會明治王政維新之盛，遂升任大藏少輔，整理財政，著有卓功。少輔者，即今之次官也。嗣與大藏大臣殊其政見，遂慨然掛冠，從此軒冕泥途，絶意仕進，從事實業之途，創建第一銀行，充爲總裁，並經營各屬事業，力圖富國。凡有所施設，莫不克奏偉效。就中如開辦商業講習所以儲人才，遂使東京高等商業學校致有今日之盛。觀新設之東京商業會議所，即知日本實業界中所以能聯絡聲氣、展發經濟、長進無已之本源也。此外各種重要公司及各種事業，亦莫非其獻替所擘畫者。又特注意於公共事業，如興設東京市養育院，即其一也。然公以杖國之年，猶無倦意，現尚爲該院之長，勤務無休，其老於閱歷，於此可窺一斑。蓋男爵崛起於明治圖强之際，注重富國之偉謀，爾來已歷五十年之久，勵商獎工，鋭意以經濟自任，竟致無遠無邇，莫不欽服其高名。當一千九百零九年，曾受北美西海岸商業聯合會之招待，糾合日本實業家數十名，充其團長，航海赴美，以期敦修日美邦交，並擴充商工各業，此赫然在人耳目者。先是，日本皇室深嘉其積年偉績，特叙男爵，亦實業界中一榮光盛事也。男爵齡已七十有四，精神矍鑠如少壯時，猶鎮日孳孳翼贊實業，各屬公司五十餘種，無論直接與間接皆仰賴其扶持；現又兼理第一銀行總裁、銀行集會所會頭、東京市養育院院長。經營不怠，稱之爲實業界之巨擘非溢美也。不寧唯是，男爵雖親躬牙籌瑣務，苟有餘暇，則經術是研。生平惟尊崇宣聖，一動一静，靡不取範於孔教，深明義利之分。天君泰然而善於頤養，男爵之卓迥庸流者，蓋有由也。且男爵自從事實業以來，勳業與聲望日隆，故每逢内閣更迭之期，人每推轂使充大藏大臣之榮職者，前後已不知凡幾。然初志堅定，誓盡力實業，竟不能以金章紫綬易其素心，是誠常人所望塵弗及者也。宜夫望逾泰斗，傾倒我實業界中。凡一言一行，均能左右政界，致使廟堂諸公靡不屈節執禮，咸思受益於幾席之前。然則國有老成人，此豈惟扶桑一隅之幸福已哉。(天)

1914年5月20日(甲寅四月二十六日)　禮拜三　3763號　第九版

**《歡迎澀澤男爵來京誌盛》**

澀澤男爵與大日本麥酒株式會社社長馬越恭平、東洋生命保險株式會社社長尾高次郎、朝鮮銀行理事三島太郎諸君及各該隨員等，均乘坐京漢鐵路貴賓之火車，已於昨日下午五點十分時一同來京。駐京日本山座公使以下，凡旅京各日本官紳並中國各部達官、商務總會中人及其餘多數官紳人等，均在車站歡迎。當由男爵以下各員對衆答禮，然後連袂前赴六國飯店税駕云。

1914年5月21日(甲寅四月二十七日)　禮拜四　3764號　第十一版

**《澀澤男爵之歡迎會》**

澀澤男爵此次來京，聞旅京日本早稻田大學同窗會，擬於本日正午設席於順治門外下斜街京畿先哲祠内，特開澀澤男爵歡迎大會，想屆時當更有一番之盛云。(秦)

1914年5月21日(甲寅四月二十七日)　禮拜四　3764號　第十一版

**《招待澀澤男爵誌盛》**

澀澤男爵已於月之十九日來京，昨午前午後均往訪中國達官，敦修睦誼，敬表向往之忱。正午時，由日本資本團代表小田切萬壽之助君在裱褙胡同邸内招待男爵及同行全員，並請内務總長朱啓鈐，外交次長曹汝霖，司法兼農商部總長章宗祥，農商次長周家彦，商工局長陳介，交通次長兼路政局長葉恭綽，參事兼鐵路局總務科長權量，籌辦煤、油礦總裁熊希齡，平政院長汪大燮，幣制局總裁梁啓超，税務處督辦兼交通銀行總理梁士詒，中國銀行總裁湯叡，政治會議員李盛鐸，北京商務總會總理馮麟霈、協理陶寶楨，中日實業公司協董孫多森，農商部員王治昌諸君蒞席。其在日本方面人員則除山座公使因太后奉安在邇續禮謝宴之外，水野敕任參贊、高尾參贊、實相寺正金分行總辦諸君均列座席，威儀櫟櫟，賓主言歡，各傾湖山，既醉飽德，移時始散。並聞此日傍晚旅京日本官紳等在三條胡同大和俱樂部開男爵招待會，誼罄東道，極一時之盛云。

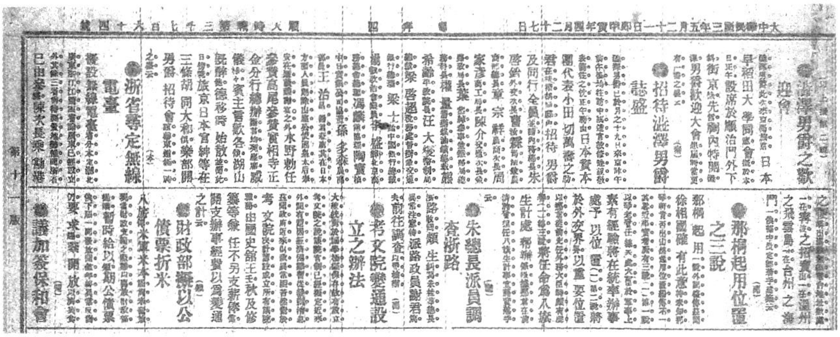
澀澤男爵之歡迎會

招待澀澤男爵誌盛

浙省尋定無線電臺

那桐起用位置之三說

朱總長派員調查浙路

考文院變通設立之辦法

財政部擬以公債票折米

議加簽保和會

1914年5月22日（甲寅四月二十八日）　禮拜五　3765號　第九版

**《澀澤男爵之讜言》**

前晚，旅京日本人士設席於三條胡同大和俱樂部，招待澀澤男爵並其同行各員，與會者共計一百餘人。酒三行，由發起人致歡迎頌辭，嗣由男爵披陳卓見，熱心答謝，始則將中日實業公司進步發達之顛末詳細說明，終則將經濟及道德毫無二致之理諄諄誨告，更將利權之攫取並平和之商戰等等字樣，逐一開解時人之謬見。略謂：經濟之道以利己利他爲用，仁愛爲體，斷非戰争以較勝利，負搏噬以事攘奪之可比也。例而言之，兹有一生産者焉，其所製造之物件可以裨益消費者，則經濟關係於是成立，是利己兼以利他也，獲一利權，己可以得利，人亦可以受益，則彼此利益各不相虧，決非戰争攘奪損他利己之所可仿佛萬一者也。余當以此心爲心，故此次組織中日實業公司，亦不外發揮此意。敬望我同胞努力於中日事務者，無論何界中人，凡一切接物處事，均必以博愛仁恕之道爲其圭臬，企圖兩國之福祉，則決不至有彼此之感也云云。聆男爵之演說，言言藹如，事事據理，頗有春風拂面漸入蔗境之甘味，滿座生歡，皆曰：有德之言，非常人所企及也。演說已畢，盞觥交錯，賓主言歡，各盡所懷而散。（本）

1914年5月22日（甲寅四月二十八日）　禮拜五　3765號　第九版

《澀澤男爵歡迎會之演説》

日本大實業家澀澤男爵此次來京，旅京早稻田大學同窗會已於日昨正午設席順治門外京畿先哲祠内，特開歡迎大會。據聞昨午臨席者中日兩國人士共有五十餘人，洵盛舉也。席間由政事堂參議林長民君代表同窗會員起而致辭，略云：我國旅京早稻田同窗會今日特於此處歡迎〈與〉我本校關係最深之澀澤男爵，誠不勝感慕之忱。惟現觀中日兩國之關係，先由實業上聯絡最勝急務，凡我同窗會諸君，均於此時切實希望日本有力之實業家澀澤男爵今後努力聯絡中日實業之關係，以敦兩國之親交云云。嗣由男爵起致答辭，略云：今日諸君爲鄙人特開如此盛大之歡迎會，誠深感謝。鄙人今日恭蒞此會，居然能以日語演説，殊爲遊華以來之快事也。方今中日之關係，誠如林君所言，須先由實業上聯絡之計畫，實爲名論。幸而鄙人對於實業上經驗稍較諸君微有一日之長，今後鄙人定須努力經營，而爲我所最愛之中國克副一臂之助，而以慰愛我諸君之熱望焉云云。賓主歡宴快談，暢語至下午三鐘，一同紀念拍照始散。並聞該同窗會議決即將當日歡迎會情形，致電本國早稻田大學總長及内閣總理大隈伯爵，以表當日之盛況云。（秦）

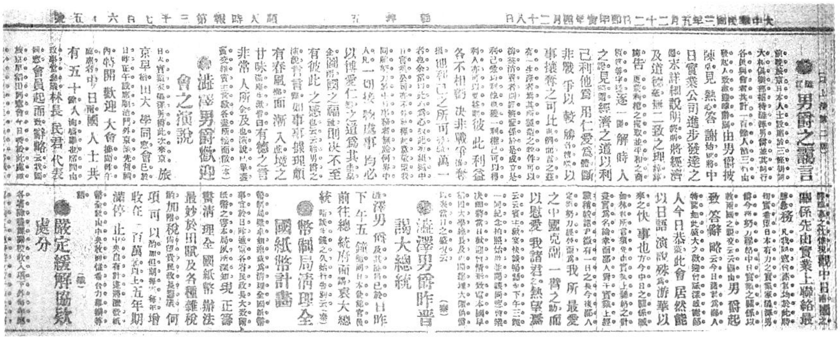
男爵之讜言
澀澤男爵歡迎會之演説
澀澤男爵昨晉謁大總統
幣制局清理全國紙幣計畫
嚴定緩解協款處分

1914年5月22日（甲寅四月二十八日）　禮拜五　3765號　第九版

《澀澤男爵昨晉謁大總統》

澀澤男爵及其隨員已於日昨下午五鐘，隨同日本使館官員前往總統府面謁袁大總統，晤談半鐘之久，始行告别云。（秦）

1914年5月23日（甲寅四月二十九日）　禮拜六　3766號　第十一版

**《澀澤男爵昨遊萬牲園》**

澀澤男爵及其隨員已於日昨正午前赴萬牲園，農商部即設席該園，特開招待盛宴。並聞昨晚復由徐相國折簡，而復臨徐菊老招待之席云。（秦）

1914年5月27日（甲寅五月初三日）　禮拜三　3769號　第二版

**《澀澤男爵今日由京赴津》**

日本實業鉅子澀澤男爵自蒞京以來，除旅京日本官紳盛意歡迎而盡東道之誼以外，復晉謁袁總統，甚被優禮，並受中國官商各界之款待，又種種言動頗發揮經濟上之諸般精義，鋭意扶持中日邦交之良果。舉凡歷來遊客而印感慕之恩深入於人人腦髓者，蓋未有能出男爵之右者也。聞男爵接洽人士之暇，已於前日遍遊十三陵、八達嶺諸處，憑吊遺迹，探討名勝，飽覽雄邦景物。昨已還京，定於今晨八鐘三十分坐京奉專車赴津。聞外交部特派呂君烈煌，交通部亦派人送行，盡其禮遇。是日正午，應駐津總領事之歡讌，傍晚由津門日僑開會歡迎。翌日則有直隸督署暨商務總會人等分別請宴，互傾睦誼之忱，然後乘火車前往曲阜，肅拜聖廟，登臨岱宗，以伸平素私淑宣聖之至誠，而了歷遊中華之宿志。再回津門乘火車漫遊東省各處，然後始整歸裝云。（本）

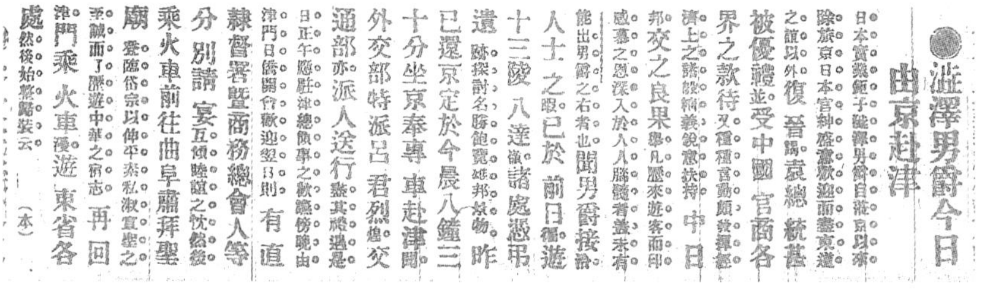
澀澤男爵今日由京赴津
日本實業鉅子澀澤男爵自蒞京以來除旅京日本官紳盛意歡迎而盡東道之誼以外復晉謁袁總統甚被優禮並受中國官商各界之款待又種種言動頗發揮經濟上之諸般精義鋭意扶持中日邦交之良果舉凡歷來遊客而印感慕之恩深入於人人腦髓者蓋未有能出男爵之右者也聞男爵接洽人士之暇已於前日遍遊十三陵八達嶺諸處憑吊遺迹探討名勝飽覽雄邦景物昨已還京定於今晨八鐘三十分坐京奉專車赴津聞外交部特派呂君烈煌交通部亦派人送行盡其禮遇是日正午應駐津總領事之歡讌傍晚由津門日僑開會歡迎翌日則有直隸督署暨商務總會人等分別請宴互傾睦誼之忱然後乘火車前往曲阜肅拜聖廟登臨岱宗以伸平素私淑宣聖之至誠而了歷遊中華之宿志再回津門乘火車漫遊東省各處然後始整歸裝云（本）

1914年5月31日（甲寅五月初七日）　禮拜日　3772號　第九版

**《澀澤〈爵〉男抱病旋旆》**

澀澤男爵離滬抵津，原擬往赴曲阜參拜聖廟，以達歷年私淑之悃。不料在津遊躬偶覺不快，未便遠道奔逐風塵，遂決意於昨日乘輪由津返東。唯男爵病狀輕微，吉人天相，迅占勿藥，可無疑也。（散）

1914年6月6日（甲寅五月十三日）　禮拜六　3778號　第二版

**東京特電　《澀澤男爵安抵門司》**

澀澤男爵遊歷中華事畢，已於日昨安然回抵門司。

# 十　上海《神州日報》

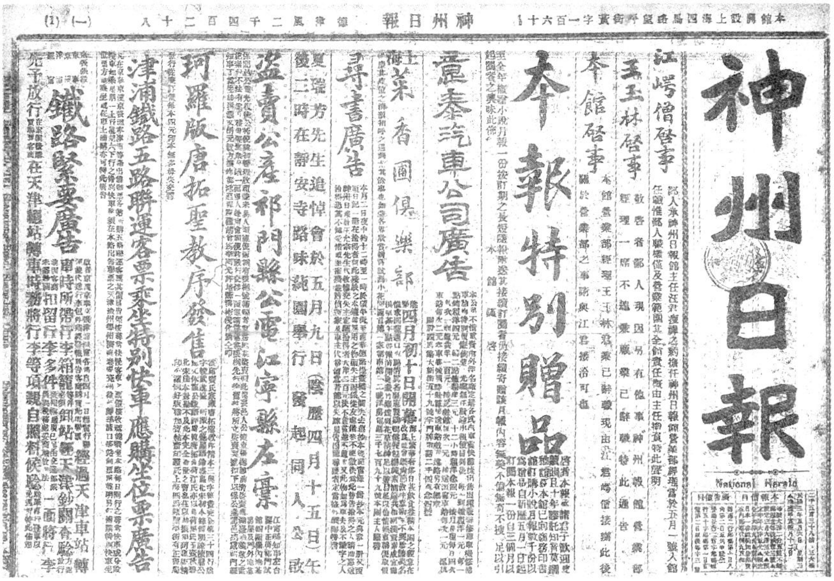

神州日報

National Herald

江崿僧啓事

王玉林啓事

本館啓事

本報特別贈品

慶泰汽車公司廣告

上海菜香圃俱樂部

尋書廣告

珂羅版唐拓聖教序發售

津浦鐵路五路聯運客票乘坐特別快車應購坐位票廣告

鐵路緊要廣告

1914年5月6日（甲寅四月十二日）　星期三　第二版　2538號

**特約路透東京電**

澀澤男爵年已七十有餘，爲日本商界之領袖，今在赴華途中。外間對於男爵此行頗多猜測，且有謂擬爲日本求讓與權及開拓在華事業者，實則澀澤此遊乃欲增長見聞起見，蓋彼遊中國南方尚屬初次也。日本國家電報社代表曾晉謁男爵，男爵告以將於某日啓程赴華，且曰：余之遊華，蓋了久蓄之願。余自髫年讀中國經書時即心向往之，且余向尊孔學，久欲一謁此中國先師之墓，而外間對於余之此行多所誤會，謂余乃往求讓與權，且謂將與揚子江英國利益有礙云云，其實毫無影響。余並無所求，此行以遊覽爲主，余以研究中國文字之故，乃蓄此極誠之意。余既爲商家，則自將調查中國經濟狀況，且望得與該國領袖、商家把晤傾談，且余乃中日興業公司發起員之一，余固極欲得悉中國實業現狀。總之，此行實未挾有含政治之使命也云云。

特約路透東京電

澀澤男爵年已七十餘爲日本商界之領袖今在赴華途中外間對於男爵此行頗多猜測且有謂擬爲日本求讓與權及開拓在華事業者實則澀澤此游乃欲增長見聞起見蓋彼游中國南方尙屬初次也日本國家電報社代表曾晉謁男爵男爵告以將於某日啓程赴華且曰余之遊華蓋了久蓄之願余自髫年讀中國經書時即心嚮往之且余向尊孔學久欲一謁此中國古師之墓而外間對於余之此行多所悞會謂余乃往求讓與權且謂將與揚子江英國利益有礙云云其實毫無影響余並無所求此行以遊覽爲主余以研究中國文字之故乃蓄此極誠之意余既爲商家則自將調查中國經濟狀況且望得與該國領袖商家把晤傾談且余乃中日興業公司發起員之一余固極欲得悉中國實業現狀總之此行實未挾有含政治之使命也云云

二日發

1914 年 5 月 7 日（甲寅四月十三日）　星期四　第六版　2539 號

**《澀澤氏抵滬》**

日本男爵澀澤榮一氏，於本月二日由東京起程來華遊歷，其行蹤已兩誌本報。玆悉澀澤氏於前夜（五日）乘東洋汽船會社汽船“地洋丸”行抵吴淞，同行者有馬越恭平、白岩龍平等。昨（六日）晨十時由稅關碼頭登岸，僑居此間之日本官商，於昨夜假座日本俱樂部開會歡迎。時在座者並有我國官商，如鎮守使鄭汝成、海軍總司令李新、淞滬員警督辦薩鎮冰、上海縣知事洪伯賢，並南北員警崔、徐兩分廳長及審、檢兩分廳長，以及總商會董事周金箴等人云云。

1914 年 5 月 8 日（甲寅四月十四日）　星期五　第二版　2540 號

**《澀澤男爵在滬之談論》**

日本澀澤男爵爲該國之大財政家，行年七十有五，現來中國作第三次之遊歷。昨晨（六日）乘“地洋丸”汽船抵滬，定於今晨赴魯遊覽孔林。昨晚寓滬，□要日人開歡迎會於日本俱樂部。聞男爵定於本月九日返滬，然後赴寧，終乃北上至京。該男爵第一次來華尚在四十八年之前。彼時德川親王應法皇拿破侖第三之召前往巴黎，男爵隨同赴歐，道經中國，是男爵來華之第一次。三十七年前，曾在滬上小作勾留，是爲男爵來華之第二次。今此爲第三次。昨日（六日）男爵語《大陸報》訪員云：“滬上已全變昔日之風景，目前之房舍、電車、街道、橋樑與自動車等，均爲昔日所未有。以余記憶所及，所與三十七年前無異者，不過一含有濁水之浦江而已。以余觀之，上海一地已非常發達。”男爵雖年已七十有五，而矍鑠異常，故談話時精神甚好。男爵之言由譯員轉述，略謂彼懷□來中國之意已久，其部署此行已費一載之時間。訪員詢以此行之目的，男爵謂彼並非有何野心之欲望，彼之第一目的在遊覽風景以取樂。彼嫻熟漢文，深得孔子教訓之益，且中日兩國二千年來有密切之關係，此彼所以願作此次遊歷之數種原因也。惟彼尚擬與在中國之與中日興業公司有關係者數人有所商議，足爲彼此行之第二目的。蓋彼爲該公司發起人之一也，彼欲赴京一行，在該處時當乘機討論該公司之前途云云。男爵與東京官場有密切關係，且極爲日本經濟、商業兩界人士所推崇，故彼昨日所發關於英日兩國調和揚子江方面權利之言，有非常之趣味。彼之言論雖發於現任日本内閣總理大隈伯爵表示意見之後，而二人詞調頗有相似之處，故聽澀澤男爵之言，更足以瞭然於日本所抱對於發達中國之意見、與該國將來之舉動如何也。男爵之言曰：“余因英日聯盟條約將繼續履行，頗爲歡忭。顧余嘗聞日本權利與英國權利衝突之説，深爲不快，此説緣何發生，余殊不解。有人謂：英日聯盟不過一軍事聯盟，此乃淺見者之言耳。蓋英日聯盟實應並含有經濟上之一致也。余確知英國在揚子江流域所佔勢力之重要，惟聯盟兩國當互相讓步；不如是，則難免權利之衝突。故吾日苟能與英國在揚子江方面作一致之舉動，則□□樂爲。惟雅不欲引起兩國之權利衝突，欲使一國發達，必須有經濟上之三種要素，即富源、資本與從事者之智識經驗是也。中國有亟應發達之富源甚多，英國既有資本，則日本自當以關於中國之智識供給英人作一致之進行。”云云。男爵又謂，華民欲鞏固國家之基礎，俾得循序漸進，則財政實爲今日當務之急。蓋實業故當振興，礦產固當開採，而關係最要者則莫如整頓財政。（未完）

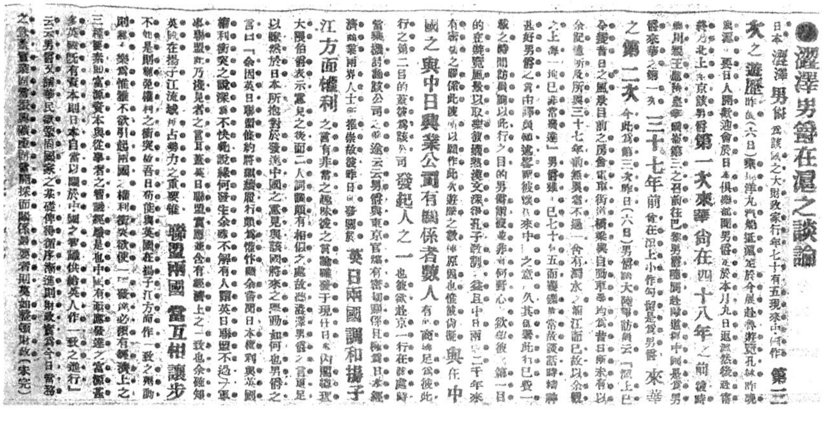
澀澤男爵在滬之談論

1914年5月8日（甲寅四月十四日）　星期五　第六版　2540號

**本埠要聞　《歡迎澀澤氏之一席話》**

僑滬日人於昨日午後七時，藉座日本俱樂部三層洋樓大室内開會，歡迎日本男爵澀澤榮一氏，已誌前報。茲悉是日到會者，除澀澤男爵暨其同伴外，在我國方面有伍廷芳、唐紹儀、上海觀察使代表虞君、上海縣知事洪伯言、上海商務總會總理周金箴、協理貝潤生、沈仲禮等合計二十餘人。至主人方面，約四十人。會場中棹［桌］子概排列如凹字形，以次入宴。宴畢，由日本領事村上氏起立演説，其言曰：澀澤男爵爲日本實業界之前輩，日本財政之所以鞏固、經濟之所以振興者，多屬澀澤氏之力。氏以七十餘歲之耄老，不憚勞苦而欲使中日實業關係之增進，故有遊歷中國之舉。道經滬上，吾輩得歡迎於一座，歡喜曷極。竊謂中國現時實業狀態，與日本四五十年前之狀態仿佛似之，中國諸君倘與此富有經驗之澀澤男爵共話一堂，得聞方略，於中國實業前途將有多大之利益，此無煩鄙人辭費者也。鄙人希望如此辦法者，不僅上海已也，即中國各地實業家，亦當爾爾。因中日實業之發達，而兩國國交因此親密，以實現唇齒輔車之效，保東洋永遠之平和，此則鄙人所馨告禱祝者也。言畢，並進巵酒爲澀澤氏壽，次澀澤氏答云：予此次漫遊中國，承此間官商歡迎並開盛宴，感謝無已，而與中國官界、商界重要人物亦得相晤於一堂，愈切欣慰。予當青年時代，即涉獵漢籍，研究漢學，而於孔孟之學尤所注重。身既親受修身齊家治國平天下之教，故早懷遨遊中國之志，今竟得此機會，幸何如之。予來上海，至是已三次矣。第一次在四十八年前，第二次在明治十年，即三十七年前。本届來滬，目擊上海之發達，較之往時迥不侔矣。連結中日實業之關係，此爲予之素志，迄於今日，個人間雖無關係，然最近中日實業會成立，日本與中國始見重大之關係。既然如斯，吾人宜由此更求中日實業關係之增進也。某新聞紙謂予此行意在攫取利權，決無是事云云。上海總商會前協理貝潤生與沈仲禮諸人，亦相繼演說，表示歡迎之盛意。至十一時，始興盡而散。澀君於昨晨八時赴杭，訂於明日回滬，明晚總商會設宴招待云。

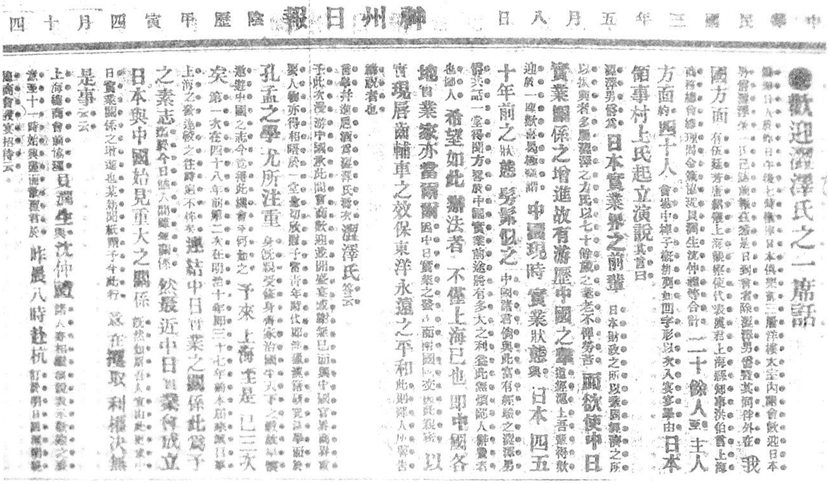
神州日報
歡迎澀澤氏之一席話

1914年5月9日（甲寅四月十五日）　星期六　第三版　2541號

**《澀澤男爵在滬之談論（續）》**

《大陸報》訪員詢以日本之現狀，男爵謂彼非政治家，對於日本現今政府及彼舊友大隈伯爵之行政方針，不能有所評論。且現在日本黨派繁多，調和匪易，故彼尤不能預言現政府之成敗。當内閣總理一席將畀大隈伯〈爵〉之際，彼嘗勸其勿就，惟各界人民敦促甚力，大隈遂覺無可推却，故就總理之職，以盡天職云。按：澀澤男爵爲日本之大財政家，大隈伯爵爲大政治家，兩人密切之關係發生甚早。蓋日本所以能改閉關自守之故態，出而與世界之商業相見者，皆兩君與伊藤、井上、松方三人之力也，日本稱此五人爲國中之大功臣。蓋彼國現時經濟之進步實受賜於五人，且明治時代維新之告成，亦大半出於五人之力也。澀澤男爵於一八六八年返國後，受大藏省之要職，於一八七三年致仕後，即以私人資格大展其勢力。最先着手，使日人熟諳所以集合資本、從事生利實業之道者，亦即男爵也。男爵曾任日本第一銀行總理，四十二年各處公司慕男爵之名，請爲監督者源源不絶，故男爵所管公司不下四十餘家之多。五年前，始與各公司斷絶關係，專任第一銀行總理。男爵雖負商業上之重大仔肩，而對於教育、文學與慈善事業亦甚爲注意。一九零九年曾以日本商人領袖之資格赴美遊歷，蓋應美國各商務會之請也。

1914 年 5 月 20 日（甲寅四月二十六日）　星期三　第一版　2553 號

**北京專電　《澀澤到北京矣》**

日本澀澤男爵今日午後由津到京，定於二十一日覲見大總統，聞澀澤在京有十日勾留。

1914 年 5 月 20 日（甲寅四月二十六日）　星期三　第二版　2553 號

**特約路透北京電　（十九日發）**

日本澀澤男爵今日下午抵此，擬小住一星期，定星期四晉謁袁總統。

1914 年 5 月 24 日（甲寅四月三十日）　星期日　第二版　2556 號

**譯電**

最近數日内，此間人士對日態度迴然一變，實收功於澀澤男爵調查。漢冶萍事委員會已允日本以款項輔助漢冶萍公司之請，惟是日人原議稍有不關緊要之變動。此事實爲澀澤男〈爵〉與調查委員長湯化龍會議以後之結果。説者謂中政府將使日本續得揚子江流域之讓與權，不爲無因。（以上德文報廿三日北京電）

1914 年 6 月 1 日（甲寅五月初八日）　星期一　第三版　2564 號

**《澀澤男爵到京後之招商局問題》**

英文《楚報》北京函云，澀澤榮一男爵於十九日晚抵京，而大總統准招商局發行新股票（每舊股票一幣換航業産業新股票三幣）之命令見於二十一日。聞政府所表示之放鬆辦法，與澀澤氏到京之行頗有關係。是説也，雖不能完全據爲事實，而此間人士已紛傳一時矣。大總統之命令驟然發表，一般人士見之，大爲錯愕，而以注意招商局事務者爲尤甚，僉謂大名鼎鼎之盛宣懷又復戰勝反對派矣。現在楊士琦仍任招商局督理，大總統已令盛、楊二君對於招商局事務加以特別注意。蓋該局爲唯一之完全中國航業公司，故不得落外人之手也。按：盛宣懷與招商局有重大關係，故將來當仍爲該局之重要分子，且爲黑幕中之指揮人也。至於該局之結果，則日久月長之後，必有表暴於外之一日。都《中華字報》僉謂中央政府若不能實行惟董事會是問之言，或設法使該局不落日人之手，則該局蹈漢冶萍覆轍之日當不在遠，深可懼也。

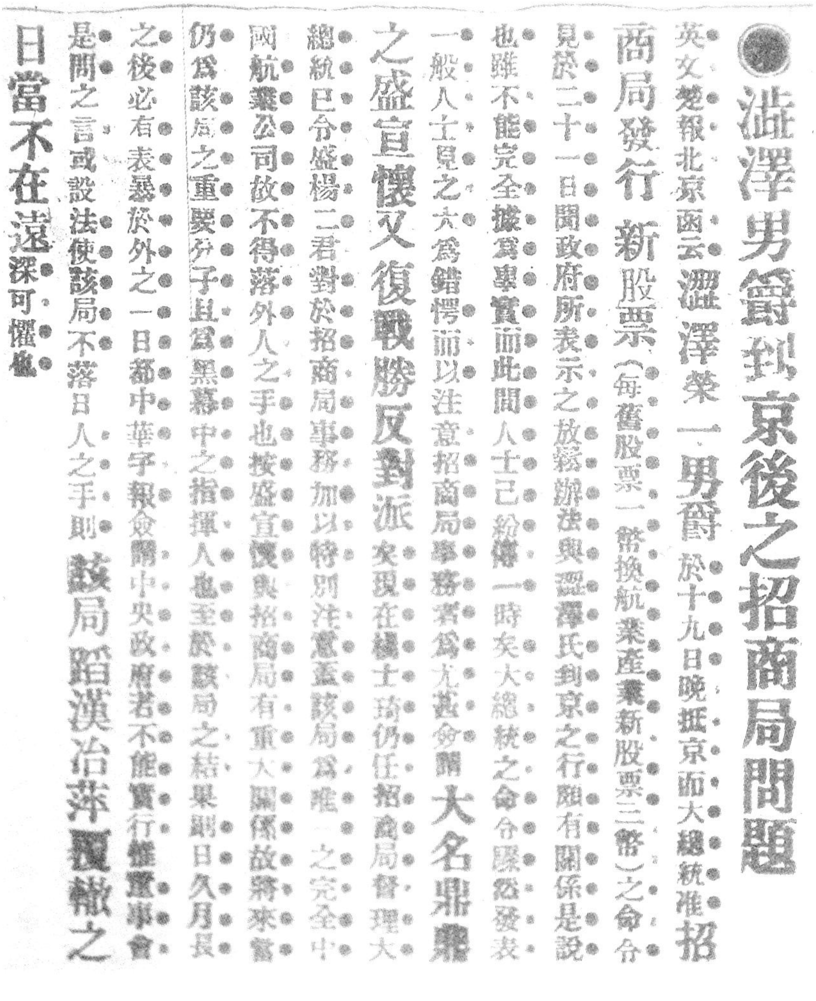

●澁澤男爵到京後之招商局問題

英文楚報北京函云澀澤榮一男爵於十九日晚抵京而大總統准招商局發行新股票（每舊股票一股換航業產業新股票二股）之命令見於二十一日閱政府所表示之放棄辦法與澀澤氏到京之行頗有關係是說也雖不能完全據爲事實而此間人士已紛傳一時矣大總統之命令係經發表一般人士見之大爲錯愕而以注意招商局事務者爲尤甚僉謂大名鼎鼎之盛宣懷又復戰勝反對派矣現在楊士琦仍任招商局督理大總統已令盛楊二君對於招商局事務加以特別注意蓋該局爲唯一之完全中國航業公司故不得落外人之手也按盛宣懷與招商局有重大關係故將來當仍爲該局之重要分子且爲黑幕中之指揮人也至於該局之結果則日久月長之後必有表暴於外之一日都中華字報僉謂中央政府若不能實行惟董事會是問之言或設法使該局不落日人之手則該局蹈漢冶萍覆轍之日當不在遠深可懼也

# 十一　上海《新聞報》

新聞報

西歷一千九百十四年五月七日　禮拜四

SIN WAN PAO, LTD.

濬浦總局招人投標廣告

萬國運動大會

盤店聲明

江蘇省立第一工業學校招工建築廣告

上海大達輪步有限公司發息廣告

1914年5月5日（甲寅四月十一日）　第三張　第一版

**《日本資本家之遊蹤》**

日本資本家澀澤男爵及隨從人等，將於本月五日乘坐“地洋丸”郵船抵滬。定七、八兩日遊杭，九日遊蘇，回滬後於十日赴寧，十二日乘“襄陽丸”輪船，由寧赴漢。日本造酒公司總理馬越君、日清輪船公司理事白澤君亦與男爵同行。

1914年5月7日（甲寅四月十三日）　第三張　第二版

**《日本男爵遊歷抵申》**

日本男爵澀澤榮一君帶同隨員十餘員，昨晨乘“地洋丸”郵船抵滬。是晚，本埠日本副領事兼總領事官村上君，會同譯員西田君並駐滬日本鉅商等，假文路廿號新建日本俱樂部設筵歡迎，並請中國官商爲上海鎮守使鄭汝成君，巡警督辦薩鎮冰君，上海縣知事洪伯賢君，警察南、北兩分廳長崔、徐兩君，上海地方審、檢兩廳長張、汪兩君等，以及商會董事周金箴君等陪宴。一時觥籌交錯，賓主盡歡而散。是日下午，男爵遊覽租界一周，入晚就寓禮查旅館，定於七日赴蘇杭一遊，九日回滬。男爵年已七十餘，精神矍鑠。男爵曾於五十年前第一次到滬，第二次在三十七年前，今爲第三次矣。十日之晚擬啓程赴寧，然後取道漢口晉京。

日本男爵遊歷抵申

日本男爵澁澤榮一君帶同隨員十餘員昨晨乘地洋丸郵船抵滬是晚本埠日本副領事兼總領事官村上君會同譯員西田君並駐滬日本巨商等假文路廿號新近日本俱樂部設筵歡迎並請中國官商爲上海鎮守使鄭汝成君巡警督辦薩鎮冰君上海縣知事洪伯賢君警察南北兩分廳長崔徐兩君上海地方審檢兩廳長張汪兩君等以及商會董事周金箴君等陪宴一時觥籌交錯賓主盡歡而散是日下午男爵遊覽租界一周入晚就寓禮查旅館定於七日赴蘇杭一遊九日回滬男爵年已七十餘精神矍鑠男爵曾於五十年前第一次到滬第二次在三十七年前今爲第三次矣十日之晚擬啓程赴甯然後取道漢口晉京

1914年5月8日（甲寅四月十四日）　第三張　第一版

《澀澤男爵抵滬之詳情》

日本澀澤榮一男爵來華調查中日兩國實業，隨員爲其公子澀澤武之助氏暨明石照南氏、秘書長增田明六氏、秘書大澤正道氏、醫師三八［人］堀井宗一氏、野口米次郎氏、堀江傳三郎氏。隨行商業人員爲麥酒會社社長馬越恭平氏、仲田慶三郎氏、東洋人壽保險公司社長尾高次郎氏、辻友親氏、日清汽船公司檢查員白岩尤［龍］平氏、漢口分公司社長角田隆郎氏。六日晨九時廿分抵滬，自稅關碼頭上陸，即往三井支店長小田柿君住宅休憩。據男爵自述，啓行之初在神户時，適與中國官商因組織中日實業公司而東渡者相遇，其中著名人物如周金箴、孫多森、朱葆三諸君皆同船來華。此次航行海上，風濤平穩，船中以圍棋消遣云。

抵滬後之行程

當日晚間，中日官商假座日本俱樂部開宴歡迎。八日午前八時，乘火車遊歷杭州，流覽風景，夜宿於三井洋行之小火輪船中。八［九］日開赴上海總商會之招待會。十日晚間赴駐滬日商實業協會之招待會。十一日晨七時半乘滬寧火車開往南京，至寧後换乘汽船經大冶以至漢口，由京漢鐵路北上。

中日官商之歡迎

七日晚間七時，中日官商假座日本俱樂部正廳開宴歡迎。日賓方面爲澀澤男爵、随員全體、村上領事及其餘日賓。中國方面爲伍廷芳、唐紹儀、楊觀察使、洪知事、上海總商會總理周金箴、前協理貝潤生並沈仲禮，共廿餘人。會場桌子作凹字式，開宴後並演五色電光影戲以娱來賓。

賓主之演説

席間，首由日本領事村上君演説，並祝中日兩國實業進步、男爵康健，繼由澀澤男爵演説。繼由貝潤生、沈仲禮相繼演説，致歡迎之意，並望中日實業日形發達云。

1914 年 5 月 10 日（甲寅四月十六日）　第二張　第一版

**《歡迎澀澤男爵記》**

實業家之公宴

日本實業家澀澤榮〈一〉男爵，前日由滬赴杭，由杭而蘇，於昨午後二時二十分抵申。四時，上海總商會、漢冶萍公司、中日實業公司（昨報誤以開明公司）在紗業公所開會歡迎。昨，東賓到者澀澤榮〈一〉男爵，随員澀澤武之助、明石照男，秘書員增田明六、大澤正道，醫師掘［堀］井宗一、野口米次郎、掘［堀］江傳三郎。同行者大日本麥酒株式會社社長馬越恭平同社員（馬越随行）仲田慶三郎，東洋生命保險株式會社社長尾高次郎同社員（尾高随行）辻友親。在滬東賓陪宴者：日總領事村上義温，副領金萬喜人及西田畊一，陸軍少佐齋藤恒，郵船公司石井徹，三井洋行小田柿捨次郎，正金銀行兒玉謙次，三菱公司齋藤延，日清公司白岩龍平、角田隆郎、木幡恭三，太倉洋行河野久太郎，臺灣銀行草刈融，日信洋行馬場委［義］興，高田商會志保井雷吉，大秦洋行秦太三郎，半田棉行副島綱雄，滿鐵公司村井啓次郎，海關岸本廣吉，麥酒公司吉田勝次郎，日本記者佐原篤介、井手友喜，漢冶公司池田茂幸，興信所中島忠次郎。華賓陪宴者：伍秩庸、唐少川、薩鼎銘、鄭汝成、洪伯賢、關炯之、王崧生、聶榕卿、孫羹梅、朱伯良、虞和甫（楊觀察使代表）、嚴漁三、鍾紫垣、袁静生、周翊生、陶蘭泉等五十餘人。主人方面如周金箴、印錫璋、盛杏蓀、朱葆三、孫多森、王一亭、貝潤生、陳順夫、王子展、沈仲禮、祝蘭舫、宋漢章、田資民、蘇筠尚、顧馨一等百三十六人。澀澤君尤長於書法，由王一亭君先在紗業公所後廳開書畫會，澀澤即在白絹及宣紙上手揮草書數幅留作紀念，而王君等亦以手揮字畫相贈。廳中四壁特懸有大名書畫，如丁一紳之人物、董其昌之行書、元楊鐵崖之《西爽軒記》、高其佩之指畫人物、張瑞圖之行書、厲駭穀之草書、張叔未之臨米南宮龍虎字、黃恭懋之山水。席間由周君起立暢述歡迎之意，並祝今中日兩國實業之進步，澀澤君亦起而演説中日兩國實業之關係。席即設在大廳，向北作凹字形，北設舞臺，由大舞臺藝員演戲。燈光燦爛，鼓樂喧嘩，頗稱一時之盛云。

交涉署之招待

今日（初十）楊交涉使、鄭鎮守使、警察薩督辦，會宴於静安寺路交涉公署（洋務局）。昨日柬請澀澤榮〈一〉男爵暨日總領事村上義温君並隨員及在滬各官紳陪宴云。

1914年5月10日（甲寅四月十六日）　第二張　第二版

**蘇州通信　《日本男爵到蘇》**

日本澀澤男爵偕隨員十九人於今日（九號）由杭到，軍警均一律升旗歡迎。

1914年5月19日（甲寅四月二十五日）　第二張　第一版

**《澀澤男爵遊鄂記》**

日本大實業家澀澤男爵，於十四日由潯乘輪上駛，當日至大冶縣，由石灰窰上岸，查視大冶鐵礦一周，即起程來漢。十五日午抵埠，駐漢日總領事高橋君，當率同館員僑商及戍漢日本軍隊，排列江幹歡迎。江漢關監督丁士源、夏知事、王縉祥，洋務會審委員侯祖畬，與段都督代表宋玉峰，吕省長代表陳希賢暨漢商會總助理吴幹庭、蘇善夫等，亦均詣江幹參列歡迎。蓋以該男爵此次來華遊歷，係謀聯絡中日感情，發展兩國實業，應表示親交也。日領事當日在署設讌洗塵，中西官商均往陪。聞漢商會定於十六日在華商跑馬廳開歡迎會，段督、吕省長亦於是日柬請至武昌赴讌。該男爵將武漢各局廠遊覽一遍，定十七日乘火車赴京。

▲澁澤男爵游鄂記　日本大實業家澁澤男爵於十四日由潯乘輪上駛當日至大冶縣由石灰窰上岸查視大冶鐵礦一周即起程來漢十五日午抵埠駐漢日總領事高橋君當率同館員僑商及戍漢日本軍隊排列江干歡迎江漢關監督丁士源夏知事王縉祥洋務會審委員侯祖畬與段都督代表宋玉峰呂省長代表陳希賢暨漢商會總協理吳幹庭蘇善夫等亦均詣江干參列歡迎蓋以該男爵此次來華游歷係謀聯絡中日感情發展兩國實業應表示親交也日領事當日在署設讌洗塵中西官商均往陪聞漢商會定於十六日在華商跑馬廳開歡迎會段督呂省長亦於是日柬請至武昌赴讌該男爵將武漢各局廠游覽一遍定十七日乘火車赴京

1914年5月20日（甲寅四月二十六日）　第一張　第二版

**路透電　（十九日北京電）**

澀澤男爵今日下午抵此，擬小住一星期，定星期四日晉謁袁總統。

1914年5月20日（甲寅四月二十六日）　第一張　第二版

**專電北京　（五月十九日發）**

澀澤男爵今日抵京，定馬日（廿一日）覲見總統，西報謂含有政治意味。

1914年5月21日（甲寅四月二十八日）　第二張　第一版

**《日男爵遊鄂之續記》**

日本澀澤男爵遊覽大冶鐵礦畢，於十五號乘“大貞丸”抵漢，已紀前報。茲悉該男爵隨員共十三人，當在領事館小憩之後，即赴漢陽鐵廠考查，並在該廠午餐。興辭，又沿途調查市面狀況，至夜七時復赴日領事館筵宴，在座者有中日官紳及企業鉅子共六十一人，備極一時之盛。十六號午前十時，渡江拜會鄂都督、省長，即在都督府中午宴，盤桓至四小時之久。辭出，由招待員伴同遊覽鄂城諸名勝，周歷黃鶴樓、抱水堂諸地。午後四時赴官錢局督辦高佑緒君茶會，便與武昌商會董事等握手。至七時渡漢，赴漢口總商會歡迎會。十七號辰乘京漢車北發，中日官商均至車站送行如儀。

1914年5月26日（甲寅五月初二日）　第一張　第三版

**《澀澤男爵之譚片》**

理財家之品評

日本銀行家澀澤榮一男爵於十九日至京，昨（二十日）下午五時謁見大總統，同行者有麥酒會社長馬越恭平、日本生命會社長尾高次郎等，大總統頗爲優待。澀澤爲日本實業家，故關於財政上之經濟問題，譚論許久。退出後對人言曰：余未見袁大總統時，以爲總統係武人的政治家，頃於譚次，始知袁總統富有經濟上之知識，爲近世不可得之理財家云。

實業上之關係

《文匯報》五月二十四日北京電云：德文報通信員今日謁見日本澀澤男爵，據男爵所稱，伊爲中日興業公司之發起人，志在兩國接近，易於協力行事。該公司乃由楊士琦代表中國辦理，日本由倉知君爲總理，伊並非該公司之董事，不過擔任該公司所有關涉之事耳。該公司之資本至今僅付四分之一，原訂資本共計五百萬兩，中日各任其半。該公司之目的，無政事上之關係，亦不過如近日德日所訂互保在華之實業、文藝等事耳。該公司亦不欲侵及他國在華之利益，如德人在山東、英人在揚子江流域之事業是也。至於英國，亦未必壟斷揚子江之利益，排斥他國。故伊曾告知上海報界代表，英國在揚子江流域亦須數國協力行事。大約中國地大物博，英國富有資本，日本多備專門人材［才］，以便將來興利耳。至中日興業公司，原由孫逸仙發起，與漢冶萍公司及招商輪船局均無關係。漢冶萍一事，伊亦不知其中詳細情形。現下尚欲往青島一行，以觀德國在該處興辦實業云。

▲實業上之關係　文滙報五月二十四日北京電云，滙文報通信員今日謁見日本澀澤男爵，據男爵所稱伊爲中日興業公司之發起人，志在兩國接近，爲於協力行事。該公司乃由楊士琦代表中國辦理，日本由倉知君爲總理，伊並非該公司之董事，不過擔任該公司所有關涉之事耳。該公司之資本至今僅付四分之一，屬於資本共計五百萬兩，中日各任其半。該公司之目的，純在政事上之關係，亦不過如近日德日所訂互保在華之實業文藝等事耳。該公司亦不欲侵及他國在華之利益，如德人在山東，英人在揚子江流域之事業是也。至於英國亦未必盡佔揚子江之利益，排斥他國，故伊曾告知上海報界代表，英國在揚子江流域亦須數國協力行事。大約中國地大物博，英國富有資本，日本多備專門人材，以便將來興利耳。至中日興業公司，原由孫逸仙發起，與漢冶萍公司及招商輪船局均無關係。漢冶萍一事，伊亦不知其中詳細情形。現下尚欲往青島一行，以觀德國在該處興辦實業云。

1914 年 5 月 28 日（甲寅五月初四日）　第一張　第三版

**專電　天津　（五月念七日到）**

澀澤男爵今午由京專車到津，即赴日領署宴會。至晚，日僑開歡迎會。明日直督請宴，晚商會歡宴。

# 第二部分
# 山座、水野之不禄

## 一　天津《大公報》

1914年6月9日（甲寅五月十六日）　第一張　第4242號

**本埠　《靈柩過京》**

駐京日本已故公使山座氏之靈柩，於昨由京搭坐火車來津，是時駐津日本官商齊至老車站致祭，即日運回日本安葬。

## 二　成都《國民公報》

1914年6月8日（甲寅五月十五日）　星期一　第一版

**譯電　賴渡電**

日本駐北京公使忽於日昨病逝。

中華民國三年六月廿五號　國民公報　星期四　（一）

國民公報

中華民國三年六月廿五號

陰曆甲寅年閏五月初二日　星期四

新到東洋食品

購買知事條例者鑒

社說

新聞一

北京通信

國務卿函勸參政辭職人員

咨請繳還兼差雙俸

參政院月薪之規定

1914 年 6 月 16 日（甲寅五月廿三日）　星期二　第一版

**特約路透　北京電**

山座公使出殯，儀表甚爲充肅。聞其骸灰仍用棺柩，用大總統坐車出經前門，直赴車站。查前門自前明以迄於今從未開啓，該公使駐華多年，感情素洽，此次之舉實稱異數云。

1914 年 6 月 23 日（甲寅閏五月初一日）　星期二　第二版

**《派員照應日使喪禮》**

已故日本駐京公使山座君於日前在京舉行喪禮。茲聞大總統對於山座君身故深爲哀悼，特飭外交孫總長派交際司長陳恩厚及僉事施履本於是日葬儀懇意周旋，以謀其便利。該使館人員暨一般旅京日僑均深感大總統厚誼云。

1914 年 6 月 25 日（甲寅閏五月初三日）　星期四　第三版

**《山座公使逝世後之近聞》**

駐京日本山座公使逝世已誌本報，茲將山座逝世後之所聞種種詳述如下：

山座公使之傳略

山座公使諱圓次郎，享年僅四十七歲。氏爲福穀嘉縣土著。自由帝國大學畢業後，於一八九二年派充釜山領事館副領事。一千八百九四年，升任該署之參事官。同年，又調充駐滬總領事館學習領事。一八九四年，又調回釜山，九月後又調赴乍浦。一八九五年十二月，升任駐英大使署三等參事官，迭至二年後又遞任爲二等參事官。一八九九年三月，調充駐韓國京城領事加頭等參事銜。一九零一年，升任日本外務省參事官。同年之十一月，派充外務省政治局局長。一九零五年七月，派充波司米日俄媾和委員。次年，充創設南滿鐵路會社之總幹事。一九零八年，調回倫敦充大使館之參事官並兼充國際海戰會議全權代表及英日博覽會代表。一九一二年，遄返日本。同年，又回外務省充任某項特別差使。上年氏曾來華遊歷，意在增廣見聞，適值前公使伊集院彦吉氏提出辭表，氏遂受命維伊氏之後而充駐京公使，其受職之日爲一九一三年六月，迄今不過十一月之駒光云。

逝世前之情形

山座公使莅任以來，鋭意勤勞，常以殉職爲念，際會中國革命後外交多事之秋，維持邦交不遺餘力。當公使未逝世之前，原接有本國政府訓令回國與新政府商量對華外交問題，一時頗惹起外交界之注意。公使已定於二十七日啓程回國，因二十三日水野參贊病故無人代理，而水野氏夫人月初因事回國，此間喪事又須公使照料一切。及水野氏夫人來京，水野氏葬事完畢，公使皆躬親照料，二十七日尚至火車站送客，而其病即發作於此時矣。公使至火車站時頗覺精神困憊，身體支撑不穩，及回使館倒臥欹椅中，口即不能言語。左右之人皆以爲連日勞乏所致，及醫生臨診，病勢已就垂危，非醫藥所能爲力。至二十八日上午一時，竟溘然逝世，蓋自病之發現及至逝世不過六小時云。

致病之真因

日使館一星期内連遭大故，而參贊與公使之病狀又極奄忽，外間不知者頗置疑詞，實則水野之病係腸癰腹疼，經一晝夜由醫生解剖彼腸之患處，已潰敗破漏，不可治療。公使之病，係心臟麻痹，其病之由來，因公使素性嗜酒，每公務勞煩則飲量愈增，蓋視杯中物之刺激爲精神上之助力已非一日，其致病也或係由此。至於一星期内與水野參贊相繼逝世，則爲事實之偶然，外間之疑議，實絶對的無根據也。

身後之恤典

山座公使以外交奇才充任駐華欽使，日本政府對於東悶［亞］外交之前途若長城之倚重，該公使亦能獻籌布畫，維持大局，敦修鄰誼，實外交界不可多得之選。孰意大［天］不假公以年，中道薨逝，真非預料所及之慘劇。聞日政府得此噩耗後深爲惋惜，大正天皇爲之震悼者良久，特進位二級，以旌有功，並賜恤金五千圓及吊禮五千二百六十六圓，聞其餘應得之恤典尚有加無已云。

我國之哀忱

自山座公使逝世消息正式發表後，我外交部曾致函各官署云：日使逝世，各長官當然應致吊唁之意，其他與公使有個人交誼者，亦許與親臨吊唁。公使駐我國不足一年，辦理一切交涉俱能開誠相與，使兩國邦交益見親密，其逝世也，我國民亦群表哀悼之忱云。

靈柩回國之預誌

刻聞該使館已定於六月六號舉行喪禮，日本政府又特命停泊旅順之軍艦“明石號”運送山座公使遺骸，聞已擇於十八號上航，其拋錨地點非大沽即秦皇島，公使夫人大約於十八日前後即可附艟歸國。又該公使内弟日本財政部書記官神鞭常孝君及親戚古〔名〕屋繁樹君定於六月二號由東來京，襄理喪務。

繼任公使之預卜

山座逝世後，現由該使館二等書〔四〕記官松平恒雄氏爲臨時代理公使，將來繼山座公使者雖未決何人，然據一般日人心目中所推測者，仍不出内田康哉、伊〈集〉院彦吉、小池張三之三君。玆聞某報載東京特電則謂：駐華日本公使繼任一席，聞已略定將委内田子爵充任云。

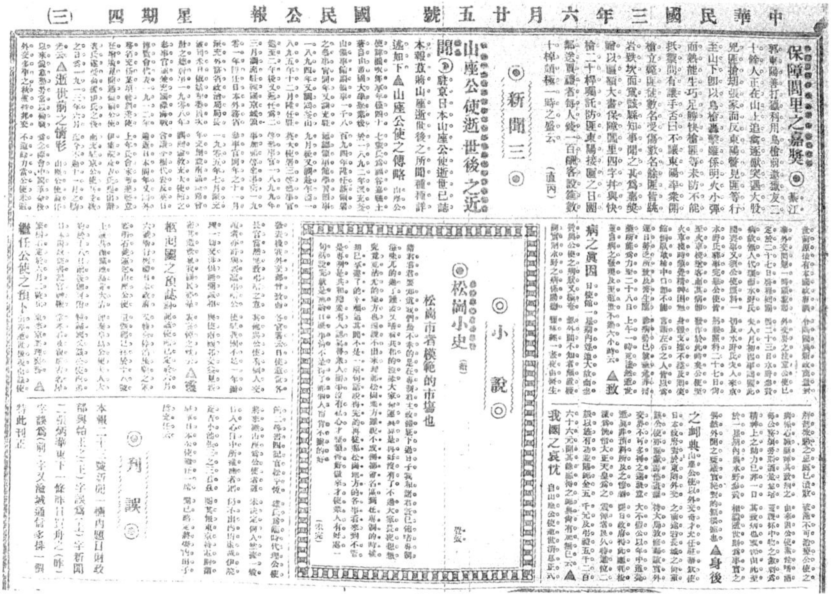
中華民國三年六月廿五號　國民公報　星期四　(三)

保障閭里之嘉奬

新聞三

山座公使逝世後之近聞

山座公使之傳略

逝世前之情形

松崗小史

小說

樞密顧之預誌

繼任公使之預卜

病之真因

我國之真憂

之輿

身後

刊誤

# 三　大連《滿洲日日新聞》

大正三年五月二十九日　2273號　第一版（一）

## 山座公使卒去（北京）

山座駐支公使は昨日午後二時故水野参事官夫人を停車場に出迎へたる際心臓麻痺にて卒倒し直ちに種々手當を加へしも効なく今朝零時二十分遂に卒去したり（号外再録）

# 山座公使卒去 (北京)

山座駐支公使は昨日午後二時故水野參事官夫人を停車場に出迎へたる際心臟麻痺にて卒倒し直ちに種々手當を加へしも効なく今朝零時二十分遂に卒去したり（號外再錄）

## 公使卒去別報 (北京)

山座公使は二十七日朝故水野參事官夫人の着京を停車場に出迎へたる後心臟痲痺にて卒倒せるより大騒ぎとなり直ちに醫師馳着け應急手當を施し一時蘇

## 調停會議經過 (倫敦)

歐米電報（廿八日着）

ナイヤガラ、フォールス來電、米墨調停三國委員と墨西哥代表者とは各種條

**[譯文]**

**《山座公使逝世》　　(北京)**

駐中國的山座公使，昨日下午兩點在車站迎接水野參事官（已故）之夫人時心臟麻痹暈倒。當時雖採取了多方措施，但效果甚微，公使最終於今日零時二十分逝世。(號外再録)

故山座公使と北京公使館

大正三年五月二十九日　2273 號　第一版（一）

## 公使卒去別報（北京）

山座公使は二十七日朝故水野参事官夫人の着京を停車場に出迎へたる後心臓麻痺にて卒倒せるより大騒ぎとなり直ちに医師馳着け応急手當を施し一時蘇生せるが益々病勢険悪となり今朝零時十分遂に卒去せり

**[譯文]**

**《山座公使逝世另行通知》　（北京）**

山座公使於二十七日上午在車站迎接水野參事官（已故）夫人時心臟麻痹暈倒，大家陷入一片慌亂之中。醫生火速趕赴現場採取應急搶救措施，公使雖暫時蘇醒，但因病情持續惡化，醫治無效，於今日零時十分逝世。

大正三年五月二十九日　2273 號　第一版（二）

## 山座公使追悼

廿八日突如として駐支公使山座円次郎氏の訃報ありたるより大連市民は氏を知ると知らざるとを問はず何れも対支交渉滋き今日にして支那に於ける我が絶好使臣を失へるを衷心より哀悼し咨嗟したるが有志は右に就き鄭重なる追悼式を行ひ故人の冥福を祈らんとて目下協議中なるが本社は不取敢公使館に宛て左記電報を発して同人敬弔の意を表したり

山座公使薨去の報に接し邦家の為め哀悼に堪へず謹で弔意を表す

滿洲日日新聞社

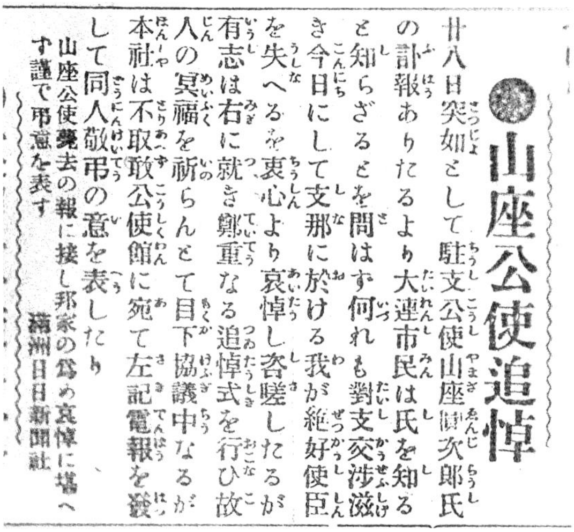

山座公使追悼

廿八日突如として駐支公使山座円次郎氏の訃報ありたるより大連市民は氏を知ると知らざるとを問はず何れも對支交渉滋き今日にして支那に於ける我が絶好使臣を失へるを衷心より哀悼し咨嗟したるが有志は右に就き鄭重なる追悼式を行ひ故人の冥福を祈らんとて目下協議中なるが本社は不取敢公使館に宛て左記電報を發して同人敬弔の意を表したり

山座公使薨去の報に接し邦家の爲め哀悼に堪へず謹で弔意を表す　滿洲日日新聞社

[譯文]

《追悼山座公使》

二十八日，駐中國公使山座圓次郎的訃告突然而至。大連市民們，無論是否知曉山座公使，都對我國失去一位同中國交涉頻繁、現今仍居中國的絶好使臣，表示衷心哀悼和惋惜。有關人士也表示沉痛哀悼，舉行鄭重追悼儀式，爲已故偉人祈禱冥福。現在本社雖還在商議中，但先行嚮公使館發出以下電報表示本社的哀悼之意：

收到山座公使逝世消息後，我社爲國家如此之損失哀悼不已。以此謹表悼念之意。

《滿洲日日新聞》社

大正三年五月二十九日　2273號　第二版（五）

## 山座公使逸事

川上満鉄理事談

先に水野参事官を失ひ今又突如山座公使の訃に接す。痛嘆限り無し矣。氏の逸話を聞かんとて二十八日午後三時満鉄本社に川上理事を訪ふ氏は語って曰く

▽逸話の多い人

驚きましたな。本社には未だ公報は来ないが御紙の号外を見て早速弔電を打ましたよ。水野君の死を報じて呉れた氏が突然又水野君の跡を追なぞ茫として夢の如しだ。水野君の事を君と話したのはつひ三四日前だッけがねえ全く惜しい事をした。北京全滅だ。支那人は例の流言蜚語を放つだらうと思ふ縁起でもない事だ。山座君の逸話ッて逸話の多い男だから、どれから話して好か分らないが、その癖鳥渡浮んで来ない。待ち給へよ、少し考へて見やう

▽東洋流の豪傑

山座君は全たく東洋流の豪傑だった。氏が全盛時代は日露戦争の当時故小村外相のもとに政務局長を勤めてゐた時だったらうね、本省に於てポーツマスの談判に於て小村侯の片腕となり智嚢となり十分其の手腕を発揮したものだ。あの敗け惜しみの強い小村侯でさへ『山座には時々遣り込められるよ』などと云はせた事があったからね。前にも云った通り東洋流の豪傑だったから英国に参事官として在勤してゐた頃は余り手腕を表はさなかった。小村と云ふ人は極東の事や支那の事に就いては十

分調査して知悉して居ったからその下にゐた山座君が支那の公使になった事は朝野の大に歓迎した所だった。是から大に氏の手腕に俟たなければならぬ事が多多あるのが、今突如として永眠するなぞは大に邦家の為め不幸と云はねばならぬ

▽明治の陶淵明

山座君は福岡の産で例の頭山満翁に師事してゐたから書生時代から随分乱暴で其の蛮氣を発揮したものだ。泥らだけの足駄で講堂に出入して驚かせた事もあったさうだ。併し非常に怜悧な人だから萬事に注意周到で決して粗大な人では無ったらしい。神鞭翁が才色双美の愛娘をその夫人にしたのも氏の人となりを見抜いたからで翁は山座君を明治の新教育を受けた陶淵明だと云ってゐたさうだ。氏は有名な酒豪で随分満を引いたものだが、決して腹の底迄は酔はない。しっかりした男であったが、惜しい事をした。水野君の未亡人を出迎へて停車場で卒倒したと云ふ事だが其所に氏の情誼に厚い人だったと云ふ事も窺はれるけれどだ。大に年来の酒が手伝ったのだらうよ。

▽正宗の讃美者

神鞭翁が明治式陶淵明と鑑定しただけに前にも云った通り大酒豪だから、時々奇抜な事を行ったやうだ。英国に赴任する時でも正宗の瓶詰を幾十打と云ふ程持って行ったと聞いてゐる。又本省の机の上には正宗瓶の死骸がごろごろしてゐた。『酒は決して執務の時間を奪はないが、煙草は時間を浪費する。』なぞと云ってゐたさうだ。なほ其他の事に関しては思ひ出してから明日お話しませう。家内も少し位は知ってゐるかも知れないよ。（文责在記者）

新愁に沈める山座賤香子（故山座公使夫人）

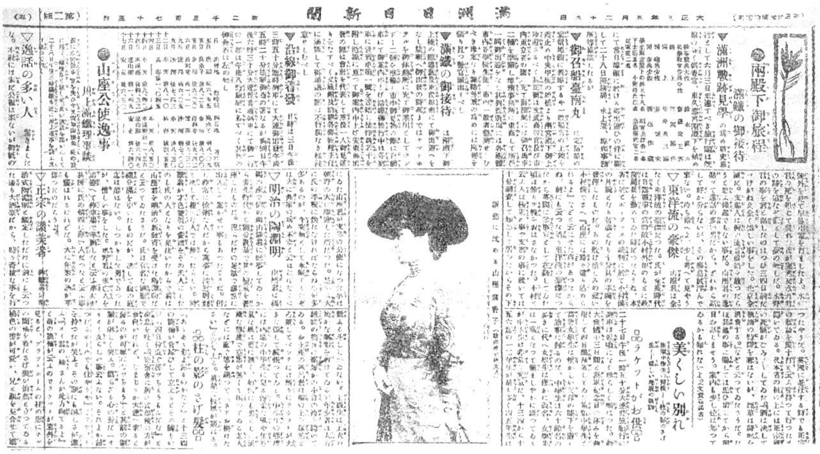
滿洲日日新聞

兩殿下御旅程

滿洲戰跡見學

滿鐵の御接待

御召船臺南丸

山座公使逸事

川上滿鐵理事談

逸話の多い人

東洋流の豪傑

明治の陶淵明

美くしい別れ

［譯文］

《山座公使軼事》

滿鐵理事川上之訪談

繼失去水野參事官後，今又收到山座公使突然逝世之訃告，痛惜不已。爲獲知公使的相關軼聞，二十八日下午三時，於滿鐵本社採訪川上理事。川上理事之訪談如下所記：

▽衆多逸聞之人

真是嚇了一跳。本社至今還未收到公使逝世之公報，在看到貴報之號外後立即發出唁電。水野君逝世被報導之後，又得知山座氏突然追隨水野氏而去，本人恍若夢中一般。回想起就在三四天前，才與先生談及水野君的事，真的極其惋惜。中國人一定會散佈類似“在北京之敵人已經全軍覆没了”之類的流言吧，真是太荒唐了。山座君逸聞很多，一時不知該從何説起，請稍等，容我想一想。

▽東洋流之豪傑

山座君簡直是東洋流的豪傑。山座氏的全盛時代是在日俄戰争時期，當時他在外相小村（已故）手下擔任政務局長一職。在本官廳進行朴茨茅斯談判時，作爲小村侯爵得力助手和智囊充分發揮其才能。就連不服輸的小村侯爵也説過他“常被山座駁得無言以對呢”。雖然如前所述，山座君爲東洋流之豪傑，但他在英國任參事官一職期間並未充分發揮其才能。小村等人因對遠東和中國之情況進行過充分調查，對此非常熟悉，因此作爲其下屬的山座君能够成爲中國公使，他們覺得這是舉國上下都應表示歡迎的事情。今後等待山座君大顯身手的事情還有很多很多，而如今他却不幸逝世，長眠不醒，不得不説這是國家的一大憾事。

▽明治之陶淵明

山座君生於福岡，因師從頭山滿翁，所以從學生時代開始相當蠻横，發揮其傲氣。好像還做過類似“脚穿滿是泥的高齒木屐出入講堂”這種令人吃驚不已之事。但是，他似又非常聰明伶俐，萬事考慮周全，絶不是馬虎大意之人。神鞭翁也是因爲洞明山座君之過人才華，才將其才貌雙全的女兒許配給山座君。他曾説山座君是接受過明治新教育的陶淵明。山座是有名酒鬼，經常豪飲，千杯不醉。山座氏也是非常成熟之男人，真是太可惜了。他是爲迎接水野君的妻子在車站暈倒，由此可見山座是情誼深厚之人啊。他去世也許還跟長年飲酒習慣有關。

▽正宗之讚美者

到底是神鞭翁鑒定的明治式陶淵明，如前面所述的大酒豪，山座時常做些與衆不同之事來。據説去英國赴任路上也不忘帶幾十打正宗瓶裝酒，而且本官廳桌子上還倒放有正宗瓶裝酒的空瓶。山座曾經説過：“飲酒不會耽誤執行任務的時間，煙草才會。”還有關於山座的其他事情，容我回憶一下明日再説吧。我夫人説不定也知道一點呢。（文責由記者自負）

大正三年五月三十日　2374號　第一版（一）

## 回憶山座公使（一）

天南生

山座公使の薨去は実に終天の痛恨事、帝国の大損害である、締盟条約二十三国、其間に軽重の差別なしとは云へ、帝国との利害関係上、英米露支の四国国交は最も重大で、就中支那は首位であるが、我外交界には駐支公使としての適才が殆んどない、山座円次郎氏は、絶無稀有、唯一無二の駐支公使で朝野挙って氏の前途に多大の望を属して居たに拘はらず突然薨去されたのは遺憾の極と言はねばならぬ山座氏に対する毀誉褒貶は紛々である、酒を被むり気を使ふ偽豪傑と評する者もあった、実力以上に買ひ被ぶられた人物であると論ずる者もあった。天真流露、赤裸々的の人物ではない福岡気質の策士で誠意を欠て居ると議する者もあった殊に玄洋社出身で孫黄以下支那革命の志士に交際深い点から現時の駐支公使として寧ろ不適任であらうと危ぶんだ者もあり又粗豪の蛮気に富んだ浪人的の態度から公使としての独舞台には失敗勝ちであらうと言ふ者もあった。月旦の是非は暫く措いて山座氏は従来帷幕の外交官、女房役の外交官で一本立となったのは駐支公使を初めとするから、未成品の外交官と言ひ得るであらう、試験中の外交官と言はねばなるまい、然しながら支那の事情に精通し、支那の国民性を諒解し、南北の形勢に暗熟せること我外交官中山座氏の右に出る者なきは一般の公評で従来不振萎縮の対支外交に愛相を尽かして居た国民は、山座氏の手腕によって新生命を開き、帝国の対支外交を刷新せんと多大の期待をしたのである。

人気が盛んで、属望が大きかっただけ、北京着任以後の山座氏に対し『案外働けぬ、評判程でない』との批評が起った実際政務局長時代嘖々たりし評判が駐支公使となって多少低落したのである、粗放磊落、細綱節目に頓着しない山座氏の事だから駐支公使となっても従来の官僚風を一掃し開放的であらうと信じて居た北京の同胞も公使館の扉が案外堅く機密が厳守されるので『山座氏は矢張官味吏臭の俗物である』と不平を言ふ者もあった。然しながら此等は孰も山座氏の全面を評し得たものではない事物の真相を穿ったものではなかった、山座氏は着任以来、鋭意熱心、対支外交の刷新に努力し名を棄てて実を取る、小を譲りて大を握るの主義を樹て、昌黎事件を始め大局に妨げなきもの、理義の明白なるものは、強ち我意を固執せず、彼に譲るべきは譲り、彼れに面目を立てさすべきものは立ててやり、公平無私に総ての懸案を解決してから、大に発展活動すべき予定であった、彼の関税引揚げも大勢上承認の必要を認めたであらう、直隷撤兵（若くは減兵）も早晩余儀なきものと認めたであらう、昌黎事件もあれ程我意を固執するの必要なしと認めたであらう、此等の諸懸案を速かに解決して、より以上日支両国の親善を図り前途大に為す所あらんと期待したであらうが、中央の外務省は何事も優柔不断躊躇因循して決せず、所謂牧野男の熟考外交は百事山座氏の意思を妨げたのである、況んや陸軍其他の圧迫もあったので、氏は左支右吾其の自由手腕を揮ふこと能はず、懊悩煩悶したのである、駐支公使としての働きが案外鈍ぶり、評判程でないと云ふ評判を取ったのは此等の結果で、其の真相を詮義して見れば山座氏の為めに同情の涙に堪ぬのである、鬱勃たる不満の余り、益々麦酒を傾けて胸中の磊磈に灑ぎ、其の健康を害したであらうと想像すれば一層暗愁の情を深くするのである、当時の事情即ち山座氏と外務省との関係は国民新聞に暴露された、先般来連した外務省の某有力者が該事実を是認した所を見ると、中央の外務当局が如何に無定見、無能であったかが明白であるが、気運循環内閣が更迭して、山座氏の意見が是れから聴容され、大に得意の時代に入らうとする場合に当り、突然薨去し其の抱負所信を実行する事の出来なかったのは如何にも遺憾で、氏の不遇なる外交家たる事を憐まずんばあらずである

THE MANSHU NICHI-NICHI SHIMBUN.

回憶山座公使（一）

[譯文]

**《回憶山座公使（一）》　天南生**

山座公使逝世是世界之遺憾，帝國之一大損失。締結條約的二十三個國家間，雖然没有多大區别，但是在關係到帝國之厲害方面，英、美、俄、中四國的交往最爲重要，尤其是居首位的中國問題。山座圓次郎氏作爲我國外交界絶無僅有、獨一無二之駐中國公使，其社會地位舉足輕重，前途無量，如今突然撒手人寰，不得不説是遺憾至極。對於山座評價褒貶不一、衆説紛紜。有人評價他是喝酒撒氣之僞豪傑，也有人評價他實力非凡。有人議論他並非爲真性流露、坦誠率真之人，而是飽含福岡氣質之策士，缺乏誠意。也有人説從他是玄洋社出身，從他與孫、黄等中國革命志士交情甚深這一點來看，現在作爲駐中國公使當然是不適合和相當危險；而且從其放浪形骸、獨斷專行，如浪人一般之態度來看，由他出任公使是一定會失敗。暫且抛開這些月旦是非不談，山座氏一路由帷幕外交官、輔助外交官成長起來，最初作爲駐中國公使時，被人説成是半吊子外交官和試驗品外交官；然而因其精通中國情況、瞭解中國國民性、熟悉南北形勢，在這點上，人們公認，在我國外交官中無人能超過山座氏。而以往對蕭

條萎縮的對華外交唾棄不已之國民們，也非常期待能通過山座氏之才能，使對華外交出現新氣象，使帝國在對華外交方面不斷革新。

由於人氣正盛，備受期望，人們對於在北京就任以後的山座氏，又有了如“意外的没有才能，不如世人評論那般好”之類評價。山座氏任政務局長時好評連連，如今作爲駐華公使多少有些情緒低落。那些開放的北京同胞們堅信，山座氏向來豪放磊落、不拘小節，因此在他任職駐華公使後，也應一掃以往官僚氣息；但在見到公使館看守嚴密、堅硬無比大門後，也紛紛宣泄不平：“山座氏果然還是位充滿銅臭味之昏官。”然而，這些人都没有對山座氏做全面評價，也没有揭開事情真相。山座氏就任以來，專心致志，熱心工作，努力改善對華外交，堅持棄名求實，以大局爲重的原則。對於“昌黎事件”這樣不妨礙大局發展、富於公理正義事件，不固執己見，該讓則讓；該保住面子時則保住面子；在公正無私地解決了所有待解決之事後，再做大肆發展的打算。雖然公使認可“徵税也有必要在得到大部分公民的同意後才可進行”、“直隸撤兵或者減兵遲早也是不得不爲之事”、“昌黎事件没必要如此固執己見”等看法，也期待能够迅速解決這些未解決之事，以謀求將來日中兩國親善；但中央外務省何事都優柔寡斷，因循守舊，遲遲不下決定。所謂對外交考慮周全之牧野男爵也對山座百般阻擾，更不必説還有陸軍等的壓迫，以至於山座氏不能充分發揮其才能，他對此懊惱不已。也是因此才有了“作爲駐華公使之才能變差，不如世人評論那般好”等不公正的評價。揭開真相來看的話，本人不禁爲公使此般下場掬一把同情之淚。由於公使心中極度不滿，只能喝苦澀麥酒來發泄心中不平，影響其身體健康。本人想到這裏，心中鬱悶之情更甚。當時的事情是這樣的，國民報紙揭露了山座氏和外務省之關係。外務省一位有勢力官員於前幾日抵達大連，他看到山座氏認可該事實，才明白中央外務當局是多麼没主見和多麼無能。局勢才好轉，内閣更迭，山座氏意見也開始受到採納，正春風得意之時，公使却突然離世，其抱負信念還未能實現，對此本人深表遺憾。對山座氏這位偉大外交家懷才不遇，本人也深表同情。

大正三年五月三十日　2374號　第一版（一）

## 山座公使陞位

山座駐支公使危篤の趣天聴に達し特旨を以て位二級を進められ左の

如く陞位の御沙汰ありたり

正四位勲一等　山座円次郎

陞叙正三位

[譯文]

**《山座公使升位》**

**天皇聽聞山座駐華公使病危之事後，下達特別旨意，賜其晉升兩位。升位的旨意如下：**

**正四位勳一等，山座圓次郎，被授予晉升爲正三位。**

**大正三年五月三十日　2374號　第一版（一）**

## 悼山座伏陵君

小葩吟客

▲山座さんと家厳と親しくつて、家厳から山座さんの美い事ばかし聞いてゐた私は中学時代から、山座さんは私の好きな人であった。伊集院さんと山座さんへは親爺を忘れぬ限り時々音信をしろと云はれてゐた。

▲伊集院さんには二度お目にかかったが山座さんには未だ逢はぬ。それでも手紙だけは出してゐた。社の田原さんがこの春北京から帰った時、親しく山座さんの噂を聞いて更に逢って見たくなったそして手紙に其の事を書いて、左の歌を書きつけて送った。

日もすがら山座公使が酒飲みてあるてふ事のあはれげに聞ゆ

▲『どうぞ邦家の為めお酒は成る可く節して下さい。』と書き添へて置いた。先生の事だもの、苦笑したと思はれる。

▲先日亡くなられた水野さんの奥さんが見えた時、山座さんの事を聞くと『此頃は何で御座いますよ、大層お身体を大切にしてお酒もあんまりお飲みのやうぢゃございませんわ』と話されたので、私は大層嬉しい心地がした。けれど今は此の世の人でない。

▲相見ぬ人の死は左程心に波打たすものではないが、山座さんの死ばかりは痛切に胸を痛めさした、惜しまるる噂を聞くさへ悲しい、山座さんが此春寄こした手紙が永遠の記念となった。悲しい追懐の糸はいつ迄も胸に纏はるだらう。

こもり居の若葉に暗き窓に倚り君を思へば降り来る雨——二十九日朝——

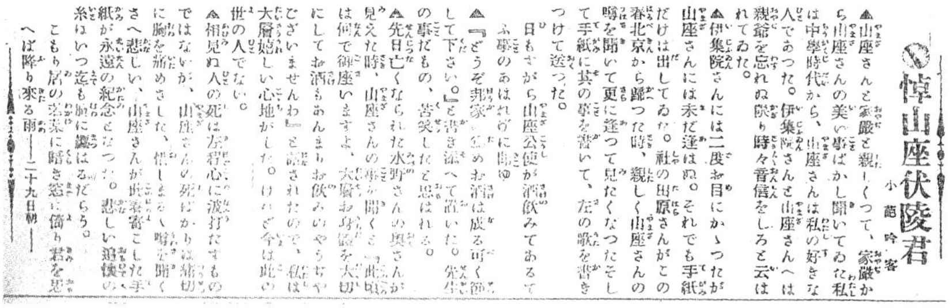

悼山座伏陵君　小葩吟客

▲山座さんと家嚴と親しくつて、家嚴から山座さんの美い事ばかし聞いてゐた私は中學時代から、山座さんは私の好きな人であつた。伊集院さんと山座さんへは親爺を忘れぬ限り時々音信をしろと云はれてゐた。

▲伊集院さんには二度お目にかゝつたが山座さんには未だ逢はぬ。それでも手紙だけは出してゐた。社の田原さんがこの春北京から歸つた時、親しく山座さんの噂を聞いて更に逢つて見たくなつたそして手紙に其の事を書いて、左の歌を書きつけて送つた。

日もすがら山座公使が酒飲みてあるてふ事のあはれげに聞ゆ

▲『どうぞ邦家の爲めお酒は成る可く節して下さい。』と書き添へて置いた。先生の事だもの、苦笑したと思はれる。

▲先日亡くなられた水野さんの奥さんが見えた時、山座さんの事を聞くと「此頃は何で御座いますよ、大層お身體を大切にしてお酒もあんまりお飲みにならずやでございません」と話されたので、私は大層嬉しい心地がした。けれど今は此の世の人でない。

▲相見ぬ人の死は左程心に波打たすものではないが、山座さんの死ばかりは痛切に胸を痛めさした、惜しまるゝ噂を聞くさへ悲しい、山座さんが此春寄こした手紙が永遠の紀念となつた。悲しい追懐の糸はいつ迄も胸に纏はるだらう。

こもり居の若葉に暗き窓に倚り君を思へば降り來る雨——二十九日朝——

**［譯文］**

**《悼山座伏陵君》　小葩吟客**

▽山座氏同家父關係密切，我從家父那聽聞過山座氏的一些美好之事。從中學時代開始，山座氏就成爲我喜歡之人。家父經常跟我講，只要還記得二位，就要經常給伊集院君和山座氏寫信。

▽雖然已經兩度得見伊集院君，但還未曾見過山座氏。即便如此，還是一直寫信給他。報社的田原君這次從北京回來時，從他口中聽説了熟悉的山座君的傳聞，越發想見到山座氏，於是在信上寫明此事，並寫了如下的短歌送出：

送給整日喝酒、可憐之山座公使。

▽附帶寫上這樣一句話："請爲了國家儘量少喝酒。"山座先生見此一定會苦笑吧！

▽我在見到前不久去世之水野氏之妻子時，向她詢問過山座氏情況。她跟我說：山座氏"近來不知怎麼了，非常注意身體，酒也没怎麼喝"。我心裏非常開心，但現在您已經不在人世了。

▽從未相見之人去世並不會在我心中引起多大波瀾，但聽罷山座氏去世之消息時，我内心充滿悲痛和惋惜。光聽傳聞就悲痛不已，山座氏於這個春季寄來之信將成爲永遠的紀念。追憶之情絲將永遠纏繞胸懷。

倚靠在昏暗的窗邊，將思君之情化作神社嫩葉上的雨滴。——二十九日早上——

大正三年五月三十日　2374號　第一版（二）

## 山座公使遺骸（北京）

山座公使は二十六日より病あり廿七日険悪となり心臟は僅かに注射

に依り保持せるが廿八日午前0時半卒去せり北京の内外人は日本の不幸に深甚なる同情を表せり遺骸は東京に送るべく準備に着手せり二十七日公使は水野夫人を迎ふる迄平素と少しも変り無かりしが午後二時突然発作し六時頃より昏睡状態に陥りたるものなり

[譯文]

《山座公使遺體》　（北京）

山座公使於二十六日生病抱恙，二十七日病情惡化，僅靠注射維持心臟跳動，最終於二十八日清晨零時三十分去世。北京内外人士對日本此次不幸之事深表同情，着手準備將遺體送往東京。公使在二十七日迎接水野夫人時身體並無異常，下午兩時突然疾病發作，六時左右陷入昏睡狀態。

大正三年五月三十日　2374號　第一版（二）

## 山座公使追悼内議

故山座公使の為めに当地官民有志多数は追悼会を執行せんとの内議あるが右は同公使葬儀施行の当日同時に執行するに内定し尚ほ詳細は葬儀期日決定の報を得て然る上協議さるべき筈なり

[譯文]

《山座公使追悼内議》

爲悼念已故山座公使，當地政府與多數民間有關人士就追悼會的舉行事宜召開内部會議。上述人士已經作出決定，追悼會將於公使的葬禮當天同時舉行。此外，詳細事宜應於葬禮日期公佈後再做協商。

大正三年五月三十日　2374號　第二版（五）

## 山座公使追悼会

旅順本願寺出張所に於ては三十一日午後一時より故山座公使及び故水野参事官両氏の追悼会を営み両氏生前の知友青木将軍を始め多数の参拝焼香ある由なるが両氏を知ると知らざるとに論なく哀悼の意を表せられたき人々は繰合せ参拝ありたしと

[譯文]

《山座公使追悼會》

三十一日下午一時，在旅順本願寺事務所内，舉行山座公使以及水野参事官之追悼會。追悼會主持者、兩位生前之知己青木將軍，以及許多從百忙之中抽出時間前來祭拜上香的人們，無論是否與已故的兩位相知相識，都表達了自己哀悼之意。

大正三年五月三十一日　2375 號　第一版（一）

## 回憶山座公使（二）

天南生

山座公使の生前、遺憾ながら旧識相知の関係がない、中央文壇に籍を有って居なかった余は公使と接見するの機会が無かったのである、今春北京を訪問して前後四五回其の謦咳に接する事を得たが、六国飯店の福島都督招宴、公使館の陸宗輿氏送別会等の席上は、一場の座談を聴いたに過ぎぬ、公使館を訪問して会談多時得る所少なくなかったのである、従来浅交の余は山座氏の人物性行に就て、新聞雑誌に散見せる以外、多くを語るべき材料を有して居らぬ、従って長所短所の両端を叩いて、公平の批評観察を下す事を得ぬが、余は単に支那対策に関し聴取せる氏の抱負所見二三を紹介して、逝きし氏の半面を偲ぶと共に世人の参考に供したいと思ふ。

今年の一月二十六日午前十一時北京在住の校友岡田晋太郎君と共に山座公使を訪へば、快く楼上の応接室に引きて談話した、水野勅参も来合せ居りしも暫時にして退出、跡は他人抜きの差向ひ、麦酒を飲みつつ快談尽くる所を知らず、適々陰暦元旦で平日の訪客市を成すに反し訪客稀に『久し振りで緩っくりした』と頗るの上機嫌であった。思はず午後となり暇を告ぐれば『一緒に食はう』と食堂に導びき賎香夫人と共に食卓を囲みて又々快談、露国公使館一等書記官グラーヴェ氏の訪問に接し、袴を附けて接見し、用談済めば又々元の座に戻りて縦談を続け、遂に午後四時に至ったのである、初対面の余が斯く知遇を得んことは予想外で、殊に氏が城府を撤し、胸襟を披き、対支政策の抱負蘊奥を吐露し、懸案の真相、時局の経過を説述して聊かも含糊模稜の態なく、言々句々肺腑より出で、直ちに精神を述べ来ったに至っては、傾倒せざらんと欲すとも得ないのであった、氏は外交官として策略に富んだであらう、新聞操縦に経験を積んだであらう、満蒙経営上満洲の新聞に重きを置いたであらう、支那問題に関する誤謬の新聞に続出するを遺憾に思ひ真相の世に伝はらんことを欲したであらう、種々の原因が錯綜して意外の長談義となったには相違ないが、余は其の口吻語調よりして氏は自家吹聴の人でない、売名求誉の人でない事を確かめ対支政策に献身尽心の精神的外交家なる事を認めて、敬重の念を深くしたのである。

第二革命の爆発及其の失敗は、孫黄の大打撃なるは勿論、我帝国に大なる累を及ぼした、失敗後多数の革命志士が我国に亡命し居住し居るのは支那政府の反感を招ぎ、両国の親善上種々の障害物となって居るのである、之に関し山座公使は語って曰く

第二革命は実に軽挙無謀であった、此の失敗の為め孫黄一派は自業自得とするも、我帝国の受けた損害は多大なもので、今日でも始終係累を為して居る留学生の日本派遣中止、日本留学生の引揚、日本留学生の官吏不採用等は其の適切な一例である、最初孫黄が上海の〇〇を通じ余に密電を送くり来り、切に日本の援助を請ふた、余は深く其の軽挙大事を誤まらんことを思ひ、態態某大尉を南方に急派し彼等の軽挙見合を説かしめた、当時上海に居た参謀本部の某少将ら余と同意見であったから百方孫黄輩に其の無謀なることを戒しめたが、当時は騎虎の勢ひ最早已むを得ぬ程度まで進んで居たものと見え挙兵を見合せること能はず、最後に至り『南方にして起たずんば北方先づ起ちて、機先を制すべく危機は一髪に迫れり、日本の援助を懇請す』との電報さへ送り来ったが余は断然拒絶したのである、余は第二革命が第一革命と時勢を異にし、最早支那の人気に投ぜず国民既に兵戦に倦めり、民国承認の今日外国も他の革命援助を傍観せず等の意見から百方其の断念を勧告したにも拘はらず余り容易なりし第一革命の成功に心驕りて、時勢の変遷を知らず遂に大事を誤まりしは遺憾なり、斯く第二革命に対し余は絶対に反対し、従来交情深き孫黄一派の懇請哀訴さへ一言の下に拒絶せしに拘はらず、民国政府側は依然として第二革命を以て日本に関係あるものとし、終始猜忌の情を抛たざるは遺憾の事なり云々

語り了りて氏は慨然嘆息したのである、氏は日本在留の亡命者処分に関し、余の所見はしかじかなりと語りしも茲には之を省記すべし、第二革命に対する山座公使の態度は実に適切で機宜を得た処置であった、黎元洪氏等も山座氏の心事を諒としたので袁総統以下も、氏に対しては之に関し何等の悪感を有して居らぬが、浅慮短見なる支那浪人輩の軽挙妄動により日本が飛んだ嫌疑を受くるのは頗る遺憾である。

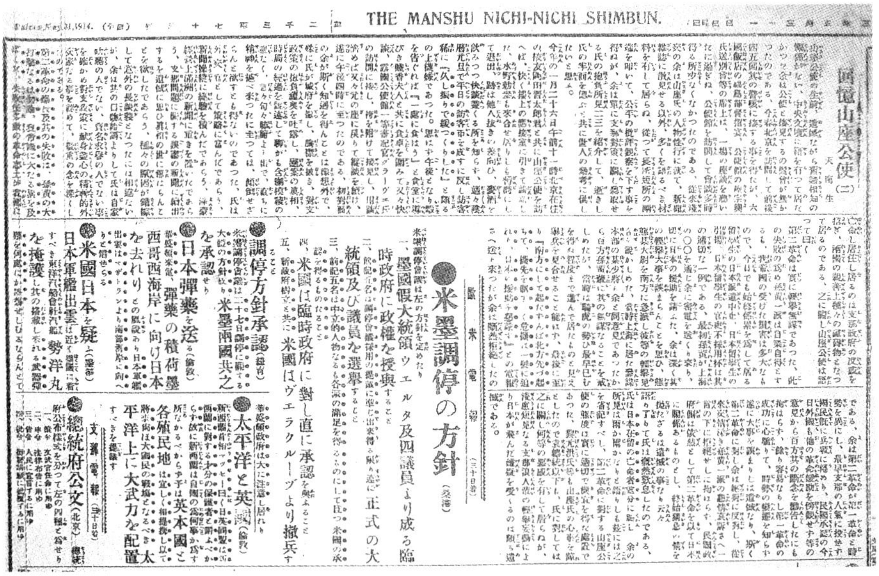
THE MANSHU NICHI-NICHI SHIMBUN.

回憶山座公使（二） 天南生

米墨調停の方針

調停方針承認

日本彈藥を送る

太平洋と英國

米國日本を疑ふ

總統府公文

**[譯文]**

**《回憶山座公使（二）》　天南生**

非常遺憾，由於在山座公使生前，我與他不是舊識，且在中央文壇未能佔據一席之地，因此本人少有機會得見公使。今年春天在訪問北京期間，本人四五次有幸與公使會面。雖説是會面，也衹是在福島都督於六國飯店招宴，以及在公使館爲陸宗輿舉辦送別宴會上聽過公使講話。在訪問公使館時，也曾多次與公使有過長時間會談。因爲一直未曾與山座公使有過深交，關於公使人品操行，除了散見於各大新聞雜誌外，衹能通過一些談話記録獲得。因此，可能無法全面談及公使優缺點，並做出絶對公正評價和觀察。本人僅想通過介紹少許公使對華政策之理想與見解，以緬懷已逝之山座公使，以爲世人提供參考。

今年一月二十六日上午十一時，我與現居北京的校友岡田晉太郎一同拜訪了山座公使。公使心情愉快帶着我們到了樓上會客室，偶然來訪的水野敉参也暫時離開，之後就只有我們兩人酣飲暢聊。在某個陰曆元旦的一天，不同於以往訪客不斷，門庭若市，當日公使館少有客人造訪。對此，公使表示“難得能够休閑一下”，心情非常不錯。不知不覺中已時至下午，公使對我説若有時間就“一起用餐吧”，並領我到餐廳。與公使夫人賤香一同圍坐在餐桌旁，再次暢談。之後，公使身着和服裙褲接見俄國公使館一等書記官格瑞夫。商談結束後，我們又回到之前談話的地方繼續聊，就這樣到了下午四時。與公使初次見面就能得此禮遇，着實讓我意外。尤其是公使對我毫不設防，開誠佈公地吐露自己對華政策的深切期許，發表對歷史懸案的真相以及時局發展的看法。句句肺腑，段段精闢，毫不含糊，使我不得不對其産生敬仰之情。也許是因爲身爲外交官，善於運用策略，也許是因爲積累了大量新聞操縱之經驗，也許是因爲重點關注滿蒙經營下之滿洲局勢，也許是因爲對於中國問題接連不斷之錯誤報導感到遺憾，而有意向世人傳達事情的真相，這種種原因錯綜複雜，使這次談話變成了一場演講。本人從公使語氣語調中認識到公使並非是自我吹嘘、沽名釣譽之人，也認識到公使對制定對華政策之事鞠躬盡瘁，是個真正的外交官，這也使我加深對其敬重之情。“二次革命”爆發與失敗，不僅對孫、黄二人是一次沉重打擊，也使我帝國牽連甚廣。革命失敗後，大多數革命志士逃亡我國定居，這引起中國政府强烈反感，阻礙兩國間友好往來。對於此事，山座公使之看法如下：

發動“二次革命”着實是輕率魯莽之舉動，革命之失敗完全是孫、黄一夥人咎由自取。我帝國遭受了莫大的損失，直至今日依舊受到牽連。中國政府停止向日本派遣留學生，在華日本留學生被撤回，日本留學生不得被録用爲官員等就是最好的例子。最初，孫、黄二人曾通過在上海的某些關係給我發來密電，懇切地請求日本之援助。我深感其輕率之舉動是個錯誤，所以特意急忙派遣某大尉趕往南方勸説他們暫緩此次輕率的計畫。由於當時在上海的參謀本部内一些少將與我持同樣之意見，他們想盡辦法訓誡孫、黄等人魯莽行爲。但當時形勢已至騎虎難下、不得不爲之境地，想讓他們延遲發兵已經不可能了。後來，他們還發來這樣的電報：“北方先於南方發兵，佔領先機，現已到千鈞一髮時刻，懇請日本方面能給與［予］援助。”我斷然拒絶了他們的請求。我認爲“二次革命”與“一次革命”時之形勢不同，那些迎合國内社會風氣的國民們已經厭倦戰争，國民政府如今已被承認，他們對外國以及其他的革命援助絶不會袖手旁觀。我將我的意見告訴他們，千方百計地勸説他們就此死心。由於輕易取得了“一次革命”的勝利，他們從此驕傲自滿，没有認識到時勢變化而誤了大事，對此我深表遺憾。我絶對反對發起“二次革命”，面對孫、黄等人懇切哀求，我一言拒之，對此我十分抱歉。而國民政府依舊認爲“二次革命”與日本脱不了幹係，始終存有猜忌之心，對此我深感遺憾。

說完這些話，公使憤然而嘆。對於旅居日本的逃亡者的處分，公使也談了許多，在此就省略不寫了。由於山座公使對於“二次革命”採取非常恰當之態度，伺機而動，黎元洪等人也能够體諒公使的内心想法，因此，以袁總統爲首之官員在此事上並未對公使懷有敵意。然而，他們頗感遺憾的是，日本仍有從目光短淺的中國所謂革命人士的輕率舉動中刻意抽身之嫌疑。

大正三年六月一日　2376號　第一版（二）

## 逝る山座公使

山座公使は外交上の打合せの為め月の二十七日北京発帰国の途に就くべく決心し居たり然るに水野参事官が突然不帰の客となれるを以て遂に二十七日には帰途に就く能はず故水野参事官の棺側に通夜をなせるが公使は平素殆んど其の健康を失し平賀軍医正の如きは山座公使が帰途船中如何と心配し居たる由聞けり山座公使の脈搏は平素百二十三も打てる由なれば其の健康を失せること知るべし加之近来山座公使はリュマチスを患ひ其の痛苦甚だしきものあるに拘らず人の床上に休息せんことを慫慂するも容れず二十六日夜迄は水野参事官の棺側に見受けられたるが突然二十七日正午頃より病勢重り六時頃には茫々として人事不省に陥入りたる儘醒めず廿八日午前0時四十五分溘焉として長逝せり公使は就任以来対支方針確立に就ては大に苦悶し愈近来一個の方針を確立し其方針を当路に談じ若し容れられずんば辞職すべしと洩し居たるやに聞けば将来の対支方針に就ては必ず確定せるものありしならんに今俄かに長逝す其の自ら安ずる処無くして逝ける山座公使に対しては吾人満腔の同情無き能はざる也（北京特信）

**［譯文］**

**《已逝之山座公使》**

由於要進行外交洽談，山座公使決心於本月二十七日由北京出發回國。然而水野參事官突然離世，使公使無法按照原定計劃於二十七日歸國。由於公使在水野參事官棺旁徹夜守靈，使其原本就不甚健康的身體每況愈下。平賀“軍醫正”等人本就擔心山座公使在歸國途中的身體狀況，問其緣由才得知山座公使平時脈搏高達每分鐘一百二十三下，由此可知山座公使身體已經非常虚弱，加之近日又患上風濕，或許由於疾病帶來極大痛苦，加之不顧勸説不肯臥床休息，直至二十六日晚一直守在水野参事官棺旁，公使於二十七日正午時分突然病重，於六時左右陷入昏迷狀態，不省人事。其後一直未能蘇醒，並於二十八日早上零時四十五分突然離世。

自上任以來，公使對確立對華方針一事極度憂心，尤其是近來就某一方針之確立與有關當局之商談。公使透露，若此次商談不能成功，就主動請辭。公使還表示一定要確立今後之對華方針。此刻，吾輩對於驟然離世、無法安心長眠之山座公使，抱有滿腔同情。（北京特別報導）

大正三年六月二日　2377號　第一版（二）

## 山座公使帰葬

二十八日逝去せる山座公使の遺骸は公使館員の外兵士及び居留民三十名福岡県人三名宛日夜交代して守護しつつあり館務は臨時代理を命ぜられし二等書記官松平恒雄氏之を統べ居れるが代理公使を命ぜられたる一等書記官小幡酉吉氏は三十日東京発着任の予定にして氏の来着を俟ちて山座公使の仮葬儀を来六日に執行し入棺の儘令夫人賤香子及親戚に奉ぜられて陸路秦皇島に至り夫より特派軍艦明石に移され帰朝すべく死亡賜金一万二百圓は加藤外務大臣より北京公使館に送付し来れりと（北京特信）

**［譯文］**

**《山座公使魂歸故里》**

二十八日逝世之山座公使遺骸正由公使館工作人員、士兵、僑民三十名以及福岡縣居民，三人一組輪流晝夜守護。公使館的相關事務已任命臨時代理人負責處理，此前一直是由二等書記官松平恒雄代爲負責。被任命爲代理公使的一等書記官小幡酉吉，預計於三十日從由東京出發前來赴任。爲等待小幡酉吉到來，山座公使的非正式葬禮將於六日舉行。山座公使遺體入殮後，由其妻子賤香以及親戚們扶靈由陸路前往秦皇島，然後搭乘特派軍艦“明石”歸國。一萬二百圓的死亡賜金，已由外務大臣加藤送達北京公使館。（北京特別報導）

# 四　杭州《全浙公報》

1914年6月4日（甲寅五月十一日）　第一張　第二版

**專電**

山座公使六日開吊，十八出殯，袁總統特令派施履本等往助治喪。

# 五　上海《申報》

1914年5月26日（甲寅五月初二日）　第二版

**特約路透電　北京電**

水野參贊之出殯期業已展緩，因其夫人現由日本趕至此間故也。

1914年5月29日（甲寅五月初五日）　第二版

**特約路透電　北京電**

駐京日使山座君星期二日稍覺心痛，昨日正午突現危象，醫士注射藥水以解心房壓力，下午三次劇痛，諸醫束手，晚七點鐘時病勢大減，詎至夜半復轉沉重，延至今晨十二點三十分氣絶逝世。日使署辦事員已請示東京政府，因未接復電，故未正式宣佈噩耗。該署數日之前疊遭凶事，一切政務幾全停辦。各使署以山座及水野二君皆日本外交能員，今相繼謝世，咸深惋惜，且皆爲山座夫人報戚。日人現擬將屍火化運回東京。水野之屍已於昨日火化，定星期六日舉行追悼會。

1914年5月29日（甲寅五月初五日）　第二版

**特約路透電　東京電**

山座君噩耗宣佈後，衆皆大驚，各報皆載長文稱揚君一生之事迹。

1914年5月30日（甲寅五月初六日）　第六版

**《日水野參贊先公使而逝》**

日本公使館參贊官水野幸吉日前因歡迎澀澤榮〈一〉男爵，在正金銀行午餐，食次忽感腹痛，未能終席而歸，急延醫視診，謂腸膜發炎成膿，非割不治，遂剖腹出腸去膿，復洗而納之，詎所患病症過重，仍無效驗，已於前日（二十三號）因傷殞命矣。

按：據路透電，日本山座公使亦因患心痛於二十八號逝世，距水野氏之死僅五日。一若爲山座氏預爲驅狐獾於地下者，此亦國交上可吊之事也。（記者誌）

1914年5月31日（甲寅五月初七日）　第二版

**特約路透電　北京電**

山座君死後升爲三等級官，因君於生前所得勳章可謂至高，故不能再有所賜。今定六月六日舉行追悼會，遺骸將否火化抑塗藥保存尚未決定。日本巡洋艦“明石號”定六月十八日由大沽運送君之靈櫬回國，山座夫人隨船護送，水野夫人大約亦將同行。

1914年5月31日（甲寅五月初七日）　第二版

**特約路透電　北京電**

水野君逝世前曾接電升爲四等級官，並受賜三等聖寶勳章。

1914年5月31日（甲寅五月初七日）　第二版

**特約路透電　北京電**

今晨水野參贊追悼會，中西日人到者甚衆，内有個外交家暨其夫人並中國大員多人，會場在使署舊屋，滿綴花朵，其禮乃按佛教式，祭案及壁間置滿各使署、袁總統、各部官員及君舊交所饋之花圈。先由二僧誦經鳴鈸和之，水野夫人全妝素服，神色悲慘，既抵會場，衆皆起立以示吊慰。頌經既畢，由松平君代表使署全體宣讀誄詞，繼由平井醫士代表日本僑民、岡田博士代表帝國大學畢業生先後宣讀誄辭，侍立門前之日本衛隊於是乃作日本哀樂，來賓皆退。祭案附近置有白鴿數籠，取而釋之，禮節莊嚴，始終不渝。

1914 年 6 月 1 日（甲寅五月初八日）　第六版

**《山座氏逝世與日外交之關係》**

日本山座公使未逝之先，紛傳其將次回國，於是惹起報界注意之議論。日本報與華字報眼光各有所注，方在詳論此事，而不料山座氏之忽焉以没也。此亦足見天人間，風雲之不可測已。

①日報論調

前日，東京《朝日新聞》載有山座公使歸國一節，其論文云：邇來外間紛傳山座公使對於中日外交前途抱悲觀主義，故有辭職消息，然據本社所聞，則大謬不然。當昔日山座公使赴任時，國論龐雜，嗣後又以海軍、廢税兩問題政爭劇烈，致該公使蒞任後不能一展其手腕，因之半年來成績鮮尠，舍民國承認問題、滿蒙五鐵道、漢冶萍借款事件外，幾於無功足録。惟今後之對華事件，更將層出不窮，假山座公使於此時而欲潔身引退，則不特重負國民之託，且於個人之外交官立脚地上，亦異常不利益。故日來該公使辭職之説，斷然不確，矧自大隈内閣成立，加藤男任外交大臣，爲該公使極有力之後援者，斷無掣肘之虞。此次歸後與當局諸公所議各問題，亦無不言聽計從，而國内政爭又適當收熄之時，將來該公使回任後，正可與國内外交家一致努力進行云云。

②華字報論調

北京某華報云：山座公使將次回國，其原因，據日本某報稱，大隈内閣成立後，日本外交政策當略有更改之處。蓋日本之外交政策，以日英同盟爲依據，而日英同盟與加藤外相尤有密切之關係。因加藤曾兩任駐英公使，歷年甚久故也。今日英同盟既積漸失其效用，於遠東大局甚有關係，故令山座回國，使知日政府將利用英日同盟之勢力，以維持在中國原有之局面也。現時日本之外交眼光，俱注重於加藤及山座身上，其對支政策之有無進步，全在日英同盟之是否鞏固云。又一報則云：自日本内閣更迭，大隈伯起掌政權，識者早料其對於外交政策或有所發表。未幾，大隈氏果有外交政策之宣言，其主要在維持英日同盟，而對華則主張與各國持同一之步調。昨據確實報告，駐京日使山座氏有於日内即行回國消息，其用意即在與大隈氏接洽對華政策。該對華政策表面雖聲言與各國持同一之態度，至其暗中之有無變動消息，實非外交所得盡悉。此次山座氏回國與大隈氏接洽，一切自屬必要之舉云云。

## 山座氏逝世與日外交之關係

日本山座公使未逝之先，紛傳其將次回國，於是惹起輿界注意之議論。日本報與華字報眼光各有所注，方在辯論此事，而不料山座氏之忽焉以沒也。此亦足見天人間風雲之不可測已。

（一）日報論調　前日東京朝日新聞載有山座公使歸國一節，其論文云：近來外間於中日外交前途抱悲觀主義，故有辭職消息。然據本社所聞則大謬不然。當日山座公使赴任時，[illegible]後又以海軍廢稅兩問題，政爭劇烈，致該公使蒞任後不能一展其手腕。[illegible]承認[illegible]滿蒙五鐵道[illegible]借款[illegible]外幾於無功足錄。但今後之對華事件更將層出不窮，山座公使於此時而欲潔身引退，則不特負國民之托，且於個人之外交官立腳地上亦異常不利益。故日來該公使辭職之說，斷然不確。大隈內閣成立，加籐男任外交大臣，爲該公使極有力之後援者，斷無掣肘之虞。此次歸後與當局諸公所議各問題，亦無不言聽計從，而國內政爭又適當收熄之時，將來該公使回任後，正可與國內外交家一致努力進行云云。

（二）華字報論調　北京某華報云：山座公使將次回國，其原因據日本某報稱，大隈內閣成立後，日本外交政策當略有更改之處。蓋日本之外交政策以日英同盟爲根據，而日英同盟與加籐外相尤有密切之關係。[illegible]日英同盟既積漸失其效用，於遠東大局甚有關係，故令山座回國，使知日政府將利用英日同盟之勢力，以維持在中國原有之局面。[illegible]俱注重於加籐及山座身上。其對支政策之有無進步，全在日英同盟之是否鞏固云。又一報則云：自日本內閣更迭，大隈伯起掌政權，論者早料其對於外交政策或有所發表。未幾大隈氏果有外交政策之宣言，其主要在維持英日同盟，而對華則主張與各國持同一之步調。[illegible]駐京日使山座氏有於日內即行回國消息，其用意即在與大隈氏接洽對華政策，[illegible]至其暗中之有無變動，消息實非外交所得盡悉。此次山座氏回國與大隈氏接洽一切，自爲必要之舉云云。

1914年6月1日（甲寅五月初八日）　第二版

**專電　北京電**

昨日本使館爲參贊水野開追悼會，中外赴唁者甚衆，並唁山座公使。日皇賜山座金萬圓治喪。

1914年6月2日（甲寅五月初九日）　第六版

**《日使山座氏逝世紀聞》**

日本山座公使逝世及逝世前宣傳其爲外交方針將次回國，均已記録前報。兹聞山座氏回國之志已早決，且不復作回任想，所以至今猶未啓程，實因水野參贊於二十三日病故，遽行回國則使館中一切事物無人付託，故遲遲未發，不意此數日間，即染巨症。惟該公使平素辦事勤勞，從未少惜一身，二十七日下午二鐘，辦公既畢，猶在静室讀書，不意病勢忽形加劇，左右親近憂慮異常，延及夜半，毫不見有嘉兆，竟於下日上午零時四十分溘焉長逝。旅京日官紳輻輳使署致其痛悼之意。日皇聞報，以該使生前勳績卓著，特叙正三位云。

1914年6月3日（甲寅五月初十日）　第二版

**專電　北京電**

山座日使初六開吊，十八出殯，袁總統特令派施履本等往助治喪。

1914年6月4日（甲寅五月十一日）　第六版

**要聞　《紀日使山座逝世前後之聞見》**

日本駐京公使山座圓次郎，於二十八日上午一時逝世，迭紀前報。聞公使未逝世前，確接本國政府訓令回國與新政府商量對華外交問題，一時頗惹起外交界之注意。公使已定於二十七日偕同澀澤回國，嗣因水野參贊病殁，遂致不果。二十七日瀝澤出京，公使與其夫人猶親赴車站送行，水野夫人亦於是日乘火車到京，山座氏並在車站等候，及遇水野夫人，遂偕同回署。與水野夫人同來者爲奉天領事井原。下午井原出京，公使始覺發冷，繼而發熱，熱至一百零二度，館醫診知爲心臟麻痹症，其性質甚烈，其時已不能言語，左右之人皆以爲連日勞乏所致，其實病勢已就垂危，非醫藥所能爲力。至二十八日上午一時，竟溘然逝世。蓋自病之發現及至逝世，不過六小時。政府於二十九日晨接到該使館照會，通告該部除由總次長等前往吊唁外，並即下半旗一日以誌哀悼。大總統派總統府大禮官施肇基前往。此外我國往吊者尚有各部總長暨政界各重要人物、各高級軍官等。外交部一面檢查舊卷前清時優禮各國使臣在任病故辦法，請大總統鑒核；並由曹次長赴日使署致唁，以盡交誼。至公使職務，現由使館二等參贊松平君臨時代理。

日使館一星期内連遭大故，而參贊與公使之病狀又極奄忽，外間不知者頗置疑詞。實則水野之病係腸癰腹疼，經一晝夜由醫生解剖彼腸之患處，已潰敗破漏，不可治療。公使之病，係心臟麻痹。其病之由來，因公使素性嗜酒，每公務勞煩則飲量愈增，蓋恃杯中物之刺激爲精神上之助力已非一日，其致病也或係由此。

附事略：

山座公使於日本慶應二年十月生於福岡縣，日本明治二十五年七月在東京大學法科卒業。二十六年，任金山領事館書記生，同年轉上海領事館任爲領事官補，叙從七位。二十七年，轉任金［釜］山領事館書記。二十八年，轉任仁川領事館書記，同年升任公使館三等書記官，赴任駐英公使館，因甲午事件賞給旭日章及金三百圓，叙正七位。三十年，升任公使館二等書記官，繼六位，叙勳五等，賜瑞寶章。三十二年，升任韓國京城領事，兼任公使館一等書記官，叙高等官四等，奉命改駐京城勤務。三十三年，升叙正六位。三十四年，任外務省書記官，同年任外務省政務局長，叙高等官三等。三十五年，叙從五位，授旭日小綬章，賞金一千八百圓。三十七年，任高等捕獲審查廳評定官，同年清國皇帝贈二等第一雙龍寶星，同年朝鮮國王贈勳二等太極章。三十八年，任和納委員隨員赴美國，同年賜旭日重光章及年金六百圓。三十九年，法國政府贈勳章。四十年，賜金杯。四十一年，俄國贈勳章，同年任駐英大使館參事官，叙從四位。四十四年，叙勳一等，賜旭日大授章，同年英皇贈戴冠紀念章。大正元年，回任外務省臨時事務官。二年，任特命全權公使駐北京，叙正四位。三年五月二十七日突然發病，日皇特旨升二級，叙正三位。二十八日午前七時薨，壽四十九。

1914年6月5日（甲寅五月十二日）　第六版

**《再紀日公使參贊逝世後之聞見》**

山座公使之舉殯

山座公使逝世詳情迭誌本報。兹悉日使館定於本月六日舉行殯禮。現泊旅順之日艦名“明石”者，預定於十八日啓程西駛，接奉山座氏殯宫回國，其泊點係大沽或秦皇島，現均未定，以二地皆爲火車通過點，殯宫由京出發，以火車運至大沽或秦皇島皆甚便也。山座氏家屬亦預定於十八日出京。昨東京電山座氏弟氏神鞭常孝及其近親古屋繁樹，於二日由東京出發來京助理喪事。又電日皇特傳諭旨，追叙山座氏爲正三位，特賜賞金五千圓、死亡賜金五千二百六十六圓。

水野參贊之追悼

水野幸吉，號醉香。其先畢業東京帝國法科大學政治學科，投身於外交界内，充爲外交官補，在朝鮮勤務，嗣轉任德國，再轉任中國芝罘領事，又升任漢口總領事官，復膺駐美頭等參贊及紐育［約］總領事之任。往歲授駐華頭等參贊，輔翼伊集院欽使，又歷佐山座欽使。此次病僅三日，先公使而逝。三十日上午十鐘，設壇於水野邸宅，除旅京日本官紳悉數會祭外，特由袁總統派遣唐在章氏致祭，並孫寶琦、熊希齡、汪大燮、蔭昌、曹汝霖諸大員，及駐京各國文武官員紳士均莅場致祭。祭場周圍點綴各界所贈之花環，揭以挽聯。曰：“異域數畸人，幸似王維交晁監；歸魂傷旅夢，如聞幹寶記蘇韶。”周自齊所贈。“樽酒話平生，方期誼洽同文，刮目會看三日後；珠槃勞贊畫，忍説淚零遺疏，斷腸知在九回中。”曹汝霖所贈。“爲命擅清才，每因樽俎周旋，草創賢勞懷裨諶；招魂歸故國，剛值端陽時節，楚些哀怨讀靈均。”張弧所贈。“數載感知音，縞紵論交黝國别；一朝成永訣，海天揮淚哭星沉。”則龍建章、權量、蔣尊禕、陸夢熊、陳福歐、劉成志諸君所同贈。“惜哉，負笈勤求學業，遍歷品優，曾展懷才於東亞，而今已矣；悲夫，受命盡操執權，所施仁政，能調和睦於西歐，至此寂焉。”金善全所贈。“誼篤珠槃，風高博望；魂歸瀛海，悼擬湘累。”孫培敬所贈也。

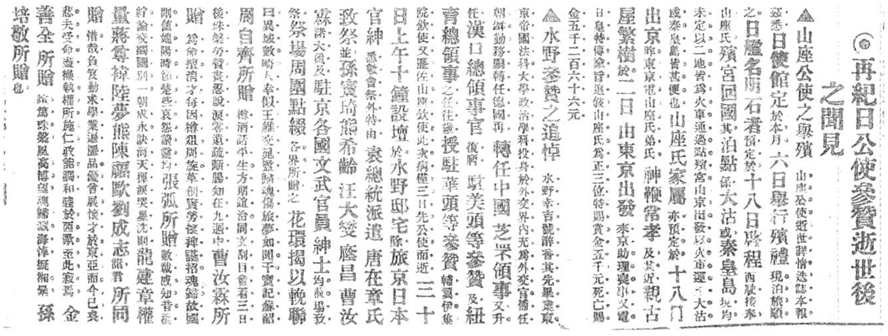

◎再紀日公使參贊逝世後之聞見

▲山座公使之舉殯　山座公使逝世詳情迭誌本報茲悉日使館定於本月六日舉行殯禮　現泊旅順之日艦名明石者預定於十八日啟程　西駛接奉山座氏殯宮回國　其泊點係大沽或秦皇島　現均未定　以二地皆爲火車通過點　殯宮由京出發　以火車運至大沽或秦皇島皆甚便也　山座氏家屬　亦預定於十八日出京　昨東京電　山座氏弟氏　神鞭常孝　及其近親古屋繁樹　於二日由東京出發　來京助理喪事　又電　日皇特傳諭旨　追敘山座氏爲正三位　特賜賞金五千元　死亡賜金五千二百六十六元

▲水野參贊之追悼　水野幸吉號醉香　其先畢業東京帝國法科大學政治學科　投身於外交界內　充爲外交官補　任朝鮮勸務　嗣轉任德國　再轉任中國芝罘領事　又升任漢口總領事官　復膺駐美頭等參贊　及紐育總領事之任　往歲授駐華頭等參贊　輔翼伊集院欽使　又匯佐山座欽使　此次病僅三日　先公使而逝　二十日上午十鐘設壇於水野邸宅　除旅京日本官紳悉數會祭外　特由袁總統派遣唐在章氏致祭　並孫寶琦　熊希齡　汪大燮　廕昌　曹汝霖諸大員　及駐京各國文武官員紳士　均蒞場致祭　祭場周圍點綴各界所贈之花環　揭以輓聯　曰異域敦睦人　奉似王維交誼　魂傷旅夢　如聞干寶記齋詔　閻自齊所贈　燎酒話平生　方期誼洽同文　剎日會看三日後　殊榮勞費　豈忍說淚客邀疏　斷腸知在九迴中　曹汝霖所贈　爲命擬潤才　每因樽俎周旋　草創賓勞　禕謐招魂歸故國　剛值端陽時節　楚些哀怨　讀盡均　張弧所贈　敦誠感知音　紵論交獨別　一朝成永訣　溥天揮淚哭　舉沈則　龍建章　權量　蔣尊禕　陸夢熊　陳籙　歐　劉成志諸君所同贈　惜哉負笈勤求學業　遍歷品優　會展懷才　於東亞而今已矣　悲夫受命益操執權所施仁政　能調和睦於西歐　至此寂焉　金善全所贈　諸篤珠槃　風高博望　魂歸溟渤　悼擬湘纍　孫培敬所贈也

1914年6月6日（甲寅五月十三日）　第三版

**《派員照應日使喪禮》**

已故日本駐京公使山座君，於六日在京舉行喪禮，已誌昨報。茲聞大總統於山座君身故深爲哀悼，特敕令外交孫總長派交際司陳厚恩及僉事施履本，於是日葬儀懇意周旋，該使館人員暨一般旅京日僑均深感厚誼云。

1914年6月7日（甲寅五月十四日）　第二版

**特約路透電　北京電**

今晨，日使署爲已故山座公使開追悼會，與會者有駐京各國大員暨其夫人，各使署辦事人員，華員中有袁總統代表施肇基、國務卿徐世昌、各總長、各科長、陸海軍各將校、滿洲各王公，此外尚有寓京有名外人。會場設署外特築之棚内，使署正門之内排中滿置美麗之花圈，皆中政府與各使署及山座君之舊友所饋者。來賓就座後，由代理公使小幡君引導山座夫人入場，來賓皆起立，山座夫人全身縞素，披髮俯首，後隨戚屬，再後爲施肇基君，末爲僧侶七人，乃邀諸滿洲特行此禮者。山座夫人等就座祭案附近。祭案陳設極美，諸僧面内，立案之中央，餘則分立左右。中央立者乃誦經禱告，左右立者鳴鈸擊鉦以和之，音節淒涼，禱畢，棚外日本鼓吹大作。施肇基君立祭案前，讀袁總統誄詞，繼復有誄禱者數人，末由山座夫人、小幡君、死者戚屬、日使署職員暨各夫人、天津日兵司令、日使署衛隊司令、北京日僑代表依次焚香，禮乃告終。來賓悉退，釋放籠鳥，秩序井然，令人起敬。

1914年6月7日（甲寅五月十四日） 第三版

**《山座公使逝世後之中日觀》**

我國吊唁多人

自噩耗發表後，我國袁總統深爲惋惜，即於五月二十九日特派施肇基君代表赴使署吊唁，以致哀悼。此外，各部總長以下各屬，重要官紳如章宗祥、施肇基、江朝宗、汪大燮、葉恭綽、熊希齡、王建曾、王景岐、林志鈞、梁士詒、屠振鵬、金邦平、湯化龍、沈金鑒、曹汝霖、施履本、孫寶琦君代理人厲藻青、梁啓超具夫人及女公子梁令嫻、陳恩厚、劉冠雄、段祺瑞、蕭寶珩、陳席珍、陳宧、張聯棻、徐樹錚君代理人敖恩瀛、徐世昌君代理人向瑞彝、湯叡、黎元洪君代理人覃師範、蔭昌、柳大謐、李肖聃，及中日記者俱樂部代表者朱祺、汪立元均赴日署吊唁。此外，列强外交團員亦多前往吊唁。

各國護送靈柩

自民國肇基以來，外國使臣從無在華逝世者，此次實屬初見之事故。當靈柩離京之際，中外各國均擬派儀仗軍隊沿路護送，表示尊重禮節之意，届時必另有一番景象以昭榮哀之曠典也。

政府電吊原文

山座公使逝世後，袁總統已於三十日特向日本皇室親發吊電，篤致哀悼之辭，並由外交總長孫君寶琦於二十九日，特向日本外務大臣加藤高明君送電吊唁。其文曰：貴國欽命駐華全權公使山座圓次郎君，於五月二十八日在京因病逝世。山座公使在華未及一年，辦事力主和平，兩國邦交賴以彌篤。兹忽溘逝，惋惜實深，用將本總長致唁之意電達貴大臣，惟希鑒察爲幸。孫寶琦。

日使繼任有人

日使山座圓次郎氏逝世，其繼任之人，外間盛傳伊集院、内田康哉二君皆有希望。昨由日使館傳出消息，日皇現已特任日置益爲駐京全權公使。按：日置益君現任智利公使，其與東洋外交上未生何種關係。惟日本與中國第一次訂通商條約係此君經手。日本近日對中國外交，其眼光多注意美洲一方，日置益君之被任命，或即專取此義歟？又按：日本維新以來，駐中國公使至日置益君已爲十六任云。

中華民國三年六月七日 星期日 （申報） 甲寅五月十四日 第三張

張氏二次辭職呈文

山座公使逝世後之中日觀

帕王吞款案尚無證據交出

學校招生案之呈准維持

1914年6月11日（甲寅五月十八日）　第六版

《紀日使山座氏在京開吊情形》

昨日（六號）上午十鐘，日本山座公使在北京使館舉行開吊儀式，兹將開吊情形分述於後：

祭場之佈置

祭場設在日本公使館庭園，特搭祭棚約三十間，坐西東向，中爲祭壇，置靈柩以備中外各界吊唁之行禮，並設有香案焚香致敬，略如我國舊儀。正中特懸總統所贈花圈，又有副總統及約法會議正副議長各花圈共有百餘。一切挽聯挽帳左右分懸，約有數十。會葬者各服如儀，公使夫人賤香服白衣，披發鬖髿，中作小束，意態悲慘，觀者惻然。山座君子嗣尚虚，尤足增中外來賓之哀戚。至所用僧侶計七名，衣飾亦如我國僧人，惟其讀經音韻則異，迨純用日語云。

會葬之人數

總統代表派大禮官施肇基偕同侍從武官四人，並有總統祭文由施君場内宣讀；副總統代表特派代理參政院秘書長林長民。清皇室派世太保、倫貝子、朗貝勒。又有徐東海及煤油總辦熊希齡、税務處長梁士詒、内務總長朱啓鈐、財政總長周自齊、外交總長孫寶琦、外交次長曹汝霖、顧維鈞，俱偕其夫人同往。外交曹次長並制有誄辭尤表哀悼。報界則有汪立元、康世鐸、李慶芳、朱淇諸君。此外，有高級軍官、外交團各使，亦均偕其夫人同往。合計我國人約三百有餘，歐美人有四五十，日本之京津各界居留者百餘人。又有天津室田總領事、佐藤司令官及磯部副官等。

總統之祭文

茲將袁總統之祭文特誌如左：維中華民國三年六月六日，大中華民國大總統謹遣禮官施肇基致祭於大日本國山座公使之靈，曰：猗歟公使，英華赫煒，方仰俊才，倏歸太始。憶初蒞止，有曄其容，玉帛樽俎，式表海東。值我初基，艱難締造，嘉謨矩範，是則是效。兩國之交，君執其樞，無有彼此，以誠相輸。雖吾國人，僉曰明達，企此慶雲，以慰饑渴。愔愔雅度，蕩蕩德音，如淵之穆，如玉之温。云何不淑，忽焉委化，將返星軺，遽騰霓駕。遥瞻鄰邦，失此藎臣，縉紳搤擥，婦孺沾巾。一葦可航，敦槃相屬，尚冀後來，循茲芳躅。尚饗！

儀式之秩序

㈠會葬者就席。㈡小幡代理公使導喪主入場。㈢大總統特使入場。㈣僧侶入場。㈤第一讀經。㈥軍隊敬禮吹奏。㈦大總統特使參拜退出。㈧吊詞（甲）小幡代理公使（乙）北京居留民會會頭（丙）天津居留民團代表（丁）中日協會副會頭（戊）俱樂部員總代（己）學士會總代表㈨第二讀經，此間燒香，其順序如左：（子）喪主（醜）代理公使（寅）親族（卯）公使館職員並外務省官吏（辰）駐屯軍司令官並步兵隊長（巳）北京居留民會會頭（午）天津居留民團代表。㈩讀經暫停，此間會葬外人隨意燒香退席，小幡代理公使即率館員於場門謝送。⑪讀經再始，會葬邦人燒香逐次退場。⑫僧侶退出，式終。

葬場之程式

㈠小幡代理公使、鄭書記官、松平書記官，於場口恭迎内外會葬者。㈠大總統特使來時，鄭書記官迎接導入小客廳，代理公使帶領故山座公使夫人面接特使。㈠會葬者一同及故公使之未亡人入場之後，鄭書記官引導特使就席。㈠特使參拜既畢退場之際，鄭書記官送到車旁。㈠館員燒香務須二人一次以節時間。㈠各國公使及中國官憲退場之際，小幡代理公使以下館員謝送場門。㈠一般會葬者退場之際，親族謝送場門。㈠葬儀委員如左：接送員鄭書記官、松平書記官、縫田官補、中畑書記生、波多野警部式；場員高尾書記官、廣田官補。

佛式之葬儀

日本向多宗奉佛教慣用火葬，此次山座葬儀即仍其法。彼國化場係檢百步内外無人家者爲定，今朝陽門外迤東頗有曠地，適合化場之用。至化後，由淺［賤］香夫人哀奉遺骸回國，擇定於月之十一號起行云。

1914 年 6 月 12 日（甲寅五月十九日）　第二版

**特約路透電　北京電**

已故駐京日使山座君遺骸之灰今晚六時離京，將由袁總統代表施肇基及外交部委員兩人送之，中國巡洋艦兩艘預侯秦皇島，於其抵時鳴炮致敬，旋護送日本巡洋艦"明石號"出海，各使署亦將派兵與日兵同出前門，送至車站。自有明以來，從未許棺木經過此門，中政府破此成例，以示特別尊崇山座君。袁總統之代表及中外各要員、前清各顯貴均將執紼，日使署深感中國以殊禮遇待前使山座君，蓋藉此可令衆知中日友誼之篤也。山座夫人將偕其夫屍灰反葬横須賀。

1914 年 6 月 12 日（甲寅五月十九日）　第二版

**特約路透電　北京電**

已故日使山座君今日下午出殯，其遺骸之灰載以袁總統之馬車送至車站，儀仗甚盛，中外兵隊護送者極爲壯觀。由使署出發後沿紅牆出前門至站，既抵，乃將盛屍灰之籃另置一車，山座夫人時亦抵站，執紼之員過者皆向鞠躬，繼由山座夫人鞠躬謝衆，步登火車。儀仗所過，一路極爲整齊，全由華人爲之照料，此實北京近年來偉觀之一也。

1914 年 6 月 13 日（甲寅五月二十日）　第二版

**譯電　北京電**

已故日使山座君之屍灰已由日使署載送車站，每使署曾各選派衛隊三十名，中政府則派步兵一隊同行護送，外交部代表曾送至天津，由海軍司令李鼎新將屍灰移至專車，載赴秦皇島。

1914 年 6 月 16 日（甲寅五月二十三日）　第六版

**《日本故公使山座靈柩出京之情形》**

日昨爲已故駐華公使山座圓次郎氏靈柩出京回國之期，玆將當日出京情形詳誌如左：

移靈

下午四鐘數分，日本儀仗隊之二個中隊，整列於日本使館庭前。至四點三十分，公使靈柩始移在靈車之上。四時四十分，該儀仗隊由藤田隊長指揮吹奏喇叭，此時公使夫人及小幡代理公使以下各員均在靈車之側起立以表敬意。軍隊行禮既畢，公使夫人、小幡代理公使均升坐馬車，其餘各員亦相繼登車。

儀仗

先時使館門前已排列各國駐屯軍一小隊及中國儀仗隊六百名，及軍樂隊一隊，其次序則荷、俄、美、法、義、德、英、中，在使館門前以北路側按次列隊。靈車進至預定地點，日本儀仗隊長則向前面之中國儀仗隊傳告進行，於是中國儀仗隊六百名由軍樂隊吹奏哀樂開始進行。

迎柩

是日，袁總統代表施肇基、黎總統代表林長民、駐京各國公使及夫人並段祺瑞、劉冠雄、孫寶琦、周自齊、湯化龍、章宗祥、熊希齡、汪大燮、梁啓超、曹汝霖、梁善濟、吴炳湘、湯叡、沈府尹、蕭中將、王天縱諸公，及中西多數名士，一律在月臺迎接靈柩。

登車

靈柩入於花車，日本軍艦二個中隊及中西各國軍隊，均整列於月臺，秩序井然。時近六點，行將開車，小幡代理公使即導公使夫人對於總統及副總統代表，並各國公使及夫人、中西各國鉅公，周旋鳴謝，然後乘坐花車。中外人士均脱帽垂頭，肅然送行。

護送

次日，隨從靈柩護送到秦皇島者，有日本公使館員及日軍軍官士卒數名，並中國政府所派之外交部官吏及拱衛軍四十名。此外，尚有日本各種團體代表數十名。

1914年6月19日（甲寅五月二十六日）　第二版

**特約路透電　東京電**

山座君之骨殖已抵横須賀，東京派員迎之，頗示尊崇。山座君之戚屬及日政府各員，皆深感中政府之以殊禮加敬山座遺骸。

1914年6月21日（甲寅五月二十八日）　第十版

**《日政府酬謝護送靈柩之海軍》**

已故日本駐京公使山座君之靈柩運送回國，曾由袁總統命令海軍部派

"海圻"巡洋艦護送赴日在案。茲悉日政府以中政府特派軍艦護送靈柩，具見鄭重邦交，殊深感佩。惟該巡洋艦水手士兵遠涉重洋，不無勞苦，爰特籌洋二萬圓以爲酬謝。聞該款業已匯京，送由海軍劉總長轉給該艦長，按照水手、士兵之等級照數分別給賞。除由劉總長呈明大總統致書日政府道謝外，並將該獎洋數由部電飭駐滬海軍司令部查照矣。

# 六　上海《時報》

1914年5月24日（甲寅四月三十日）　第二版

**譯電**

日本駐京公使山座二十七日，將返東京，與日本政府磋商。（北京二十三日德文報電）

1914年6月2日（甲寅五月初九日）　第三版

**要聞　《山座公使逝世矣》　駐京通信員　醉隸**

去水野參贊之逝尚未及一星期，而山座公使又以心臟之症於昨日（廿七號）夜間暴卒，何日本外交人物之多不幸歟？

山座氏受其國新政府之召，商議對華外交政策，本訂期二十七日啓程回國，嗣因水野氏之喪展緩行期，而廿七日午後即發病，醫治不痊，遂卒於位。聞使館現秘不發喪云。

先是山座返國消息傳出後，其國中報紙對於此項問題之原因論調略分數種。

（甲）大隈内閣成立後外交政策當然有變更之處，夫日本外交政策固以日英同盟爲根據也，而日英同盟與加藤外相尤有密切之關係，其所以然者，因加藤兩次使英，歷年甚久故也。今日英同盟既積漸失其效用，則遠東大局殊有關係，故新政府令召山座回國，使知日本近時當軸者將利用英日同盟之勢力，以維持在中國原有之局面也。現時日本之外交眼光俱注重加藤及山座兩君，以對付支那政策之有無進步，全在日英同盟之是否鞏固也。

（乙）邇來外間紛傳山座公使對於中日外交前途抱悲觀主義，故有辭職消息，然據本社所聞，則大謬不然。當昔日山座公使赴任時，國論龐雜，嗣後又以海軍廢税兩問題政爭劇烈，致該公使蒞任後不能一展其手腕，因之半年來成績鮮尠，舍民國承認問題、滿蒙五鐵道、漢冶萍借款事件外，幾於無功足録。惟今後之對華事件，更將層出不窮，假山座公使於此時而欲潔身引退，則不特重負國民之託，且於個人之外交官立脚地上，亦異常不利益。故日來該公使辭職之説，斷然不確。矧自大隈内閣成立，加藤男任外交大臣，爲該公使極有力之後援者，斷無掣肘之虞。此次歸後與當局諸公所議各問題，亦無不言聽計從，而國内政争又適當收熄之時，將來該公使回任後，正可與國内外交家一致努力進行云云。

更有此外所傳出之消息，則謂日本政府對於駐華公使本有更換之意，故山座氏之回國，非外交政策上協商之問題而爲公使易人之問題云。

總之，山座奉召回國，當然有外交上重要之問題，而此項問題之影響，中國實首當其衝，斷無疑義。然山座駐華數年，所辦交涉均能持和平主義，今一旦溘然長逝，使中華外交界失此良友，則不幸又豈獨日本已哉。

此信屬稿初竟，又得一可靠消息，謂日本政府已決定伊集院繼任駐華公使云。

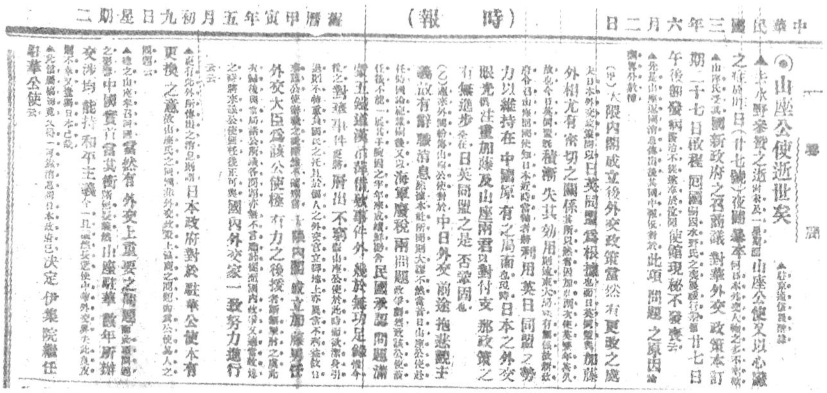
中華民國三年六月二日 （時報） 舊曆甲寅年五月初九日星期二

山座公使逝世矣

1914 年 6 月 3 日（甲寅五月初十日）　第二版

**專電**

日使山座之喪魚日（六日）開吊，袁總統令孫總長（寶琦）派員襄禮，已派定陳恩厚、施履本。（二日戌刻北京專電）

1914 年 6 月 12 日（甲寅五月十九日）　第二版

**特約路透電**

已故日使山座君今日下午出殯，其遺骸之灰載以袁總統之馬車送至車站，依仗甚盛，中外兵隊護送者極爲壯觀。由使署出發後沿紅牆出前門至站，既抵，乃將盛屍灰之籃另置一車。山座夫人時亦抵站，執紼之員過者皆向鞠躬，繼由山座夫人鞠躬謝衆，步登火車。儀仗所過，一路極爲整齊，全由華人爲之照料。（十一日北京專電）

1914年6月12日（甲寅五月十九日）　第二版

已故駐京日使山座君遺骸之灰今晚六時離京，將由袁總統代表施肇基及外交部委員兩人送之，中國巡洋艦兩艘預候秦皇島，於其抵時鳴炮致敬，旋護送日本巡洋艦“明石號”出海。各使署亦將派兵與日兵同出前門，送至車站。自有明以來，從未許棺木經過此門，中政府破此成例，以示特別尊崇山座君。袁總統之代表及中外各要員、前清各顯貴均將執紼，日使署深感中國以殊禮遇待前使山座君，蓋藉此可令衆知中日友誼之篤也。山座夫人將偕其夫屍灰反［返］葬橫須賀。（十日北京專電）

1914年6月13日（甲寅五月二十日）　第二版

**譯電**

日本前駐京公使山座氏遺骸火化後之骨灰由使館舁送車站，諸使館各遣衛隊三十人護送，中國步兵一團送至車站，外交部有一代表隨至天津，由海軍上將李林新（音譯）用專車送往秦皇島。（北京十一日德文報電）

# 七　瀋陽《盛京時報》

1914年5月10日（甲寅四月十六日）　2250號 二

**北京專電　《協定滿蒙鐵路細目》**

山座日使與北京政府協定滿蒙鐵路細目，現下頗有端況。聞築路經費三千萬圓將在歐洲市場募集公債。

1914年5月23日（甲寅四月二十九日）　2261號 二

**北京專電　《山座日使將回國》**

駐京山座日使現已請假，訂於二十七日離京回國。

1914年5月29日（甲寅五月初五日）　2264號 二

**東京專電　《山座公使逝世噩耗》**

駐紮北京日本公使山座圓次郎氏日前請假，偶有水野參事官忽然病逝之事，因即緩期返國。詎該公使亦於昨日午後二鐘時遽櫻［攖］疾患，已而病勢大革，竟於本晨〈二十八日〉溘然逝世。按：該公使自蒞任以來，顧念大局，力除隔膜，速決懸案，毫無凝滯企圖，中日邦交益形敦睦，是以在任爲日尚淺，而卓著功績，旻天不吊，中途薨逝，尤爲可惜。

1914年5月30日（甲寅五月初六日）　2265號 二

**北京專電　《山座公使病逝詳情》**

駐京山座日使自數月前以來患婁麻的症，日前水野參事官逝世，勞瘁愈加。二十七日晨刻爲迎接水野未亡人而前赴車站，歸來身覺違和，入夜病勢漸篤。二十八日午前零鐘十五分時病革，心臟麻痹，竟即不起。

1914年5月30日（甲寅五月初六日）　2265號 二

**東京專電　《山座公使之榮哀録》**

已故山座公使因日皇特旨升叙位階二級，追贈正三位。按：該公使於生前爲正四位勳一等。

1914年6月2日（甲寅五月初九日）　2267號 二

**北京專電　《水野參事官喪儀誌盛》**

已故水野參事官之喪儀於三十日晨刻舉行，袁總統代表、各總長、駐京各國公使、旅京日人以及各界人士四百餘名參與，祭典情形尤極森嚴。

1914年6月2日（甲寅五月初九日）　2267號 二

**北京專電　《山座公使葬儀之舉行期》**

山座公使葬儀訂於六日舉行，旋於七日清晨將遺骸焚化，未亡人於十日前後當攜帶遺骨離京，坐乘軍艦回國。

1914年6月3日（甲寅五月初十日）　2268號 二

**北京專電　《特派襄辦葬儀委員》**

已故山座公使遺骨，訂於十八日由軍艦“明石號”載回日本，未亡人則當於是日離京，取道朝鮮回國。聞北京政府現經任命葬儀委員二名，襄辦該公使葬禮事宜。

1914年6月4日（甲寅五月十一日）　2269號 三

**民國要聞　《山座公使逝世續聞》**

日本駐京公使山座圓次郎君以心臟麻痹之症於二十八號午後逝世一節，已誌本報。茲悉外交部於二十九早晨接到該使館照會，正式通告該部，除由總次長等前往吊唁外，並即下半旗一日以誌哀悼。大總統係派總統府大禮官施君肇基前往。此外，我國往吊者尚有各部總長暨政界各重要人物、各高級軍官等。至於公使職務，現由使館二等參贊松平君臨時代理，山座氏之靈柩已擬於下月十日前後恭載軍艦，運送歸國云。

查山座公使於日本慶曆二年十月生於福岡縣，日本明治二十五年七月，在東京大學法科卒業。二十六年，任金山領事館書記生，同年轉上海領事館任爲領事官補，叙從七位。二十七年，轉任金山領事館書記。二十八年，轉任仁川領事館書記。同年，升任公使館三等書記官，赴任駐英公使館。因甲午事件賞給旭日章及金三百圓，叙正七位。三十年，升任公使館二等書記官，繼六位，叙勳五等，賜瑞賢章。三十二年，升任韓國京城領事兼任公使館一等書記官，叙高等官四等。三十三年，升叙正六位。三十四年，任外務省書記官。同年，任外務省政務局長，叙高等官三等。三十五年，叙從五位，授旭日小綬章，賞金一千八百圓。三十七年，任高等捕獲審檢廳評定官。同年，清國皇帝贈二等第一雙龍寶星。同年，朝國皇帝贈勳二等太極章。三十八年，任和納委員，隨員赴美國。同年，賜旭日重光章及年金六百圓。三十九年，法國政府贈勳章。四十年，賜金杯。四十一年，俄國贈勳章。同年，任駐英大使館參事官，叙從四位。四十四年，叙勳一等，賜旭日大綬章。同年，英皇贈戴冠紀念章。大正元年，回任外務省臨時事務官。二年，任特命全權公使駐北京，叙正四位。三年五月二十七日，突然發病，日皇特旨升二級，叙正三位。二十八日午前七時薨，壽四十九云。

1914年6月5日（甲寅五月十二日）　2270號 一

**《山座公使水野參贊之榮哀録》**

日本駐華公使山座圓次郎氏，忽爾薨逝於任署，雖古有“人生朝露”、

“旦不測夕”之名言，然亦誠爲命運坎奇，天意叵料之淒慘事也。聞噩耗一經發表，民國袁大總統深惋惜友邦使材之凋謝，旅櫬蕭然，遂於故後一日（即五月二十九日），特派施君肇基代表赴使署吊唁，以致哀悼。殷殷隣誼，可謂至厚之忱也。此外，民國各部總長以下各屬重要官紳，如章宗祥、江朝宗、汪大燮、葉恭綽、熊希齡、王建曾、王景岐、林志鈞、梁士詒、屠振鵬、金邦平、湯化龍、沈金鑒、曹汝霖、施履本、孫寶琦君代理人厲藻青、梁啓超其［具］夫人及女公子梁令嫻、陳恩厚、劉冠雄、段祺瑞、蕭寶珩、陳席珍、陳宧、張聯棻、徐樹錚君代理人敖恩瀛、徐世昌君代理人向瑞彝、湯叡、黎元洪君代理人覃師範、蔭昌、柳大謐、李肖聃及中日記者俱樂部代表者朱祺、汪立元、康士鐸諸君，唯以昨一日爲止，均赴日署吊唁。列强外交專員亦皆深表哀情。車馬絡繹公門，觀者莫不感激其優禮也。至於旅京日本官民自當事以來，各定部署，奔走喪事，並派定數十人在靈室内外輪流□夜，以慰靈魂，宛如骨肉在喪之戚，其摯誠之熱情亦可仰可敬。並聞山座公使葬儀現已决訂於月之六日舉行。刻下日本政府特命碇泊旅順之軍艦“明石號”搭載公使靈柩，護衛回國。因之公使夫人及不日來京，襄理喪事之公使内弟神鞭常孝君，及公使至戚古屋繁樹君等定於十八日持紼離京。議由日本使署啓行出京師正陽門，乘京奉火車前赴秦皇島，即行登艦拔錨。側聞民國肇基以來，外國使臣從無在華逝世者，此次實爲初見之事，故當靈柩離京之際，中外各國均有派儀仗軍隊沿路護送，表示一番尊重禮節之議。不寧爲此，袁大總統對於山座公使薨逝，已於三十日特向日本皇室親發吊電，篤致哀悼之辭，並由外交總長孫君寶琦於二十九日，特向日本外務大臣加藤高明君送電吊唁。其文曰：本貴國欽命駐華全權公使山座圓次郎君，於五月二十八日在京因病逝世，山座公使在華未及一年，辦事力主和平，兩國邦交賴以彌篤，茲忽溘逝，惋惜實清。用將本總長致唁之意電達貴大臣，惟覺鑒察爲幸。孫寶琦。

噫嘻！山座公使不幸永逝，幽魂冥冥，昔容難尋，吾曹同胞，羈旅天涯，身遭慘事，愁懷悱惻，不堪言喻。現值目擊中外各界懇切摯誠之哀悼，仰瞻公使身後之光榮，固差堪慰藉襟懷之悽楚，而孺慕悼惜之誠，亦覺深切無已也。

日本使館參贊水野幸吉氏逝世一節，已誌本報，茲將水野氏逝世後之所聞恭誌如下：

君號醉香，其先畢業東京帝國法科大學政治學科，投身於外交界内，充外交官，補在朝鮮勤務，嗣轉任德國，再轉任中國芝罘領事，升漢口總領事官，復膺駐美頭等參照及鈕育〈紐約——編者〉總領事之任。往歲，因中國多故，始調授駐華頭等參贊，輔翼伊集院欽使，鞅掌劇務，勞績卓然，迄今尚在人口。嗣又歷佐山座欽使，折衛樽俎，排難解紛，舉凡中日懸案之交涉問題，靡不隨手決裁，卒使兩國邦交益敦睦誼者，未嘗不嘆贊得人之所致也。彼意彼蒼既俾以材，不假以壽，竟先山座公使而然溘長逝耶。凡我旅京同胞，不勝欷歔之戚。遂於昨三十日上午十鐘，設壇於其邸宅，庶羞清禮，恭祭英魂。除旅京日本官紳悉數會祭外，特由袁大總統派遣唐在章氏致祭，並孫寶琦、熊希齡、汪大燮、蔭昌、曹汝霖諸大員、駐京各國文武官員紳士，均蒞場致祭。儀容嚴肅，哀若斷腸，頓覺慘澹悲風時時襲人襟袖也。祭場周圍點綴各界所贈之花環，揭以挽聯。曰："異域數畸人，幸似王維交晁監；歸魂傷旅夢，如聞幹寶記蘇韶。"周君自齊所贈也。"樽酒話平生，方期誼洽同文，刮目會看三日後；珠槃勞贊畫，忍説淚零遺疏，斷腸知在九回中。"曹君汝霖所明贈也。"爲命擅清才，每因樽俎周旋，草創賢勞懷裨堪［諶］；招魂歸故國，剛值端陽時節，楚些哀怨讀靈均。"張弧君所贈也。"數載感知音，縞紵論交躅國别；一朝成永訣，海天揮淚哭星沉。"則龍建章、權量、蔣尊禕、陸夢熊、陳福歐、劉成志諸君所同贈也。"誼篤珠槃，風高博望；魂歸瀛海，悼擬湘累。"孫君培敬所贈也。其餘挽聯佳者甚多，不及備載，亦足見榮哀之一班［斑］矣。

1914年6月6日（甲寅五月十三日）　2271號 三

**民國要聞　《山座公使靈柩啓行改期》**

山座公使靈柩約定於十八日由秦皇島登艦回國各節已誌昨報端。茲續聞本國葬務在邇，難於多日延宕，昨由東來電已抵公署，囑公使靈柩早日東歸，因之公使靈柩啓行之期復行更改，大約於十一日下午離京前赴秦皇島，準於十二〈日〉登艦駛回。聞中國政府爲尊重鄰邦交誼、痛悼已故日使起見，擬臨時預備特別火車兵議派儀仗軍隊護送靈柩，已經議定云。

1914年6月6日（甲寅五月十三日）　2271號 二

**東京專電　《已故華使靈柩抵京日期》**

已故駐華公使山座氏之靈柩定於十八日搭載軍艦運抵横濱，即日抵京。

1914年6月10日（甲寅五月十七日）　2274號 二

**北京專電　《水野參事官之榮哀録》**

水野參事官遺骨於八日午前八鐘半時離京，袁總統代表以及中外官紳赴站送行者頗不乏人。

1914年6月10日（甲寅五月十七日）　2274號 二

**北京專電　《山座遺骸歸國日期》**

已故山座公使葬儀於六日在日使館内舉行，中外官民參與式典者計超一千人，頗極一時之盛。聞該公使遺骸定於十一日午前六鐘時，由專車搭運前往秦皇島，當即換載軍艦“明石號”遣返本國。

1914年6月11日（甲寅五月十八日）　2275號 三

**民國要聞　《山座公使哀榮誌盛》**

駐京日本全權公使正三位勳一等山座圓次郎氏薨逝京師任署。越九日，京中日本官紳設壇公署，恭祭英靈，四方含哀，與祭者不下七百餘人。當是時，壇上奉安靈位，壇之正面上端懸以袁大總統所贈之花圈，四面牆壁密懸各國人士所贈之挽聯及花圈，滿場悽慘之風陣陣，迫人心目。衆賓之入座會祭也，則由小幡代理公使導引喪主入場，唯見故公使未亡人素衣散發，悄然徐進就席，令人對之黯然流涕，滿座不堪仰視焉。嗣則大總統特使步入祭場，又有禪門僧侶七人，法衣尊嚴，入場讀經訟［頌］禱。既畢，大總統特使參拜退場，即由小幡代理公使、北京居留民會會頭平井晴次郎、天津居留民團代表長峰興一、中日協會副會頭湯化龍、俱樂部員代表寶相寺貞彦、學士會代表岡田朝太郎等諸君循次哀奏誄詞，各追頌公使之遺德，紓其哀忱。畢則經聲又起，此間喪主及代理公使並公使親近、使館職員以至外務省官吏、駐屯軍司令官並步兵隊長、北京居留民會會頭、天津居留民團代表等以序肅進壇前各自獻香致祭，嗣由會葬外賓均隨意獻香，祭畢退席，復由小幡代理公使親率館員於場門謝送。其後誦經又起，會葬邦人逐次獻香退場，然後衆僧退出，典禮告終。

是日，中國方面重要人物特來行祭者：大總統代理施肇基、黎副總統兼參政院議長代理林長民、徐世昌、劉冠雄、段祺瑞、汪大燮、董康、沈金鑒、周家彦、蔡廷幹、湯化龍、那桐、毓朗、世續、梁善濟、張弧、喀喇沁王、朱啓鈐夫婦、周自齊夫婦、江庸、蔭昌、權量、桂春、龍建章、李盛鐸、王揖唐、溥倫、林棨、孫寶琦夫婦、江朝宗、陳宧、陳恩厚、徐樹錚、熊希齡、孫多森、梁敦彦、梁士詒、章宗祥、江康諸公均臨祭場，其他多數人員不及備録。外國方面，則領袖英國公使朱爾典夫妻及各國公使文武官員，並各國銀行及其他各官商人員等多數來會。日本方面除駐京官紳以外，復有天津及其他各方人士陸續均來，致使廣闊靈場坐席皆滿，自非公使聲望感人有甚深者，竊恐難呈現如此盛況也，然亦極人生悲惻之局矣。茲敬將袁大總統、黎副總統之祭文特誌如左：

（一）大總統之祭文

維中華民國三年六月六日，大中華民國大總統謹遣禮官施肇基致祭於大日本國山座公使之靈，曰：猗歟公使，英華赫煒，方仰俊才，倏歸太始。憶初蒞止，有曄其容，玉帛樽俎，式表海東。值我初基，艱難締造，嘉謨矩範，是則是效。兩國之交，君執其樞，無有彼此，以誠相輸。雖吾國人，僉曰明達，企此慶雲，以慰饑渴。愔愔雅度，藹藹德音，如淵之穆，如玉之温。云何不淑，忽焉委化，將返星軺，遽騰霓駕。遥瞻鄰邦，失此藎臣，縉紳搤掔，婦孺沾巾。一葦可航，敦槃相屬，尚冀後來，循茲芳躅。尚饗！

（二）黎副總統之祭文

維中華民國三年六月六日，中華民國副總統、参政院長黎元洪致祭大日本駐華公使山座君之靈：嶽嶽富山，篤生彦聖，樽俎折沖，珠槃報聘。洊膺局長，屬值戎衣，沈機默運，動無不宜。我邦初造，東南多故，嘒彼使星，載光燕路。保持東亞，敦睦邦交，俾我二國，如漆投膠。爾提爾攜，大猷未盡，如何一夕，梁摧星隕。維天有日，乃殄良材，豈爲公慟，爲二國哀。遺疏猶存，靈輛將適，公若有靈，尚其來格。

（三）湯化龍君之祭文

維中華民國五月二十七日，大日本駐華公使山座君以遽疾歿於北京任次。本會同人軫邦交之艱巨，痛哲人之淪喪，臨會愴惻，至於累欷。謹以不文之詞，布之靈右，以誌悼忱。嗚呼，惟君之靈，尚克鑒之哉。猗歟賢使，挺生福岡，逮於就學，東京觥觥。服務十年，於役四國，皇華載道，山川生色。君之蒞我，值我内訌，匪寇匪仇，鬩於家邦。金陵之禍，漢臯之驚，波及鄰僑，我是用廑。君曰無傷，伯叔昆弟，發理至誠，斡旋國際。樽俎無猜，七［匕］鬯不墜，藹藹吉人，敦我睦誼。歐亞棣通，黄白遠錯，南鷹北鷲，瞵〈瞵〉齶〈齶〉。白山作壘，揚子爲門，〈我〉則寒矣，東亦何温。惟君閎識，昔有至言，中日親密，乃固其藩。載瞻風雲，浩浩未已，嗚呼昊天，忽隕賢使。宛宛星輅，〔西〕覆於中道，和友邦佐，爲亞東吊。吾儕不敏，備荷協黄［贊］，山門頹落，賓友悼嘆。歸櫬遠渡，春杵同哀，釃酒遼海，靈兮其來。嗚呼，尚饗！

中日國民協會會長湯化龍

（四）孫寶琦君之挽詩

悲風逐電達滄瀛，一夕星飛四國驚。禹甸駪征方靡及，神山鶴馭忽相迎。抛將使指知銜恨，惜取鄉才有嘆聲。淒絶舊時歡燕地，榴花如火照銘旌。

海國前遊夢尚尋，造廬席地接虚襟。飲冰再見情逾［愈］厚，傾蓋當時契已深。至寶忍埋和氏璧，高風遽絶廣陵琴。論交何敢儕僑劄，絮酒無由展素心。

人物紛紛狎敦槃，多應真率如君難。賦詩趙武心如見，飲酒陶潛性自完。雅誼長留同列感，逡來誰繼兩家歡？國書痛悼稱良友，莫作尋常縞紵看。

館中昨殞小行人，朝露浮生感慨新。頗念端憂因嘆逝，豈知語讖已傷神。失聲參佐饒遺愛，載道榮哀痛藎臣。剩有淚河欲東注，山丘何處獨沾巾？

大日本帝國山座公使挽詞　中華民國三年六月　孫寶琦

此外中國諸賢贈寄挽聯者則有：江朝宗、世續、曹汝霖、王家襄、金邦平、陸夢熊、蔣尊禕、龍建章、陳福頤、權量、劉成志、徐樹錚、三大學同憲［窗］、陳宧、梁啓超、湯化龍諸君。匾額則有李大偉、張聯棻。緞幛則有林棨、熊希齡、象賢、陳炳鏞、蔭昌、唐在禮諸君。寄贈花圈者則有黎元洪、那桐、俄亞銀行、林志鈞、江朝宗、楊士琦、孫多森、徐恩元、周自齊、張壽齡、張弧、梁士詒、蔡挺幹、沈金鑒、桂春、三大學同憲［窗］諸友、象賢、吴炳湘、葉公綽、湯化龍、梁善濟。其餘歐美各界多數名流，邊［篇］幅有限，謹從割愛，請恕。噫，山座公使夙以外交良材掌握邦交樞要，物望殷殷，内外倚重，天與善人，宜如何哉？乃一旦之間，幽明殊界，榮哀雖如此其盛，而我公徽音竟不可復繼矣。悲夫。

民國要聞

山座公使哀榮

哀大總統之祭文

黎副總統之祭文

湯化龍君之祭文

孫寶琦君之挽詩

1914年6月12日（甲寅五月十九日）　2276號 二

**北京專電　《已故山座日使靈柩離京情形》**

已故山座公使靈柩於十一日午後六鐘時離該公使館，當由日本軍隊二中隊、中國軍隊二大隊及駐京各國軍隊二百五十名翊衛，袁總統則特開正陽門，以便通過，且飭外交部特派委員二名，前赴秦皇島送行。

1914年6月12日（甲寅五月十九日）　2276號 三

**民國要聞　《李鼎新派定送行軍艦之司令》**

已故山座公使靈柩回國時，中政府特派軍艦一艘回航秦皇島，在該地燃放禮炮，以重送行禮節。茲悉統帥該軍艦之司令官已派定海軍總司令處總司令李鼎新君，李君即於日内前往大沽口乘艦駛赴秦皇島云。

1914年6月13日（甲寅五月二十日）　2277號 六

**東三省新聞　鐵嶺　《追悼山座公使》**

駐京日本山座公使逝世之耗到鐵嶺，一般居留民及官紳各界於十一號午後四鐘在西關本願寺開追悼會，中國官紳各界亦前往致祭，以敦睦誼。

1914年6月16日（甲寅五月二十三日）　2279號 三

**民國要聞　《故山座公使靈柩出京之情形》**

十一日爲已故駐華公使正三位勳一等山座圓次郎氏靈柩出京回國之期，茲將當日出京情形詳誌如左：

靈柩移置於靈車

下午四鐘數分，日本儀仗隊之二個中隊整列於日本使館庭前，至四點三十分，公使靈柩始移在靈車之上。四時四十分，該儀仗隊由藤田隊長指揮吹奏喇叭，此時公使夫人及小幡代理公使以下各員均在靈車之側起立，以表敬意。軍隊行禮既畢，公使夫人、小幡代理公使均升坐馬車，其餘各員亦相繼登車。

靈柩啓行出館

四點四十五分，藤田隊長指揮前部儀仗隊一個中隊前導靈車，徐徐啓行，公使夫人等馬車繼之，其後部儀仗之一個中隊即在後面扈從隨行。

使館門前各國軍隊

先時，使館門前已排列各國駐屯軍一小隊及中國儀仗隊六百及軍樂隊一隊，其次序列則荷、俄、美、法、義、德、英、中，在使館門前以北路側按次列隊。

各國兵隊敬禮

靈柩出門沿禦河北行。是時，在路側整列之各國兵隊均行捧銃禮，以表敬意。禮畢，各國兵隊依據前記順序隨後扈行。

中國儀仗隊

靈車進至預定地點，日本儀仗隊隊長則向前面之中國儀仗隊傳告進行，於是中國儀仗隊六百名由軍樂隊吹奏哀樂開始進行。

沿路之光景

靈車則先沿禦河北行至東長安街，渡禦河橋，沿皇城外牆向西進行，嗣又南下行抵財政部門前之通衢，右轉出中華門，左轉出正陽門左側至東車站。此間，靈車所經之沿路，所有中外人士觀者如堵，而靈車通過其面前時，則咸止步，深表敬意。由中華門至車站間則爲往來極繁之處，京師員警廳早派多數巡警散列道路兩旁，嚴重取締，備置頗爲周到，因此靈車行列毫無障礙。至五點十分，靈車已安然行達車站矣。

駐京日之人之恭迎

駐京日人士女約五百人，各穿禮服，帶有喪章，均集於車站正門左側恭迎靈柩，脱帽行禮，咸露有一種悽慘之形。

中西巨公之迎送

是日，大總統代理施肇基、黎副總統代理林長民、駐京各國公使及夫人，並段祺瑞、劉冠雄、孫寶琦、周自齊、湯化龍、章宗祥、熊希齡、汪大燮、梁啓超、曹汝霖、梁善濟、吴炳湘、湯叡、沈府尹、蕭中將、王天縱諸公，及中西多數名士一律在月臺迎接靈柩。

各國軍隊之整列

靈柩入於花車，日本軍隊二個中隊及中西各國軍隊均整列於月臺，秩序井然，實極一時之大觀。

未亡人入花車

時近六點，行將開車，小幡代理公使即導未亡人對於總統及副總統代理並各國公使及夫人、中西各國鉅公周旋鳴謝，然後乘坐花車寂然垂頭，擁護靈柩，其悲慘之狀令人不忍仰視。

靈車發軔時景象

時正六點，靈車將動，日本軍隊及中國軍隊均奏哀曲，中外各國軍隊亦捧銃行禮，既而靈車徐徐發行之時，中外人士均脱帽垂頭，肅然送行。

護送至秦皇島者

此日隨從至秦皇島者，有日本公使館員及日軍軍官士卒數名，並中國政府所派之外交部官吏及拱衛軍四十名，此外尚有日本各種團體代表數十名。

感謝接待之優異

中政府對於山座公使之靈柩出京種種接待，頗極優異，已誌昨報。又承外交、交通、内務三部及員警總廳等各方面種種注意，警戒周到，故自日本公使館起直至前門車站，沿路均極静肅，絕無混雜喧囂之狀，使靈車平穩出京。日僑對之深感中政府之厚情云。

1914年6月17日（甲寅五月二十四日）　2280號 三

**民國要聞　《山座公使靈柩沿途情形》**

已故山座公使靈柩十一日下午六點由正陽門東站搭乘專車啓行一節已誌昨報，兹據送行秦皇島歸來者談述火車開行以後之詳細情形，臚列於左：

花車内之配置

花車之内特設大花廳安置靈柩，將大總統及中外各紳顯所贈之花圈安配靈柩之上，由扈從之日兵二人交替守衛於靈柩之傍，故公使夫人及送行之各日本官民亦在靈側交替熬夜。中國政府特遣之拱衛軍四十名，一律搭乘第一列之三等車，其中二名交替守衛花車前後兩面之進口。又外交部之施君履本、吕君烈煌及京奉鐵路局員二名在列車中種種照應，無微不至云。

津門各界之迎送

晚九點火車抵天津東站，是時駐津室田總領事及佐藤司令官代理以及各界日僑一律整列車站敬迓送靈柩，就中小學校學生由教員率同静肅送行，動人觀瞻。又在中國方面，儀仗兵一隊，軍樂隊並巡警一百名，更有都督代理及交涉司王閣麟，海關都督徐氏，參謀長力錦氏，代理天津員警廳長楊以德等諸君送行，就中有中國大官數員及日僑重要人物等，對於靈柩特行參拜，並向山座夫人陳述吊詞。中國軍樂隊旋奏悲哀之曲，同時送行者叩頭默禮之下，火車徐徐開行，山座夫人及其同行者咸感各界之誠意云。既至塘沽昌黎等處時已深更，日本官民亦均在站敬送。經湯河到秦皇島時，正十二日午前五時，至站橋附近，始行停車。

席棚内安置靈柩

靈車進至站橋附近，有日本陸兵七十名、海兵一小隊及中國巡警四十名並在山海關日僑有志者均出棚恭迎，既而日兵六名恭持靈柩，由靈車移出，捧入中政府所特設之席棚内安置。中日兩國兵士均向前參拜，各行捧銃之禮。該棚匾額係“敬迎靈柩”之四大金字。

靈柩移坐輕舸

少時之後，日兵六名恭捧靈柩步至站橋，其時則有日艦“明石號”所派之海兵即接捧靈柩移於輕舸安置。

“明石艦”解纜

既而，未亡人及親戚亦均乘短舸擁護靈柩，中日送殯各員皆佇立站橋肅然送行。斯時也，輕舸蹴波，漾漾而進，七時安抵日艦“明石號”，即將靈柩恭移艦内，未亡人等亦皆移座於次。七時四十分，始行解纜歸東。中日各員亦遥望該艦，各現愁容，注視稍久，始就歸路。

中日軍艦之吊炮

靈柩移入明石艦内，少焉，中政府特派之軍艦“海圻號”即向“明石”發射吊炮十五響，以表敬禮，“明石號”亦發炮應答，以表鳴謝之忱。

各國兵艦揭半旗

此日，日艦“明石號”舷頭高揭半旗，且張黑色幔幕於甲板，以表哀意。中艦“海圻號”亦高揭半旗，而同時碇泊之法、奥二國軍艦亦均揭半旗，以示對於友邦公使之敬禮。

靈柩所坐之花車

聞日前山座公使靈柩所坐之花車，本係前清時代惟限皇族所使用之特别專車，今次中政府特派該車以充安置靈柩之用，頗極示優禮之忱。

中國官民之熱情

前日在北京，中外諸公敬送靈柩情形已誌昨報，離京以後至秦皇島一帶沿途送殯狀況亦如本報所載要之。今次山座公使靈柩返邦，中國官民深重邦交，與日本國民共分憂悼之熱情到處髮露，而故公使靈柩遂於莊嚴静肅之中安全迎送，並無遺憾，日本官民對此事感情頗形深厚云。

1914 年 6 月 17 日（甲寅五月二十四日）　2280 號 六

**東三省新聞　奉天　《追悼故山座公使大會》**

緬想山座公使生前辦理中日邦交，厥功甚偉，不幸中途薨逝，駐奉日

本官紳特開追悼故山座公使、故水野參事官。茲擬於十九號午後七時，擇奉天俱樂部西部會場開追悼大會，聊盡哀忱。（静）

## 八　上海《時事新報》

1914年5月24日（甲寅四月三十日）　第一張　第二版

**譯電**

日使山座定於本月念七號回國與日政府面商要政。

1914年5月29日（甲寅五月初五日）　第一張　第一版

**特約路透電**

駐京日使山座君星期二日稍覺心痛，昨日正午突現危象，醫士注射藥水以解心房壓力，下午三次劇痛，諸醫束手，晚七點鐘時病勢大減，詎至夜半復轉沉重，延至今晨十二點三十分氣絶逝世。日使署辦事員已請示東京政府，因未接復電，故未正式宣佈噩耗。該署數日之前疊遭凶事，一切政務幾全停辦。各使署以山座及水野二君皆日本外交能員，今相繼謝世，咸深惋惜，且皆爲山座夫人報戚。日人現擬將屍火化運回東京。水野之屍已於昨日火化，定星期六日舉行追悼會。（二十八日北京電）

1914年5月29日（甲寅五月初五日）　第一張　第一版

**特約路透電**

山座君噩耗宣佈後，衆皆大驚，各報皆載長文稱揚彼一生之事迹。（二十八日東京電）

1914年5月29日（甲寅五月初五日）　第一張　第一版

**專電**

日使山座氏本有日内回國消息，用意似在與大隈接洽對華政策，日前突患危症，未成行。

1914 年 5 月 30 日（甲寅五月初六日）　第二張　第三版

**《已故駐京日使山座圓次郎氏之官歷》**

日本水野參事官死未旬日，乃聞該國駐華公使山座氏又因患心臟麻痹之症遽爾去世，中日政界人〈士〉深致惋惜。茲揭載山座服官略歷如左，當亦關心時事者所樂聞也。

山座氏以明治二十五年卒業於東京帝國大學法科大學，始在釜山領事館爲雇員。二十六年七月，任領事館書記生；十一月，任候補領事官，就職英國。二十九年，以明治二十七八年（中東之役）之勞績賜勳六等單光旭日章，金三百圓。三十年十一月，任公使館二等書記官。三十二年三月，就職韓國；十二月，任領事官兼公使館一等書記官，就職韓京。三十四年四月，免本官，專任外務省書記官；九月，命外務省政務局長學習；十二月，任外務省政務局長；十二月，以明治三十三年在（庚子之役）之功賜金八百圓。三十七年二月，補高等捕獲審檢所評定官，爲議和全權委員之隨員至美。嗣以明治三十七八年之勞績授勳二等，賜旭日重光章及華金六百圓；七月，命爲創辦南滿鐵道股份公司委員。四十一年六月，任大使官［館］參事官，就職英國；九月，英國倫敦開海戰法規會議，命爲全權委員。四十二年十二月，命爲日英博覽會評議員。大正二年七月，任駐華公使，就職北京。

1914 年 5 月 31 日（甲寅五月初七日）　第一張　第一版

**專電**

日使山座實於念三夜半逝世，當日午前往車站送瀏澤回國，午後又往接已故水野參贊夫人回館，後伴至柩前，未及，即感不適，醫生雲熱度達百三十度，晚加劇，遂不起。因俟本國政府訓令，念九晨始發表。

1914 年 6 月 4 日（甲寅五月十一日）　第二張　第一版

**《日本水野參贊之哀榮》**

參贊姓水野名幸吉，號醉香。其先畢業東京帝國法科人學政治學科，投身於外交界内，充外交官。初在朝鮮勤務，嗣轉任德國，再轉中國芝罘領事，升任漢口總領事，復膺駐美頭等參贊及紐約總領事之任。往歲調授駐華頭等參贊，輔翼伊集院、山座兩公使。折沖樽俎，頗有令名。其卒也，中外人士咸致悼惜。其邦人遂於三十日上午十鐘設奠於其邸，旅京日本官紳悉數會祭。袁大總統特派員唐在章及孫寶琦、熊希齡、汪大燮、蔭昌、曹汝霖諸君，與駐京各國文武官員紳士蒞祭者百餘人，儀容肅穆，殊可悲悼。祭場周圍點綴各界所贈之花環，揭以挽聯。曰：“異域數畸人，幸似王維交晁監；歸魂傷旅夢，如聞千［幹］寶記蘇韶。”周自齊所贈也。“樽酒話平生，方期誼洽同文，刮目會看三日後；珠槃勞贊畫，忍説淚零遺疏，斷腸知在九回中。”曹汝霖｛林｝所贈也。“爲命擅清才，每因樽俎周旋，草創賢勞懷裨諶；招魂歸故國，剛值端陽時節，楚些哀怨讀靈均。”張弧所贈也。“數載感知音，縞紵論交斶國别；一朝成永訣，海天揮淚哭星沉。”則龍建章、權量、蔣尊禕、陸夢熊、陳福歐、劉成志所同贈。其餘則詞章尚多，頗極一時之盛云。

1914年6月8日（甲寅五月十五日）　第一張　第二版

**專電**

昨（七日）日使山座開吊，總統遣禮官施肇基致祭，祭文結語云：一葦可航，敦槃盼屬，尚冀後來，循玆芳躅。其櫬定十一日回國。（北京專電）

1914年6月12日（甲寅五月十九日）　第一張　第一版

**《故日本駐華山座公使哀挽録》**

（一）大總統誄詞

維中華民國三年六月六日，大中華民國大總統謹遣禮官施肇基致祭於大日本國山座公使之靈，曰：猗歟公使，英華赫煒，方仰俊才，倏歸太始。憶初蒞止，有曄其容，玉帛樽俎，式表海東。值我初基，艱難締造，嘉謨矩範，是則是效。兩國之交，君執其樞，無有彼此，以誠相輸。雖吾國人，僉曰明達，企此慶雲，以慰饑渴。愔愔雅度，蕩蕩德音，如淵之穆，如玉之温。云何不淑，忽焉委化，將返星軺，遽騰霓駕。遥瞻鄰邦，失此藎臣，縉紳搤擥，婦孺沾巾。一葦可航，敦槃盼［相］屬，尚冀後來，循玆芳躅。尚饗！

（二）副總統吊詞

維中華民國三年六月六日，中華民國副總統、參政院長黎元洪致祭大日本駐華公使山座君之靈：嶽嶽富山，篤生彦聖，樽俎折沖，珠槃報聘。洊膺局長，屬值戎衣，沈機默運，動無不宜。我邦初造，東南多故，嘒彼使星，載光藝［燕］路。保持東亞，敦睦邦交，俾我二國，如漆投膠。爾提爾撕［攜］，大猷未盡，如何一夕，梁傕星隕。維天有日，乃殄良材，豈爲公慟，爲〈二〉國哀。遺疏猶存，靈輀將適，公若有靈，尚其來格。

（三）中日國民協會會長湯化龍吊詞

維中華民國五月二十七日，大日本駐華公使山座君以遽疾歿於北京任次。本會同人軫邦交之艱巨，痛哲人之淪喪，臨會愴惻，至於欷欷。謹以不文之詞，布之靈右，以誌悼忱。嗚呼，惟君之靈，尚克鑒之哉。猗歟賢使，挺生福岡，逮於就學，東京觥觥。服務十年，於役四國，皇華載道，山川生色。君之蒞我，值我内訌，匪寇匪仇，鬩於家邦。金陵之禍，漢皋之驚，波及鄰僑，我是用廑。君曰無傷，伯叔昆弟，發理至誠，斡旋國際。樽俎無猜，七［匕］鬯不墜，藹藹吉人，敦我睦誼。歐亞棣通，黄白遠錯，南鷹北鷲，瞵〈瞵〉齶〈齶〉。白山作壘，揚子爲門，我則寒矣，東亦何温。惟君閎識，昔有至言，中日親密，乃固其幡［藩］。載瞻風雲，浩浩未已，嗚呼昊天，忽隕賢使。宛宛星軺，覆於中道，和友邦佐，爲亞東吊。吾儕不敏，備荷協贊，山門頹落，賓友悼嘆。歸櫬遠渡，舂杵同哀，釃酒遼海，靈兮其來。嗚呼，尚饗！

（四）外交總長孫寶琦挽詩

悲風逐電達滄瀛，一夕星飛四國驚。禹甸馳征方靡及，神山鶴馭忽相迎。抛將使指知銜恨，惜取鄉才有嘆聲。淒絶舊時歡燕地，榴花如火照銘旌。

海國前遊夢尚尋，造廬席地接虚襟。飲冰再見情逾［愈］厚，傾蓋當時契已深。至寶忍埋和氏璧，高風遽絶廣陵琴。論交何敢儕僑劄，絮酒無由展素心。

人物紛紛狎敦槃，多應真率如君難。賦詩趙武心如見，飲酒陶潛性自完。雅誼長留同列感，逡來誰繼兩家歡？國書痛悼稱良友，莫作尋常縞紵看。

館中昨殞小行人，朝露浮生感慨新。頗念端憂因嘆逝，豈知語讖已傷神。失聲參佐饒遺愛，載道榮哀痛藎臣。剩有淚河欲東注，山丘何處獨沾巾？

大日本帝國山座公使挽詞　中華民國三年六月　孫寶琦

（五）日本臨時代理公使小幡酉吉吊詞

特命全權公使正三位勳〈一〉等山座圓次郎閣下遽膺不虞之疾，溘然長逝，以本日舉假葬之禮。嗚呼。昔容咫尺而幽明，萬里感懷之情不能自已。敬捧吊詞，聊誌敬慕。

（六）北京日本僑民會長平井晴二郎吊詞

駐華特命全權公使正三位勳一等山座圓次郎閣下，既與世長辭矣，慕公忠節，敬公勳名，公義私情，復何所云。謹代表僑民奉此哀忱。

1914年6月12日（甲寅五月十九日）　第一張　第二版

**特約路透電**

已故駐京日使山座君遺骸之灰，今晚六時離京，將由袁總統代表施肇基及外交部委員兩人送之。中國巡洋艦兩艘預候秦皇島，於其抵時鳴炮致敬，旋護送日本巡洋艦“明石號”出海。各使署亦將派兵與日兵同出前門，送至車站。自有明以來，從未許棺木經過此門，中政府破此成例，以示特別尊崇山座君。袁總統之代表及中外各要員、前清各顯貴均將執紼，日使署深感中國以殊禮遇待前使山座君。蓋借此可令衆知中日友誼之篤也。山座夫人將偕其夫屍灰反［返］葬橫濱須賀。

特約路透電　已故日使山座君今日下午出殯，其遺骸之灰，載以袁總統之馬車，送至車站，儀仗甚盛，中外兵隊護送者極爲壯觀。由使署出發後，由紅牆出前街至站。既抵，乃將盛屍灰之籃另置一車，山座夫人時亦抵站，執紼之員、過者皆向鞠躬，繼由山座夫人鞠躬謝衆，步登火車。儀仗所過，一路極爲整齊，全由華人爲之照料，此實北京近年來偉觀之一也。　以上十一日北京電

1914年6月15日（甲寅五月二十二日）　第二張　第一版

**《故日本山座駐使靈柩歸國記》**

已故日本山座公使之靈柩於十一日下午四時四十五分鐘，由日本公使館發引，其出殯路由出使館正門，沿禦河而北行，道經東長安街、户部街、駐京美軍操場之側，繼通過正陽門，抵正陽門東站京奉鐵路，即登特備之專車於六時發軔，當晚九時抵天津車站，停車一刻再行開車。預定十二日上午四時半鐘至湯河車站，五時至秦皇島，直搭軍艦“明石號”開發日本。其出殯儀仗，最前爲我國特送之軍樂隊及護衛兵六百人，繼之以日兵一中隊，繼之以靈柩，繼之以公使親族、公使館之員、日本僑民會長副會長，繼之以日兵一中隊，繼之以各使署之衛隊各二十五人。於是中外會葬者任意隨送，兩旁有警衛三百餘名沿道肅立。及至車站，日兵二中隊及我國軍樂隊、步隊、各使衛隊及中外會葬者皆整列月臺兩旁，俟靈柩登車而散。其隨靈至秦皇島者，日本有公使館員及日軍軍官一員，下士一員，兵卒六名，我國政府亦特命外交部參事施履本、吕烈煌兩氏並拱衛軍四十名，充爲護兵，由隊長率領同乘專車護送至秦皇島。又命巡洋艦“海圻號”停泊秦皇島，俟日艦“明石”解纜之際，由艦長湯廷光指揮鳴炮示

敬。此次我國政府對於山座氏優禮有加，如特許靈柩通過正陽門、派遣軍隊隨從靈柩、特飭巡警沿路守衛，皆爲格外優待，寓京日僑頗示滿足云。

故日本山座駐使靈柩歸國紀

已故日本山座公使之靈柩。於十一日下午四時四十五分鐘。由日本公使館發引。其出殯路由。出使館正門沿御河而北行道經東長安街戶部街駐京美軍操場之側。繞通過正陽門抵正陽門東站京奉鐵路即登特備之專車於六時發靷。當晚九時抵天津車站停車一刻再行開車預定十二日上午四時半鐘至湯河車站。五時至秦皇島直搭軍艦明石艦開發日本。其出殯儀仗。最前爲我國特送之軍樂隊及護衛兵六百人繼之以日兵一中隊繼之以靈柩繼之以公使親族公使館之員日本僑民會長副會長繼之以日兵一中隊繼之以各使署之衛隊各二十五人於是中外會葬者任意隨送兩旁有警衛三百餘名沿道肅立 及至車站日兵二中隊及我國軍樂隊步隊各使衛隊及中外會葬者皆整列月台兩旁 俟靈柩登車而散 其隨靈至秦皇島者。日本有公使館員及日軍軍官一員下士一員兵卒六名我國政府亦特命外交部參事施履本呂烈煌兩氏並撥衛軍四十名充當護兵由隊長率領同乘專車護送至秦皇島又命巡洋艦海圻號。停泊秦皇島俟日艦明石解纜之際由艦長湯廷光指揮鳴砲示敬此次我國政府。對於山座氏。優禮有加。如特許靈柩通過正陽門派遣軍隊隨從靈柩特飭巡警沿路守衛皆爲格外優待寓京日僑頗示滿足云

# 九　北京《順天時報》

1914年5月24日（甲寅四月三十日）　禮拜日　3767號　第十版

**《水野參事官逝世》**

日本駐京公使館敕任參事官、法學士水野幸吉氏，突於前日遽罹急性盲腸炎併發腹膜炎症，雖迅即治療，然病勢異常沉重，未克奏效，遂於昨下午六鐘十分溘焉逝世。良以事起倉卒，知交故舊雖屬哀悼備至，儼如在醉夢中之景象焉。聞學士享年四十有二春秋，猶富前途，榮達未易限量。今則日本外交界中又缺儁才一人，洵可痛嘆。並聞其令夫人聞訊已由東來京，現時尚在途中，約於廿七日即可抵京云。(本)

1914年5月26日（甲寅五月初二日）　禮拜二　3768號　第二版

**論説　《吊水野參贊官》**

嗚呼，水野參贊官捐館已三日矣。玉樓告成，遽昭修文於天上；口碑

載道，空留遺愛於人間。書劍猶存，伊人頓渺，傷何如哉。

按：水野氏幼而穎悟，有神童之譽。及入大學，嶄然露頭角，千八百九十七年，以優等成績卒業於東京帝國大學法科，既而應外交官試驗，取列前茅。同年，任京城日本公使館外交官補，勤務一年有半。千八百九十九年調任於柏林日本公使館。千九百一年，升任三等書記官。自茲以往，遂盡瘁於外交界而次第奏其偉績矣。

千九百一年十二月，轉任芝罘日本領事，連任至千九百五年八月。是時，適當日俄戰役，芝罘乃樞要地點，關係最重，氏乃發揮其靈敏之手腕，保護僑民，勤務、諜報及其他一切外交事務，莫不臨機應變，措置咸宜，此其在芝罘領事任内之成效也。

千九百五年秋，轉任漢口領事，不獨中日關係日益親密，且對於居留地之建築，尤爲慘澹經營，並著有《漢口》一書，至今膾炙人口。此其在漢口領事任内之紀念也。

千九百七年，赴美國任紐育［約］總領事，令名播於中外。方澀澤男爵及日本諸實業家之應美國商會招待而渡美也，氏立於兩國人間盡力斡旋，其名望更因而大噪。此其在紐約總領事任内增進日美親交之功績也。

千九百十一年，中國革命勃發，氏即於是年十二月轉任北京日本公使館一等書記官。前伊集院公使去後，轉佐山座公使勵精治事，孜孜不倦，且務與中外賢士大夫交際，故賓友往來門常如市。日本政府嘉其功、賞其才，特開新例，與以大使館參贊官之高位，此又其在北京公使館書記官及參贊官任内之勳勞，爲吾輩所親見者也。

如此不可多得之外交官，吾人方冀其克享遐齡、建樹偉業，孰料竟於本月二十日罹急性盲腸炎兼腹膜炎，延醫治療無效，竟於本月二十三日六時十分長眠不起。臨終時惟殷殷以公務爲念，語不及私，其性格丰範，誠有令人欽感者焉。

嗚呼，氏性情篤厚，善與人交，文章之流麗，學術之淵深，久爲世人所欽佩。且頭腦明敏，斷事迅速，確爲外交官出色之人才。對於中國國情大爲熟悉，一旦遽失此人，誠日本之大不幸也。

且氏今年僅四十有二，春秋尚富，使天假以年，前途正未可量，中年捐館，不克大展經綸。且遺族有令夫人及男一女二，孤兒寡婦，悲慘淒涼。又何怪山座公使及館中諸友，均爲之悲痛弗勝，中外聞者，均爲之感嘆不置也哉。

方氏之病篤也，日本天皇陛下聞之，念其勳勞，特進位階勳章。及其既卒，吊客盈門，吊電盈篋。生榮死哀，九泉有知，或亦差堪瞑目乎。

1914年5月27日（甲寅五月初三日）　禮拜三　3769號　第九版

**《已故水野参贊祭禮》**

大使館參事官、從四位勳三等水野幸吉氏突罹劇症，已於月之二十三日終於駐華任内。舉凡京中執友，惋悼痛惜，宛如骨肉之戚。定於月之三十日上午十時，築壇於東交民巷舊使署舉行祭禮，因之該任事諸人等，除將此事登報致函通告中外知友外，並敬望各界交遊諸君屆時蒞場光奠，以慰英魂云。（本）

1914年5月31日（甲寅五月初七日）　禮拜日　3772號　第二版

**論説　《吊山座公使》**

嗚呼，我東瀛第一流外交家、駐華全權公使山座氏，倉卒之間突罹重患，竟於本月二十八日溘然逝去，與世長辭矣。

按：山座公使慶應二年十月生於福岡，長入東京帝國大學，肄業法科。明治二十五年以優良之成績卒業於學校，爾來二十有餘年服務外交界，卓著勳勞，言其功績，指不勝屈，而最足發揮其才能遺後人之紀念者，即任外務省政務局長時代，及任駐華公使時代是也。

按：氏自明治三十四年任外務省政務局長，在職數年，歷事加藤〈高明——編者〉、小村〈壽太郎——編者〉、林〈董——編者〉三大臣，舉外務省全局之事務，負荷於雙肩。當此之時，適值日俄失和，軍書旁午，外交事務，息息與軍事相關。氏臨機應變，措置咸宜，戰勝强鄰，實與有力。明治三十八年七月，隨講和全權委員渡美贊襄和議。蓋氏之立功國家，以此數年爲最多，而氏之勤勞，亦以此數年爲最甚矣。

迨大正三年，氏新自倫敦歸來，遂受任爲駐華公使。六月履任，是時東南亂事尚未肅清，中華民國亦尚未得列强之承認，國基動摇，内外多故。自氏到任，孜孜不倦，專以增進中日邦交，維持東亞大局爲務。數月以來，中國國基日益鞏固，中日情誼亦日益親密。氏斡旋之功，誠不可没，故中外人士，莫不仰之爲外交界之明星焉。

且山座氏，不僅才能出衆，爲第一流外交家已也，其人格之高尚，尤足令人欽佩。持躬則方正清廉，待人則温柔敦厚。瞻其丰采，則如霽月光輝；聽其言論，則如春風化雨。且提攜後進，不遺餘力，中外賢士，争與納交，均以未能識荆爲憾，固亦無足怪也。

氏原定於本月月杪，歸朝述職。適以水野參贊病故，暫緩行期，孰意竟於二十七日突患心臟麻痹，針砭罔效，醫藥無靈，竟於二十八日，溘然長逝。鈞天沉醉，喪此哲人，撫書劍而興悲，讀遺疏而隕涕，不亦大可痛哉。

且氏春秋尚富，苟天假以年，當可大展經綸，建樹偉業，一旦中道而逝，人無識與不識，莫不哀之。日本天皇聞之，特進二階，叙正三位，飾終之典，可謂至優極渥，而氏之才能勳望，於此亦可見一斑。嗚呼，當此中日兩邦力謀親善之際，遽喪此外交重臣，此固國家之不幸，又奚止爲一人悲哉？

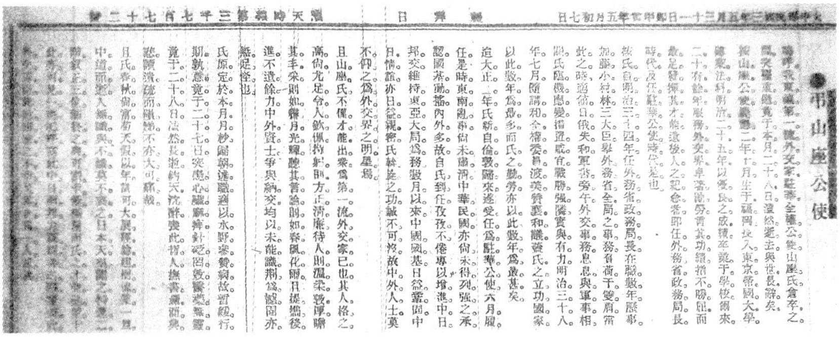

1914 年 5 月 31 日（甲寅五月初七日）　禮拜日　3772 號　第二版

**東京特電（五月三十日接到）　《派艦接送公使靈柩》**

政府已特派軍艦駛抵秦皇島，搭載山座公使靈柩送還本國云。

1914 年 5 月 31 日（甲寅五月初七日）　禮拜日　3772 號　第二版

**時事要聞　《山座公使之甘棠鴻迹》**

駐京日本山座公使蒞任以來，鋭意勤勞，常以殉職爲念。際會中國革命亂後，外交多事之秋，扶持邦交，解決盤錯，經營擘畫，備盡心思，振其縱横之奇才，施其周密之手續，内外重望係在一肩，外交前途尤若長城之倚重。奈近時頭等參贊官水野幸吉氏突罹鉅疾，咄嗟告終，未出浹晨，又傳山座公使，遽罹心臟麻痹症，竟於月之二十六日復帳騎箕。水野參贊痛悼之抆淚未幹，山座公使之大星又隕，致我外交界内連失柱石之良才，翹首欲問彼蒼誠非人力所能左右者也。兹將山座公使生平歷官之勳迹，詳細叙録，藉表哀悼之忱。

山座公使諱圓次郎，以慶應二年十月生於福岡市地行東街。明治二十五年七月畢業東京帝國大學法科，即勤務於釜山領事館。二十六年七月任釜山領事館書記生。二十六年九月，奉命勤務於上海。二十六年十一月，任領事官補，叙高等官七等，仍居上海勤務。二十六年十二月，叙從七位。二十七年八月，改命釜山勤務。二十八年五月，改命仁川。二十八年十一月，調任公使館三等書記官，叙高等官六等，勤務於英國。二十八年十二月，蒙賜勳六等，單光旭日章及金三百圓，叙正七位。三十年十一月任公使館二等書記官，叙高等官五等。三十年十二月，叙從六位。三十一年七月，叙勳五等，授瑞寶章。三十二年三月，奉命赴韓國勤務。三十二年十□月，任領事兼公使館一等書記官，叙高等官四等，奉命改駐京城勤務。三十三年二月，叙正六位。卅三年七月，諭免本官，專任公使館一等書記官。三十四年三月，復免韓國勤務，兼任外務書記官。卅四年九月，奉命外務省候補政務局長。三十四年十二月，任外務省政務局長，叙高等官三等。三十五年三月，叙勳四等，授旭日小綬章，從五位。卅七年二月，補高等捕獲審檢所評定官。三十七年十月，蒙允領受清國皇帝陛下所贈與之二等第一雙龍寶星，並許佩用之。三十七年十一月，復蒙允將韓國皇帝所贈與之勳二等太極章領受並許佩用之，同時又升叙高等官二等。三十八年一月，叙正五位。三十八年七月，充講和全權委員隨員，派赴美國。三十八年十一月，奉命特派爲全權大臣隨員。三十九年四月，蒙授勳二等旭日重光章及年金六百圓，並特授明治三十七八年戰役從軍之記章。三十九年七月，諭派爲南滿洲鐵道株式會社創立委員。四十年七月，蒙允將法蘭西共和國政府所贈與之“昆曼特爾德羅爾特爾那壽那爾德拉列基温德諾爾”勳章領受並佩用之。四十年九月敕賜金杯一具。四十年十二月，法蘭西共和國政府贈與“克蘭克羅窒德羅爾特爾尼”章、“耶爾阿諾阿爾”勳章，復蒙允准領受佩用。四十一年六月，任大使館參事官，叙高等官一等，命赴英國勤務。四十一年七月，叙從四位。四十一年九月，英國倫敦開設海戰法規會議時，被命爲會議之全權委員。四十二年十二月，充日英博覽會評議員。四十四年八月，叙勳一等，授旭日大綬章。四十五年，奉命歸朝，在外務省勤務。大正二年六月，始任駐華公使。大正三年五月二十八日，特旨叙正三位云。

謹案：山座公使以外交奇材充任駐華欽使，獻籌布畫，偉見卓特，維持大局，敦修鄰誼，實有待於揮塵之鴻猷。孰意天不假公以年，中道薨逝，真非預料所及之慘劇也。秏扺，朝廷深惜棟折，蒙飭進位二級，以恤功臣，然則公之深蒙優遇也，良有以哉。（散）

1914 年 5 月 31 日（甲寅五月初七日）　禮拜日　3772 號　第二、九版

《已故水野書記官之榮哀》

雋才無礙，剖決如流，外交界得睹斯人，始可謂使於諸侯不辱君命者，如近時大使館書記官水野幸吉君者，殆其疇匹歟。君號醉香，其先畢業東京帝國法科大學政治學科，投身於外交界内，充爲外交官補。在朝鮮勤務，嗣轉任德國，再轉任中國芝罘領事，又升任漢口總領事官，復膺駐美頭等參贊及紐育［約］總領事之任。往歲因中國多故，陽夏頓起義旗，始調授駐華頭等參贊，輔翼伊集院欽使，鞅掌劇務，勞績卓然，迄今尚在人口。嗣又歷佐山座欽使，折沖樽俎，排難解紛，舉凡中日懸案之交涉問題，靡不隨手決裁，卒使兩國邦交益敦睦誼者，未嘗不嘆參贊得人之所致也。孰意彼蒼既俾以材，不假以壽，二豎膏肓，病僅三日，幽明忽隔，竟教玉樹長埋。天吝英賢，殄我外交之彦士，遽如許其酷耶？悲夫，參贊既終於職署也，凡我旅京同胞不勝唏嘘之戚，遂於昨三十日上午十鐘，設壇於其邸宅，庶羞清醴，恭祭英魂，除旅京日本官紳悉數會祭外，特（以下接第九版）（以上接第二版）由袁大總統派遣唐在章氏致祭，並孫寶琦、熊希齡、汪大燮、蔭昌、曹汝霖諸大員，及駐京各國文武官員紳士，均蒞場致祭。儀容嚴肅，哀若斷腸，頓覺慘澹悲風時時襲人襟袖也。祭場周圍

點綴各界所贈之花環，揭以挽聯，曰：“異域數畸人，幸似王維交晁監；歸魂傷旅夢，如聞斡寶記蘇韶。”周君自齊所贈也。“樽酒話平生，方期誼洽同文，刮目會看三日逡［後］；珠槃勞贊畫，忍説淚零遺疏，斷腸知在九回中。”曹君汝霖所贈也。“爲命擅清才，每因樽俎周旋，草創賢勞懷裨諶；招魂歸故國，剛值端陽時節，楚些哀怨讀靈均。”張弧君所贈也。“數載感知音，縞紵論交蠲國別；一朝成永訣，海天揮淚哭星沉。”則龍建章、權量、蔣尊禕、陸夢熊、陳福歐、劉成志諸君所同贈也。“惜哉，負笈勤求學業，遍歷品優，曾展懷才於東亞，而今已矣；悲夫，受命盡操執權，所施仁政，能調和睦於西歐，至此寂焉。”金君善全所贈也。“誼篤珠槃，風高博望；魂歸瀛海，悼擬湘累。”孫培敬所贈也。噫籲參贊，萱催蘭折，音容不可復見，招魂異域饒有餘榮，魂兮有知，或應無恨。所無可奈何者，命世清才未可大展其驥足，況正值春秋鼎盛，志望絶倫，異時榮達之前途，實未可限量，乃修矩有命，遽喪良材，使余輩百感茫茫，何堪上爲邦家痛而下以哭其私也哉。（散）

1914 年 6 月 3 日（甲寅五月初十日）　禮拜三　3775 號　第二版

**時事要聞　《山座公使靈柩啓行改期》**

山座公使靈柩約定於十八日，由秦皇島登艦回國各節已誌報端，兹續聞本國葬務在邇，難於多日延宕，昨由東來電已抵公署，囑公使靈柩早日東歸，因之公使靈柩啓行之期復行更改，大約於十一日下午離京前赴秦皇島，準於十二登艦駛回。聞中國政府爲尊重鄰邦交誼，痛悼已故日使起見，擬臨時預備特別火車，並議派儀仗軍隊護送靈柩。已經議定云。（本）

1914 年 6 月 5 日（甲寅五月十二日）　禮拜五　3777 號　第二版

**《水野参贊靈柩之啓程》**

已故之水野参贊靈柩訂於月之七日下午四時半鐘，搭乘火車啓程抵津，即登大阪商船會社輪船“大義丸”。翌日，拔碇回國云。

1914 年 6 月 6 日（甲寅五月十三日）　禮拜六　3778 號　第二版

**時事要聞　《山座公使之葬儀恭誌》**

今日午前十時，特設祭場於日本使館内，舉行佛式葬儀，其禮節次序如左：

一、會葬者就席

二、小幡代理公使導喪主入場

三、大總統特使入場

四、僧侶入場

五、第一讀經

六、軍隊敬禮吹奏

七、大總統特使參拜退出。

八、吊詞：（一）小幡代理公使；（二）北京居留民會會頭；（三）天津居留民團代表；（四）中日協會副會頭；（五）俱樂部員總代；（六）學士會總代。

九、第二讀經，此間燒香，其順序如左：（一）喪主；（二）代理公使；（三）親族；（四）公使館職員並外務省官吏；（五）駐屯軍司令官並步兵隊長；（六）北京居留民會會頭；（七）天津居留民會會頭。

十、讀經暫停，此間會葬，外人隨意燒香退席，小幡代理公使即率館員於場門謝送。

十一、讀經再始，會葬邦人燒香，逐次退場。

十二、僧侶退出，式終。

1914年6月6日（甲寅五月十三日）　禮拜六　3778號　第二版

**時事要聞　《葬場儀式規程》**

一、小幡代理公使、鄭書記官、松平書記官，於場口恭迎内外會葬者；一、大總統特使來時，鄭書記官迎接導入小客廳，代理公使帶領故山座公使夫人面接特使；一、會葬者一同及故公使之未亡人入場之後，鄭書記官引導特使就席；一、特使參拜既畢退場之際，鄭書記官送到車旁；一、館員燒香務須二人一次以節時間；一、各國公使及中國官憲退場之際，小幡代理公使以下館員謝送場門；一、一般會葬者退場之際，親族謝送場門；一、葬儀委員如左：迎接員鄭書記官、松平書記官、縫田官補、中畑書記生、波多野警部式。場員高尾書記官、廣田官補。

1914年6月6日（甲寅五月十三日）　禮拜六　3778號　第二、十一版

**時事要聞　《山座公使之行述摘言》**

日本駐華全權公使山座圓次郎氏，薨逝於北京任署。事起倉卒，中外怍愕，均深惋惜。而日本各報争載公使嘉言懿行，以及各方面名流追述之談，頗能發揮公使本來面目。現值旅京日本官紳，特在公署舉行公使祭

禮，謹於此摭録其梗概，以爲瑱瑁之資，庶幾足慰藉英靈，以表揚吾儕思慕之忱歟。聞公使生於日本福岡縣籍，年十五，嚴父見背，事母以孝聞，刻苦勤學，造藝每慚居人後。十八歲時負笈遊學東京，旋因資斧不裕，乃執筆於報館，或從事於教習，以佐膏火焉。就學於第一高等中學，進入帝國大學。至明治二十五年學成畢業，出仕朝鮮釜山領事館，此公投身外交界中，嶄然露其頭角之初期也。蓋公之爲人，襟期磊落，思慮明敏，常以氣骨幹才倚重儕輩。自幼獨立不羈，臨事善斷，從未爲事物所撓，屈其處己。恬淡寡欲，性極博愛，一秉摯誠，常以獻身報國爲其義務，晝夜盡瘁，迄無稍懈焉。嚴父在時，即愛其岐嶷，恒目之爲麟兒。後著名外務大臣小村侯爵亦甚器之，稱爲將來不易得之外務大臣。公之雅負時譽也自幼已經如此矣，至公當充任外交官時，則聲望日愈隆起。明治二十七八年之交，遂奉職爲釜山領事，兼任駐韓公使館書記官。當是時，朝鮮國情紊亂，外交糾紛，尤屬盤根錯節之秋也，然公轉因之大顯其利器。至明治三十四年，又爲加藤外務大臣所推轂，入而任政務局長，遂得發揮其敏腕於中央。明治三十八年，小村侯爵因日俄戰局，充爲議和全權大使，前往美國與俄使折沖之時，公實任其隨員。參與帷幄，晝策貢謀，不一而足，竟能締結議和條約，保全戰捷之餘威。其後又隨同小村侯爵再來中華，復訂結日俄戰後之條約。明治四十一年，升任英國大使館參事官，大馳令譽。大正二年六月，累進任駐華全權公使，然又處於外交繁難之局。乃自下車伊始，即將各種外交案件均如迎刃解決；並斡旋列國外交之人物，首唱實行列國共同承認中國國體之義舉。種種功績，更僕已難數矣。此公致力於日本外交，磊磊大端，赫赫在人耳目者也。溯公參與中日邦交，際會民國革命之後，審查大勢，洞悉緩急，融洽中外，調和南北，振其誠慤明敏之卓識，確保亞東遠圖，排難解紛，自任中流砥柱。良工苦心，尤有外人難於測度者。考公之盡力於中日外交，維時尚淺，猶在草創時代，然將來之發揮驥足，丕展奇才，即漸將從此發軔者。世人正拭目俟之，孰知天不假年，僅臥病一朝，溘焉長逝，遂使各界人士無論知不知，莫不爲日本外交界内深表悼惜之忱。嗚呼，哀哉。

凶耗抵東，前任駐華公使伊集院氏謂：公生平愛護部下人員，能使人樂爲之用，儼然有英雄資質。此次溘先朝露，實天奪我絶好之外交使節也，痛恨曷極。

福原文部次官又云：公資性豪放，着眼大局，當事毫無跼蹐之態，而細心周密，事無疏虞，誠爲外交良才也。

加藤外務大臣謂：公外交手腕既有定評，嗣後一切對華外交問題待其解決，適材適處，棄公何求，乃今則忽焉云亡，真不禁爲帝國之人才一嘆。

頭山滿氏復謂：公勢利恬淡，尤富於情誼，且氣幹卓越，常以國事自任，不懈其義務。洵備有縉紳典型，曾受小村侯遇知甚深，竟不克酬其所期許之言，洵爲恨事。

小池政務局長又謂：公之處事，鉤玄撮要，不誤舉措，資性豪宕，兼有文明風尚，故無論其在歐美、在中國，莫不入而自得。膽大心細，通徹事機，又能操縱部下屬員各當其任，使才〈?〉中，洵不可多見之儔也。

内田前外務大臣謂：中國外交與歐美外交，稍殊種類。蓋在歐美，其所關係者，則專以已國及駐紮國間之外交爲主，獨對中國則不然。除公使正職外，另設有外交團及僑民之關係也。加以中國外交之多歧，甚難擘畫。考公在華之日，前後又均維日不多，然注重對華政策，努力研鑽。當前年漫遊中國之時，細心視察南北情形，及一旦星槎，駐京以來，大振其敏腕，是其前途未易（以下接第十一版）（以上接第二版）限量。乃中道薨逝，未遑展其驥足，真屬國家不幸之事歟。

松井外務次官謂：公之薨逝，實出意外。查公於客歲八月充任駐華公使，於今不過十閱月，然自履任伊始，即有南京交涉、昌黎問題相繼紛興，其影響於兩國邦交，決匪鮮少。公竟能處身於其間，苦心積慮，逐件清理，有快刀斷亂麻之爽利；又能與外交各國周旋，實行承認民國之建立，其功實不可没也。現值回國有期，握談在即，將來外交發展，正值翹足可待之際，俄殁其身，令人不堪痛嘆。

此外，各界名流評論公事者連篇累牘，實不遑枚舉，試綜合衆説。要其歸宿，均不外以豪膽、明敏、真摯、誠懇許之，且推爲外交界中有數之良材，實爲衆口所同贊者。況吾曹又素親炙公之謦咳，仰慕公之性行，尤欲依公旋斡邦交，視若長城之重者。今乃一旦秉筆録其行狀，緬懷往日之親承，更不禁萬感交生，不知涕泗從何而下也。（散）

1914年6月6日（甲寅五月十三日）　禮拜六　3778號　第十一版

《中政府之吊祭日使》

本日上午十鐘，在日本使館舉行已故山座公使葬禮。聞袁大總統諭派總統府大禮官施肇基君爲大總統代表，前往使署參列祭場。又聞徐國務卿則代表中國政府，前赴使館參列葬禮。並聞已故山座公使靈柩啓程前赴秦皇島時，中國政府特派軍艦二艘在該地燃放禮炮，以重送行禮節云。（秦）

1914 年 6 月 6 日（甲寅五月十三日）　禮拜六　3778 號　第十一版

**《水野參贊靈柩回國期》**

已故水野參贊之靈柩，本定於月之七號下午四時半出京，茲聞緩期一日，即於初八號上午八鐘由前門車站啓程赴津，是日搭乘“大智大［丸］”輪船回國云。

1914 年 6 月 7 日（甲寅五月十四日）　禮拜日　3779 號　第二版

**漢口專電　《哀吊山座公使》**

已故山座公使之儀葬禮，本日於北京舉行，駐漢日本官民特開哀吊會。是日，到會成禮者達數百名之多，更有中國官民代表者十數名參列致禮。

《順天時報》1914 年 6 月 7 日

1914年6月7日（甲寅五月十四日）　禮拜日　3779號　第二、九版

**時事要聞**　**《山座公使榮哀誌盛》**

駐京日本全權公使、正三位勳一等山座圓次郎氏，薨逝京師任署，越九日，京中日本官紳設壇公署恭祭英靈，四方含哀，與祭者不下數百人。當是時，壇上奉安靈位，壇之正面上端懸以袁大總統所贈之花圈，四面牆壁密懸各國人士所贈之挽聯及花圈，滿場悽慘之風陣陣，迫人心目。衆賓之入座會祭也，則由小幡代理公使導引喪主入場，唯見故公使未亡人素衣散發，悄然徐進就席，令人對之黯然流涕，滿座不堪仰視焉。嗣則大總統特使步入祭場，又有禪門僧侶七人法衣尊嚴，入場讀經訟禱。既畢，大總統特使參拜退場，即由小幡代理公使、北京居留民會會頭平井晴次郎、天津居留民團代表長峰興一、中日協會副會頭湯化龍、倶樂部員代表實相寺貞彦、學士會代表岡田朝太郎等諸君，循次哀奏誄詞，各追頌公使之遺德，紓其哀忱。既畢則經聲又起，此間喪主及代理公使並公使親近、使館職員以至外務省官吏、駐屯軍司令官並步兵隊長、北京居留民會會頭、天津居留民團代表等，以序肅進壇前，各自獻香致祭。嗣由會葬外賓均隨意獻香，祭畢退席。復由小幡代理公使，親率館員於場門謝送。其後誦經又起，會葬邦人逐次獻香退場，然後衆僧退出，典禮告終。

是日，中國方面重要人物特來行祭者：大總統代理施肇基、黎副總統兼參政院議長代理林長民、徐世昌、劉冠雄、段祺瑞、汪大燮、董康、沈金鑒、周家彦、蔡廷幹、湯化龍、那桐、毓朗、世續、梁善濟、張弧、喀喇沁王、朱啓鈐夫婦、周自齊夫婦、江庸、蔭昌、權量、桂春、龍建章、李盛鐸、王揖唐、溥倫、林棨、孫寶琦夫婦、江朝宗、陳宧、陳恩厚、徐樹錚、熊希齡、孫多森、梁敦彦、梁士詒、章宗祥、江康諸公，均臨祭場，其他多數人員不及備録。外國方面，則領袖英國公使朱爾典夫妻，及各國公使文武官員，並各國銀行及其他各國商人員等多數來會。日本方面，除駐京官紳以外，復有天津及其他各方人士陸續均來，致使廣闊靈場坐席皆滿。自非公使聲望感人有甚深者，竊恐難呈現如此盛況也，然亦極人生悲惻之局矣。

茲敬將袁大總統之祭文，特誌如左：

維中華民國三年六月六日，大中華民國大總統謹遣禮官施肇基致祭於大日本國山座公使之靈。曰：猗歟公使，英華赫煒，方仰俊才，倏歸太始。憶初蒞止，有曄其容，玉帛樽俎，式表海東。值我初基，艱難締造，

嘉謨矩範，是則是效。兩國之交，君執其樞，無有彼此，以誠相輸。雖吾國人，僉曰明達，企此慶雲，以慰饑渴。愔愔雅度，蕩蕩德音，如淵之穆，如玉之温。云何不淑，忽焉委化，將返星軺，遽騰霓駕。遥瞻鄰邦，失此藎臣，縉紳搤擥，婦孺沾巾。一葦可航，敦槃相屬，尚冀後來，循兹芳躅。尚饗！

又將黎副總統之祭文特誌如左：

維中華民國三年六月六日，中華民國副總統、參政院長黎元洪致祭大日本駐華公使山座君之靈：嶽嶽富山，篤生彦聖，樽俎折沖，珠槃報聘。洊膺局長，屬值戎衣，沈機默運，動無不宜。我邦初造，東南多故，嘒彼使星，載光燕路。保持東亞，敦睦邦交，俾我二國，如漆投膠。爾提爾攜，大猷未盡，如何一夕，梁催星隕。維天有日，乃殄良材，豈爲公慟，爲二國哀。遺疏猶存，靈輀將適，公若有靈，尚其來格。

又將湯化龍君之祭文特誌如左：

維中華民國五月二十七日，大日本駐華公使山座君以遽疾歿於北京任次。本會同人軫邦交之艱巨，痛哲人之淪喪，臨會愴惻，至於累欷。謹以不文之詞，布之靈右，以誌悼忱。嗚呼，惟君之靈，尚克鑒之哉。猗歟賢使，挺生福岡，逮於就學，東京航航。服務十年，於役四國，皇華載道，山川生色。君之蒞我，值我内訌，匪寇匪仇，鬩於家邦。金陵之禍，漢臯之驚，波及鄰僑，我是用廑。君曰無傷，伯叔昆弟，發理至誠，斡旋國際。樽俎無猜，七［匕］鬯不墜，藹藹吉人，敦我睦誼。歐亞棣通，黄白遠錯，南鷹北鶩，瞵〈瞵〉齶〈齶〉。白山作壘，揚子爲門，〈我〉則寒矣，東亦何温。惟君閎識，昔有至言，中日親密，乃固其藩。載瞻風雲，浩浩未已，嗚呼昊天，忽隕賢使。宛宛星輅，{西}覆於中道，和友邦佐，爲亞東吊。吾儕不敏，備荷協黄［贊］，山門頽落，賓友悼嘆。歸櫬遠渡，春杵同哀，釃酒遼海，靈兮其來。嗚呼，尚饗！

中日國民協會會長湯化龍

又將孫寶琦君挽詩，謹特（以下接第九版）（以上接第二版）誌如左：

悲風逐電達滄瀛，一夕星飛四國驚。禹甸馭征方靡及，神山鶴馭忽相迎。抛將使指知銜恨，惜取鄉才有嘆聲。淒絶舊時歡燕地，榴花如火照銘旌。海國前遊夢尚尋，造廬席地接虚襟。飲冰再見情愈厚，傾蓋當時契已深。至寶忍埋和氏璧，高風遽絶廣陵琴。論交何敢儕僑劄，絮酒無由展素心。人物紛紛狎敦槃，多應真率如君難。賦詩趙武心如見，飲酒陶潛性自完。雅誼長留同列感，逡來誰繼兩家歡？國書痛悼稱良友，莫作尋常縞紵看。館中昨隕小行人，朝露浮生感慨新。頗念端憂因嘆逝，豈知語讖已傷神。失聲参佐饒遺愛，載道榮哀痛藎臣。剩有淚河欲東注，山丘何處獨沾巾？

大日本帝國山座公使挽詞　中華民國三年六月　孫寶琦

此外，中國諸賢贈寄挽聯者，則有江朝宗、世續、曹汝霖、王家襄、金邦平、陸夢熊、蔣尊禕、龍建章、陳福頤、權量、劉成誌、徐樹錚、三大學同窗、陳宧、梁啓超、湯化龍諸君。匾額則有李大偉、張聯棻。緞幛則有林啓、熊希齡、象賢、陳炳鏞、蔭昌、唐在禮諸君。寄贈花圈者則有黎元洪、那桐、俄亞銀行、林誌鈞、江朝宗、楊士琦、孫多森、徐恩元、周自齊、張壽齡、張弧、梁士詒、蔡挺幹、沈金鑒、桂春、三大學同窗諸友、象賢、吴炳湘、葉公綽、湯化龍、梁善濟。其餘歐美各界多數名流，邊［篇］幅有限，謹從割愛，請恕。噫，山座公使夙以外交良材掌握邦交樞要，物望殷殷，内外倚重，天與善人，宜如何哉。乃一旦之間，幽明殊界，榮哀雖如此其盛，而我公徽音竟不可復繼矣，悲夫。

1914年6月8日（甲寅五月十五日）　禮拜一　3780號　第二版

《官署之揭旗誌哀》

日使館於前日舉行山座公使祭禮，是日中國官衙及京中各國官署銀行等處，一律懸揭半旗，以表哀忱。各界禮節之熱摯，至可感佩也。

1914年6月9日（甲寅五月十六日）　禮拜二　3781號　第九版

《水野參事官靈柩出京》

已故大使館參事官水野幸吉君靈柩，其未亡人暨高尾書記官等隨護，特由日昨乘早車出京。在車站送行者，小幡代理公使以外，復有中外紳士一百餘人。發軔之間，有日本軍隊整列車旁行禮，且吹奏哀樂，使人聞之神傷。並聞該靈柩先至天津，搭乘“大智丸”輪船，即日開纜歸國云。（走）

1914年6月10日（甲寅五月十七日）　禮拜三　3782號　第二版

時事要聞　《山座公使靈柩回國之設備》

已故山座公使之靈柩，訂於十一日下午四時四十五分鐘，由日本公使館發引，出使館正門，沿禦河而北行，道經東長安街、户部街、駐京美軍操場之側面，繼通過正陽門，抵正陽門車站京奉鐵路，即登特備之專車。於六時發軔，當晚九時抵天津車站，停車一刻再行開車。預定十二日上午四時半鐘至湯河車站，五時到秦皇島，直搭軍艦“明石號”開發日本。聞靈柩所經之道至東站沿路，由駐京日本軍隊派遣儀仗兵二個中隊，以護衛靈柩。前後又中國政府特以步隊六百人隨從靈柩特行護送，更至駐京各國軍隊與中日軍一同整隊至車站。〈是〉否尚無成議。

按：靈柩行列由公使夫人、公使親族、公使館員、日本居留民會正副會頭等，依次扈從送行車站。各國公使及其館員等均於車站整列送行，更至日僑之送行者，特於車站月臺畫出場所以示嚴整。查中國當軸對於山座公使之遽逝，大表哀悼之情，諸事多好意接待。例如允許靈柩道通過正陽門、特派遣軍隊隨從靈柩、特飭無數巡警守衛沿路等舉，概可見也。而外交、交通兩部，尤示熱心照應，就中交通部於車站候車室設接待所，又與開灤礦物公司妥爲協議，其結果不用換車，直經湯河得抵秦皇島云。（紫）

1914年6月11日（甲寅五月十八日）　禮拜四　3783號　第二版

**《山座公使靈柩回國續誌》**

故山座公使靈柩本日離京回國一節已誌昨報，兹將詳細事項續誌於左：

沿途軍艦之護送

運送靈柩之軍艦“明石號”奉命於昨晨由旅順拔碇，昨晚駛抵秦皇島，以待靈柩之至。又聞中國巡洋艦“海圻號”特奉中央命刻停泊秦皇島，俟日艦“明石”解纜之際，由艦長湯廷光指揮鳴炮以重送行。

東車站之迎送

駐京日人不論男女，均於車站正門左側迎接靈柩，然後再移月臺所定之場所。又中國各大員及駐京各國公使並使館員、駐京各國軍隊等，一律在月臺整列送行云。

隨靈至秦皇島者

除日本公使館員及日軍軍官一員、下士一員、兵卒六名隨從靈柩護送秦皇島外，中國政府命外交部參事施履本、吕烈煌兩氏並拱衛軍四十名充爲護兵，由隊長率領，同乘專車往抵秦皇島。又日僑居留民會正副會頭、大和俱樂部代表、學士會代表、新聞記者團代表、商工會代表、中國政府應聘日員代表及其他有志者等五十人，亦送抵秦皇島。聞駐津日本總領事及日僑代表亦列入送行。

中政府之接待優異

中國政府對於山座公使之逝世哀悼殊深，所有接待頗極優異，就中如允許靈柩通過正陽門之事，按前清時代言之，除皇帝奉安外，不得如此。故日僑聞之，感謝不已。

特開專車梗概

車輛統共有八輛，即靈箱花車一輛，頭等二輛、三等二輛，行李車一輛，飯廳車一輛，電燈車一輛，以上各車專開一列，以表優異。靈箱花車外飾松枝，公使夫人及眷屬均附坐靈車之内。另備頭、三等各車，以爲送殯人員及護兵乘坐云。（紫）

山座公使靈車及未亡人馬車之啓行

1914年6月12日（甲寅五月十九日）　禮拜五　3784號　第二版

**時事要聞　《故山座公使靈柩出京之情形》**

日昨爲已故駐華公使、正三位、勳一等山座圓次郎氏靈柩出京回國之期，兹將當日出京情形詳誌如左：

靈柩移置於靈車

下午四鐘數分，日本儀仗隊之二個中隊，整列於日本使館庭前。至四點三十分，公使靈柩始移在靈車之上。四時四十分，該儀仗隊由藤田隊長指揮吹奏喇叭，此時公使夫人及小幡代理公使以下各員，均在靈車之側，起立以表敬意。軍隊行禮既畢，公使夫人、小幡代理公使均升坐馬車，其餘各員亦相繼登車。

靈柩啓行出館

四點四十五分，藤田隊長指揮前部儀仗隊一個中隊前導靈車徐徐啓行，公使夫人等馬車繼之，其後部儀仗之一個中隊即在後面扈從隨行。

使館門前各國軍隊

先時使館門前已排列各國駐屯軍一小隊及中國儀仗隊六百及軍樂隊一隊，其次序列則荷、俄、美、法、義、德、英、中，在使館門前以北路側按次列隊。

各國兵敬禮

靈柩出門沿禦河北行，是時在路側整列之各國兵隊，均行捧銃禮以表敬意，禮畢，各國兵隊依據前記順序隨後扈行。

中國儀仗隊

靈車進至預定地點，日本儀仗隊隊長，則向前面之中國儀仗隊傳告進行，於是中國儀仗隊六百名由軍樂隊吹奏哀樂開始進行。

沿路之光景

靈車則先沿禦河北行至東長安街，渡禦河橋，沿皇城外牆向西進行，嗣又南下行抵財政部門前之通衢，右轉出中華門，左轉出正陽門，左側至東車站。此間靈車所經之沿路，所有中外人士觀者如堵，而靈車通過其面前時，則咸止步深表敬意。由中華門至車站間，則爲往來極繁之處，京師員警廳早派多數巡警散列道路兩旁，嚴重取締，備置頗爲周到。因此靈車行列毫無障礙，至五點十分靈車已安然行達車站矣。（秦）

駐京日之人之恭迎

駐京日人士女約五百人各穿禮服，帶有喪章，均集於車站正門左側，恭迎靈柩，脱帽行禮，咸露有一種悽慘之形。

站前觀者如堵

此日站前空地，除中外送殯軍隊及駐京日人外，不許常人進入境内，類此盛儀，誠所罕見。故車站之附近，一時觀者如堵，而日人之集列於月臺之最東處者，亦不下五百名。

靈柩入站時景況

靈柩到站，有日兵六名恭捧靈柩，小幡代理公使導未亡人及親戚而擁護之，多數日人亦隨從其後徐徐進行，安入月臺，即將靈柩安置於所預備之靈箱花車内。該花車外飾松枝，淨無纖塵。

中西鉅公之迎送

是日，大總統代理施肇基、黎副總統代理林長民、駐京各國公使及夫人並段祺瑞、劉冠雄、孫寶琦、周自齊、湯化龍、章宗祥、熊希齡、汪大燮、梁啓超、曹汝霖、梁善濟、吴炳湘、湯叡、沈府尹、蕭中將、王天縱諸公，及中西多數名士，一律在月臺迎接靈柩。

各國軍隊之整列

靈柩入於花車，日本軍隊二個中隊，及中西各國軍隊均整列於月臺，秩序井然，實極一時之大觀。

未亡人入花車

時近六點，行將開車，小幡代理公使，即導未亡人對於總統及副總統代理並各國公使及夫人、中西各國鉅公周旋鳴謝，然後乘坐花車，寂然垂頭擁護靈柩，其悲慘之狀令人不忍仰視。

靈車發軔時景象

時正六點，靈車將動，日本軍隊及中國軍隊爲奏哀曲，中外各國軍隊，亦捧銃行禮。既而靈車徐徐發行之時，中外人士均脱帽垂頭肅然送行。

車站之頓呈寂寞

靈車發後，各國軍隊均爲將校所指揮順次出站，各就歸路，中外人士亦各退散。於是一時極熱鬧之月臺及車站忽呈寂寞，佇立以望，令人感慨係之。

護送至秦皇島者

此日隨從至秦皇島者，有日本公使館員及日軍軍官士卒數名，並中國政府所派之外交部官吏，及拱衛軍四十名，此外尚有日本各種團體代表數十名，與已誌昨報者相同。

離京以後之靈車

聞靈車離京之後，各地發到時刻如左：

十一日午後九時，到天津；九時十五分，由天津開；十時十分，到塘沽；十時十二分，由塘沽開；十二日午前四時半到湯河，五時到秦皇島。

感謝接待之優異

政府對於山座公使之靈柩出京種種接待，頗極優異，已誌昨報。又承外交、交通、内務三部，及員警總廳等各方面種種注意，警戒周到，故自日本公使館起直至前門車站，沿路均極静肅，絶無混雜喧囂之狀，使靈車平穩出京。日僑對之深感中政府之厚情云。（走）

1914 年 6 月 13 日（甲寅五月二十日）　禮拜六　3785 號　第二、十一版

**時事要聞　《山座公使靈柩沿途情形》**

已故山座公使靈柩前日下午六點由正陽門東站搭乘專車啓行一節已誌昨報，茲據送行秦皇島歸來者談述火車開行以後之詳細情形，臚列於左：

花車内之配置

花車之内特設大花廳安置靈柩，將大總統及中外各紳顯所贈之花圈安配靈柩之上，由扈從之日兵二人交替（以下接第十一版）（以上接第二版）守衛於靈柩之傍，故公使夫人及送行之各日本官民亦在靈側交替熬夜。中國政府特遣之拱衛軍四十名一律搭乘第一列之三等車，其中二名交替守衛花車前後兩面之進口。又外交部之施君履本、吕君烈煌及京奉鐵路局員二名在列車中種種照應，無微不至云。

津門各界之迎送

晚九點火車抵天津東站，是時駐津室田總領事及佐藤司令官代理，以及各界日僑一律整列車站，敬迓送靈柩，就中小學校學生由教員率同静肅送行，動人觀瞻。又在中國方面，儀仗兵一隊，軍樂隊並巡警一百名，更有都督代理及交涉司王閣麟，海關都督徐氏，參謀長力錦氏，代理天津員警廳長楊以德等諸君送行，就中有中國大官數員及日僑重要人物等，對於靈柩特行參拜，並向山座夫人陳述吊詞。中國軍樂隊旋奏悲哀之曲，同時送行者叩頭默禮之下，火車徐徐開行。山座夫人及其同行者，咸感各界之誠意云。既至塘沽昌黎等處時已深更，日本官民，亦均在站敬送。經湯河到秦皇島時，正十二日午前五時。至站橋附近始行停車。（紫）

席棚内安置靈柩

靈車進至站橋附近，有日本陸兵七十名、海兵一小隊及中國巡警四十名，並在山海關日僑有志者，均出棚恭迎。既而日兵六名恭持靈柩，由靈車移出，捧入中政府所特設之席棚内安置。中日兩國兵士均向前參拜，各行捧銃之禮。該棚匾額係“敬迎靈柩”四大金字。

靈柩移送輕舸

少時之後，日兵六名恭捧靈柩步至站橋，其時則有日艦“明石號”所派之海兵即接捧靈柩移於輕舸安置。

明石艦解纜

既而未亡人及親戚，亦均乘短舸擁護靈柩，中日送殯各員皆佇立站橋，肅然送行。斯時也，輕舸蹴波，漾漾而進，七時安抵日艦“明石號”，即將靈柩恭移艦内，未亡人等亦皆移座於次。七時四十分，始行解纜歸東。中日各員亦遥望該艦，各現愁容，注視稍久，始就歸路。

中日軍艦之吊炮

靈柩移入“明石艦”内，少焉，中政府特派之軍艦“海圻號”即向明石發射吊炮十五響以表敬禮，“明石號”亦發炮應答，以表鳴謝之忱。

各國軍艦揭半旗

此日，日艦“明石號”舷頭高揭半旗，且張黑色幔幕於甲板，以表哀意。中艦“海圻號”亦高揭半旗，而同時碇泊之法、奥二國軍艦亦均揭半旗以示對於友邦公使之敬禮。

靈柩所坐之花車

聞日前山座公使靈柩所坐之花車，本係前清時代惟限皇族所使用之特别專車，今次中政府特派該車以充安置靈柩之用，頗極示優禮之忱。

中國官民之熱情

前日在北京，中外諸公敬送靈柩情形已誌昨報，離京以後至秦皇島一帶沿途送殯狀況亦如本報所載。要之，今次山座公使靈柩返邦，中國官民深重邦交，與日本國民共分憂悼之熱情到處發露，而故公使靈柩遂於莊嚴静肅之中安全迎送，並無遺憾，日本官民對此事感情頗形深厚云。（走）

各國送殯軍隊之行列

1914 年 6 月 14 日（甲寅五月二十一日）　禮拜日　3786 號　第二版

**《日僑感謝吕、施兩君》**

外交部施履本、吕烈煌兩君，當送已故山座公使靈柩之際，竭力辦理一切事宜，已誌前報。茲聞自山座公使逝世後，更有外交部交際司長陳厚恩君與施秘書，曾奉孫總長命，日日往抵日本公使館謁情斡旋一切，因而旅京日人見之均甚感謝云。（紫）

1914 年 6 月 14 日（甲寅五月二十一日）　禮拜日　3786 號　第二版

**《水野氏靈柩之行程》**

已故水野參事官靈柩，前由水野夫人扈隨回國，聞已於昨日早晨行抵神户。晚間六點半鐘復由神户啓行，約今早即可抵東京。並聞水野氏正式葬禮，訂於月之十六日在東京舉行云。（紫）

1914 年 6 月 16 日（甲寅五月二十三日）　禮拜二　3788 號　第二版

**《水野參事靈柩到東》**

已故之水野參事官靈柩由其夫人扈從，昨早回京。當時有加藤外相、伊集院公使等一百餘名，於新橋車站出迎靈柩，聞訂於明日舉行正式葬禮云。

1914 年 6 月 19 日（甲寅五月二十六日）　禮拜五　3791 號　第二版

**東京特電　《山座公使靈柩抵東京》**

已故山座公使之靈柩，於本日下午四點半鐘抵東京。於時各大臣及朝野重要人物，到站迎迓靈柩者不知其數，頗極一時之熱鬧。

1914 年 6 月 21 日（甲寅五月二十八日）　禮拜日　3793 號　第二版

**東京特電　《山座公使葬儀》**

山座公使葬儀二十日在東京青山祭場舉行，儀仗兵一大隊，伊集院公使、福原次官、寺尾博士，及軍艦“明石號”水兵隊，皆均隨從靈柩之側，並有皇族代表、各國大使、公使、各大臣及其他多數朝野名士，咸來會葬，頗極盛儀。

# 十　上海《神州日報》

1914 年 5 月 24 日（甲寅四月三十日）　星期日　2556 號　第二版

**譯電**

駐京日使山座君將於本月二十七號返國，與本國政府有所商議。

1914 年 5 月 29 日（甲寅五月初五日）　星期五　2561 號　第一版

**特約路透北京電　廿八日發**

駐京日使山座君星期二日稍覺心痛，昨日正午突現危象，醫士注射藥水以解心房壓力，下午三次劇痛，諸醫束手，晚七點鐘時病勢大減，詎至夜半復轉沉重，延至今晨十二點三十分氣絶逝世。日使署辦事員已請示東京政府，因未接復電，故未正式宣佈噩耗。該署數日之前疊遭凶事，一切政務幾全停辦。各使署以山座及水野二君，皆日本外交能員，今相繼謝世，咸深惋惜，且皆爲山座夫人報戚。日人現擬將屍火化，運回東京。水野之屍已於昨日火化，定星期六日舉行追悼會。

1914年5月30日（甲寅五月初六日）　星期六　2562號　第一版

**《悼日使山座君》　記者**

日本駐北京公使館參贊水野氏，日前以急病卒於北京，吾人方爲日本外交界惜，而昨日北京來電，日使山座君又忽嬰病逝世，吾人誠不勝其悼惜矣。山座君名圓太［次］郎，爲日本今日有數之外交家。十年以前，記者與有一面之雅，蓋一思想綿密之人，與尋常日人之挾有矜躁氣味者截然殊致，其後山座君揚聲於外交。吾國革命已成而列國未承認之頃，山座君乃代伊集院君，爲駐北京之日本公使。去年記者在京曾於會場中一晤山座君，聆其緒論，懇懇然以維持東亞和平爲務，而尤注意於華日之提攜，誠以其人灼見族性上究竟之利害，故能捐拋眼前幻景，力謀長久之計也。今者事業未竟，而猝然即世，吾人回環於噩電，誠不能不致其悼痛之情矣。

1914年5月31日（甲寅五月初七日）　星期日　2563號　第二版

**特約路透北京電　三十日發**

今晨水野參贊追悼會，中西日人到會者甚衆，内有各外交家暨其夫人並中國大員多人。會場在使署舊屋，滿綴花朵，其禮乃按佛教式，祭案及壁間置滿各使署、袁總統、各部官員及君舊交所饋之花圈。先由二僧誦經鳴，鈸和之，水野夫人全妝素服，神色悲慘，既抵會場，衆皆起立以示吊慰。頌經既畢，由松平君代表使署全體宣讀誄詞，繼由平井醫士代表日本僑民、岡田博士代表帝國大學畢業生，先後宣讀誄詞。侍立門前之日本衛隊於是乃作日本哀樂，來賓皆退。祭案附近置有白鴿數籠，取而釋之，禮節莊嚴，始終不渝。

水野君逝世前，曾接電升爲四等級官，並受賜三等聖寶勳章。

山座君死後升爲三等級官，因君於生前所得勳章可謂至高，故不能再有所賜。今定六月六日舉行追悼會，遺骸將否火化、抑塗藥保存，尚未決定。日本巡洋艦“明石號”定六月十八日，由大沽運送君之靈櫬回國，山座夫人隨船護送，水野夫人大約亦將同行。

1914年5月31日（甲寅五月初七日）　星期日　2563號　第四版

**《水野幸吉事略》**

日本使館參贊水野幸吉氏在京殞命，聞者頗爲悼惜。據知水野略曆者言，水野幼而穎悟，有神童之譽，及入大學，嶄然露頭角，千八百九十七年，以優等成績卒業於東京帝國大學法科。既而，應外交官試驗，取列前茅。是年，任京城日本公使館外交官補，勤務一年有半。千八百九十九年，調任於柏林日本公使館。千九百一年，升任三等書記官。是年十二月，轉任芝罘日本領事，連任至千九百五年八月。是時，適當日俄戰役，芝罘乃樞要地點，關係最重，氏乃發揮其靈敏之手腕，保護僑民、勤務、諜報及其他一切外交事務，莫不臨機應變，措置咸宜。千九百五年秋，轉任漢口領事，對於居留地之建築慘澹經營，並著有《漢口》一書，至今膾炙人口。千九百七年，赴美國任紐均［約］總領事。方澀澤男爵及日本諸實業家之應美國商會招待而渡美也，氏於其間盡力斡旋，其名望大噪。千九百十一年，中國革命事起，氏即於是年十二月轉任北京日本公使館一等書記官，前伊集院公使去後，轉佐山座公使，勵精治事，孜孜不倦，且務與中外賢士大夫交際，故賓友往來門常如市。日本政府嘉其功，特開新例，與以大使館參贊官之高位。詎於本月二十日罹急性盲腸炎兼腹膜炎症，延醫治療無效，竟於二十三日六時十分逝世，臨終時尤殷殷以公務爲念。氏之爲人，性情篤厚，善與人交，文章之流麗，學術之淵深，久爲世人所欽佩，且其頭腦明敏，斷事迅速，確爲外交官出色之人才，對於中國國情大爲熟悉。今其逝世年僅四十有二，其遺族有夫人及男一女二。孤兒寡婦，悲慘淒涼，甚可悼也。

1914年6月4日（甲寅五月十一日）　星期四　2567號　第二、三版

**《駐京日使山座圓次郎逝世之詳文》**

日本駐京公使山座圓次郎，於二十八日上午一時逝世。公使未逝世前，原接有本國政府訓令，預備回國與新政府商量對華外交問題，一時頗惹起外交界之注意。公使已定於二十七日啓程回國，因二十三日水野參贊病故無人代理，而水野氏夫人適於月初因事回國，此間喪事又須公使照料一切。及水野氏夫人來京，水野氏葬事完畢，公使皆躬親照料，二十七日尚至火車站送客，而其病即發作於此時矣。公使至火車站時頗覺精神困憊，身體不能支持，及回使館倒臥椅中，口即不能言語，左右之人皆以爲

連日勞乏所致，及醫生臨診，病已垂危，非醫藥所能爲力。至二十八日上午一時，竟溘然逝世，蓋自病之發現及至逝世不過六小時耳。公使逝世後，因水野參贊已死，使館未接到該國政府命令，無人代理公使，故未發表。至三十日使館已奉到其本國命令，著書記官代理正式發表。我外交部乃致各官署云：日使逝世，各長官應致吊唁之意，其他與公使有個人交誼者亦許與親臨吊唁。公使駐我國未滿一年，辦理一切交涉俱能開誠相與，使兩國邦交益見親密，其逝世也，我國民亦當表哀悼之忱也。

日使館一星期内連遭大故，而參贊與公使之病狀皆極奄忽，外間不知者頗置疑詞，實則水野之病係腸癰腹疼，經一晝夜由醫生（下接第三版）解剖其腸之患處，已潰敗破漏，不可治療。山座之病，係心臟麻痹，因山座素性嗜酒，每於公務勞煩時則飲量愈增，蓋恃杯中物之刺激爲精神上之助力，已非一日，其致病也或係由此。至於一星期内與水野參贊相繼逝世，則爲事實之偶然，外間之疑議，實絶對無根據也。

公使逝世爲意外變故，而其未逝世前之奉命回國，則實與日本對華政策大有關係，此事發生於日本新内閣，與公使無關。故雖公使逝世，而於日之對華新外交政策毫不受影響。蓋自民國成立以來，各國對華外交凡對於中國有所要求，必先與他一國或數國協商，成熟而後，乃與我政府交涉，日本向來亦即從此慣例。在各國中特别標異者爲美利堅，美自脱出資本團後，行動益見自由，其對各國概取直接交涉主義，不先與他一國協商。二年以來，外交團中頗顯劃爲兩大派别，日本大隈内閣成立後，頗擬改换前之對華外交手法而取美利堅政策，一切單獨進行，其電令山座公使回國，即爲此問題。今公使逝世，則繼任之公使必攜大隈之外交政策而來，我國政府對此當抱如何之感想乎？

**附記山座公使之略歷**

山座公使諱圓次郎，以慶應二年十月生於福岡市地行東街，日本明治二十五年七月畢業東京大學法科，即勤務於釜山領事館。二十六年七月，任金山領事館書記生。同年，轉上海領事館任爲領事官補，叙從七位。二十七年，轉任釜山領事館書記生，九月奉命勤務於上海，十一月任領事官補，叙高等官七等，仍居上海勤務，十二月叙從七位。二十七年八月，改命釜山勤務。二十八年五月，改命仁川。十一月，調任公使館三等書記，叙高等官六等，勤務於英國。十二月，賜勳六等單光旭日章及金三百圓，叙正七位。三十年十一月，任公使館二等書記官，叙高等官五等。十二月，叙從六位。三十一年七月，叙勳五等，授瑞寶章。三十二年三月，奉命赴韓國勤務。十一月，任領事兼公使館一等書記官，叙高等官四等，奉命改駐京城勤務。三十三年二月叙正六位，七月諭免本官，專任公使館一等書記官。三十四年三月，復免韓國勤務，兼任外務省書記官。九月，奉命外務省候補政務局長。十二月，任外務省政務局局長，叙高等官三等。三十五年三月，叙勳四等，授旭日小綬章，叙從五位。三十七年二月，補高等捕獲審查所評定官。十月，領受清帝所贈與之二等第一雙龍寶星。十一月，復領受朝鮮皇帝所贈與之勳二等太極章，同時又升叙高等官二等。三十八年，特派爲全權大臣隨員。三十九年四月，蒙授勳二等旭日重光章及年金六百圓，並特授明治三十七八年隨役從軍之記章。七月，諭派爲南滿洲鐵道株式會社創立委員。四十年七月，蒙允將法蘭西共和國政府所贈與之“昆曼特爾德羅爾特爾那壽那爾德拉列基温德諾爾”勳章領受並佩用之。九月，敕賜金杯一十具。二月，法蘭西共和國政府贈與“克蘭克羅窒德羅爾特爾尼”章、“耶爾阿諾阿爾”勳章。四十一年六月，任大使館參事官，叙高等官一等，命赴英國勤務。七月，叙從四位，英國倫敦開設海戰法規會議時，被命爲會議之全權委員。四十二年十二月，充日英博覽會評議員。四十四年八月，叙勳一等，授旭日大綬章。四十五年，奉命歸朝，在外務省勤務。大正二年六月，始任駐華公使。大正三年五月二十八日，特旨叙正三位。

1914年6月7日（甲寅五月十四日）　星期日　2570號　第一、二版

**特約路透北京電　五日發**

今晨日使署爲已故山座公使開追悼會，與會者有駐京各國大員暨其夫人、各使署辦事人員，華員中有袁總統代表施肇基、國務卿徐世昌、各總長、各科員、陸海軍各將校、滿洲各王公，此外尚有寓京有名外人。會場設署外特築之棚，使署正（下接第二版）門之内排列日兵，來賓由日員引導入側門至會場，場中滿置美麗之花圈，皆中政府、各使署及山座君之舊友所饋者。來賓就座後，由代理公使小幡君引導山座夫人入場，來賓皆起立，山座夫人全身縞素，披發俯首，後隨戚屬，再後爲施肇基君，末爲僧侶七人，乃邀諸滿洲特行此禮者。山座夫人等就座祭案附近，祭案陳設極美。諸僧面向内，一立案之中央，餘則分立左右。中央立者乃誦經禱告，左右立者鳴鈸擊鉦以和之，音節淒涼。禱畢，棚外日本鼓吹大作。施肇基

君立祭案前，讀袁總統誄詞，繼復有誄禱者數人，末由山座夫人、小幡君、死者戚屬、日使署職員暨各夫人、天津日兵司令、日使署衛隊司令、北京日僑代表依次焚香，禮乃告終，來賓悉退，釋放籠鳥，秩序井然，令人起敬。

1914年6月11日（甲寅五月十八日）　星期四　2574號　第三、四版

**《日使山座公使之薤歌》**

六月六日爲已故日本駐華公使山座圓次郎在使館開吊之期，上午十鐘以後，中國之名公巨卿、外交團之公使及其隨員，皆陸續而至。客廳門前有日本使館八員爲之接待，凡來賓與祭者皆在門前書名，佈置甚爲周備。中外女賓到者甚衆，以各國公使夫人爲多，十時後由日使館人員引導入祭場，參列喪儀，秩序甚爲整肅，與祭人□亦非常擁擠。在外交團一方面，則有各國公使及其夫人，與各使館一切有職務之人員。在中國政府一方面，除大總統特派施肇基爲專使，帶領衛侍武官四員前往致祭外，徐國務卿及各部總次長，亦均前往與祭。此外，凡政界中有名人物，亦皆後先蒞止。又如清皇室中則有世伯軒、朗貝勒、倫貝子、壽耆、桂春諸人前□。其他軍官到者尤衆，而報界則有朱季針、汪健齋、李芬圃諸人。祭場設於公使館大客廳外之西偏，用蘆席高搭祭棚，内容甚爲寬敞，設列座位，來賓至者依次入座，壁間懸掛挽聯、挽幢及花圈等物，中間懸有大總統所贈之花圈，靈前陳設與中國習慣無甚殊異，挽聯佳者甚多，而以外交孫總長一聯爲最長。是日，天氣蒸熱，祭場中惜無電扇，吊者皆甚以爲苦。開祭時間在十時後，來賓依次入席，門外奏哀樂，大總統代表到後，由導引員導入席次就座。先是山座公使夫人賤香女士，由小幡代理公使導引入場，衆皆起立。公使夫人身衣白衫，同中國之孝服，發亦披散，束以白繩，其慘痛情狀令人爲之酸鼻。大總統代表入場後，即有日本僧侶入場參靈，其裝服與華僧無異，所用之樂器亦有鈸、有鼓、有磬、有木魚，惟中間之人則手執拂塵，其態度非常肅静，誦經雖雜以日語，而聲音則與華僧相似。喪族坐於靈位之前，日本使館人員及其婦女皆在兩旁侍立。僧衆誦經之後，則由大總統代表施肇基參拜，宣讀祭文。副總統派林長民代表致祭，其祭文亦當場宣讀，隨後則由日本人陸續參拜。宣讀祭文後，由喪主等於靈前焚香，致祭人員分班向靈前行一鞠躬禮，遂退出。附記祭文及喪葬儀式如下：

袁大總統祭文：維中華民國三年六月六日，大中華民國大總統謹遣禮

官施肇基致祭於大日本國山座公使之靈。曰：猗歟公使，英華赫煒，方仰俊才，倏歸太始。憶初蒞止，有曄其容，玉帛樽俎，式表海東。值我初基，艱難締造，嘉謨矩範，是則是效。兩國之交，君執其樞，無有彼此，以誠相輸。雖吾國人，僉曰明達，企此慶雲，以慰饑渴。愔愔雅度，蕩蕩德音，如淵之穆，如玉之温。云何不淑，忽焉委化，將返星軺，遽騰霓駕。遥瞻鄰邦，失此藎臣，縉紳搤擥，婦孺沾巾。一葦可抗［航］，敦槃相屬，尚冀後來，循兹芳躅。尚饗！

大總統袁世凱代表施肇基

黎副總統致祭文：維中華民國三年六月六日，中華民國副總統、參政院長黎元洪致祭大日本駐華公使山座君之靈。曰：嶽嶽｛之｝富山，篤生彦聖，樽俎折沖，珠槃報聘。洊膺局長，屬值戎衣，沈機默運，動無不宜。我邦初造，東南多故，慧［嘒］彼使星，載光燕路。保持東亞，敦睦邦交，俾我二國，如漆投膠。爾提爾攜，大猷未盡，如何一夕，梁催星隕。維天有日，乃殄良材，豈爲公慟，爲二國哀。遺疏猶存，靈輀將適，公若有靈，尚其來格。

黎元洪代表林長民

中日國民協會祭文：維中華民國三年五月二十七日，大日本駐華公使山座君以遽疾歿於北京任次。本會同人軫邦交之艱巨，痛哲人之淪喪，臨會愴惻，至於累欷。謹以不文之詞，布之靈右，以誌悼忱。嗚呼，惟君之靈，尚克鑒之哉。猗歟賢使，挺生福岡，逮於就學，東京觥觥。服務十年，於役四國，皇華載道，山川生色。君之蒞我，值我内訌，匪寇匪仇，鬩於家邦。金陵之禍，漢臯之驚，被及鄰僑，我是用廑。君曰無傷，伯叔昆弟，發揮至誠，斡旋國際。樽俎無猜，匕鬯不墜，藹藹告［吉］人，敦我睦誼。歐亞棣通，黄白交｛一｝錯，南鷹北鷲，瞵瞵齶齶。白山作壘，揚子爲門，則我［我則］寒睦，東亦何温。惟君聞識，昔有至言，中日親密，乃固其藩。載瞻風雲，浩浩未已，嗚呼昊天，忽隕賢使。宛宛星輅，覆於中道，和友邦佐，爲亞東吊。吾儕不敏，備荷協贊，山中頹落，賓友悼嘆。歸櫬遠渡，舂杵同哀，釃酒遼海，靈兮其來。嗚呼，尚饗！

中日國民協會會長湯化龍

喪儀順序

（一）會葬者就席；（二）小幡代理公使導喪主入場；（三）大總統特使入場；（四）僧侣入場；（五）第一讀經；（六）軍隊敬禮吹奏；（七）大總統特使參拜退出；（八）吊詞；一、小幡代理公使，二、北京居留民會會頭，三、天津居留民團代表，四、中日協會副會頭，五、俱樂部員總代，六、學士會總代表；（九）第二讀經，此間燒香，其順序如左：一喪主，二代理公使，三親族，四公使館職員並外務省官吏，五駐屯軍司令官並步兵隊長，六北京居留民會會頭，七天津居留民團代表；（十）讀經暫停，此間會葬外人隨意燒香退席，小幡代理公使即率館員於場門謝送；（十一）讀經再始，會葬日人燒香逐次退場；（十二）僧侶退出，式終。

葬儀規程

（一）小幡代理公使、鄭書記官、松平書記官於場口恭迎內外會葬者；（一）大總統特使來時，鄭書記官迎接導入小客廳，代理公使帶領故山座公使夫人面接特使；（一）會葬者一同及故公使之未亡人入場之後，鄭書記官引導特使就席；（一）特使參拜既畢，（下接第四版）退場之際，鄭書記官送到車旁；（一）館員燒香務須二人一次以節時間；（一）各國公使及中國官憲退場之際，小幡代理公使以下館員謝送場門；（一）一般會葬者退場之際，親族謝送場門；（一）葬儀委員如左：接送員鄭書記官、松平書記官、縫田官補、中畑書記生、波多野警部式；場員高尾書記官、廣田官補。

佛式之葬儀

日本向多宗奉佛教，慣用火葬，此次山座葬儀即仍其法。彼國化場係檢百步內外無人家者爲定，今朝陽門外迤東頗有曠地，適合化場之用。至化後由賤香夫人哀奉遺骸回國，擇定於月之十一號起行云。

1914 年 6 月 12 日（五月十九日）　星期五　2575 號　第二版

**特約路透北京電**

已故日使山座君今日下午出殯，其遺骸之灰，載以袁總統之馬車送至車站，儀仗甚盛，中外兵隊護送者極爲壯觀。由使署出發後，沿紅牆出前門至站。既抵，乃將盛屍灰之籃另置一車，山座夫人時亦抵站，執紼之員、過者皆向鞠躬，繼由山座夫人鞠躬謝衆，步登火車。儀仗所過，一路極爲整齊，全由華人爲之照料，此實北京近年來偉觀之一也。

已故駐京日使山座君遺骸之灰今晚六時離京，將由袁總統代表施肇基及外交部委員兩人送之。中國巡洋艦兩艘預候秦皇島，於其抵時鳴炮致敬，旋護送日本巡洋艦“明石號”出海。各使署亦將派兵與日兵同出前門，送至車站。自有明以來，從未許棺木經過此門，中政府破此成例，以示特別尊崇山座君。袁總統之代表及中外各要員、前清各顯貴，均將執紼，日使署深感中國以殊禮遇待前使山座君。蓋藉此可令衆知中日友誼之篤也。山座夫人將偕其夫屍灰反［返］葬横須賀。

# 十一　上海《新聞報》

1914 年 5 月 29 日（甲寅五月初五日）　第一張　第二版

**專電　北京（五月廿八號）**

山座公使昨晚急病故。

1914 年 5 月 31 日（甲寅五月初七日）　第一張　第三版

**《旅滬日人之追悼會》**

上海日本俱樂部各會員，前晚開會，提議追悼駐華日本公使山座君及駐華參事官水野君，定三十一日午後四時在東本願寺舉行。

1914 年 6 月 2 日（甲寅五月初九日）　第一張　第二版

**專電　北京（六月一日到）**

山座公使葬儀定麻（六）日舉行，日皇派“明石”軍艦來華運柩。

1914年6月4日（甲寅五月十一日）　第一張　第三版

**《山座公使逝世與中日外交》**

日本駐京公使山座圓次郎，於二十八日上午一時逝世，公使未逝世前，原接有本國政府訓令回國與新政府商量對華外交問題，一時頗惹起外交界之注意。公使已定於二十七日啓程回國，因二十三日水野參贊病故無人代理，而水野氏夫人月初因事回國，此間喪事又須公使照料一切。及水野氏夫人來京，水野氏葬事完畢，公使皆躬親照料，二十七日尚至火車站送客，而其病即發作於此時矣。公使至火車站時，頗覺精神困憊，身體支持不穩，及回使館倒臥欹椅，口即不能言語，左右之人皆以爲連日勞乏所致，及醫生臨診，病勢已就垂危，非醫藥所能爲力。至二十八日上午一時，竟溘然逝世，蓋自病之發現及至逝世不過六小時云。公使逝世時，因未接本國政府命令，無人代理，暫未發表。至三十日，使館已奉到東京電令，著書記官代理，正式發表。外交部昨日致函各官署云：日使逝世，各長官應致吊唁之意，其他與公使有個人交誼者亦許與親臨吊唁。公使駐我國不足一年，辦理一切交涉俱能開誠相與，使兩國邦交益見親密，其逝世也，我國民亦當表哀悼之忱也。

公使逝世已如上所述，此外更有應附誌者二事：

一、公使致病之真因。日使館一星期内連遭大故，而參贊與公使之病狀皆極奄忽，外間不知者頗置疑詞。實則水野之病係腸癰腹疼，經一晝夜由醫生解剖彼腸之患處，已潰敗破漏，不可治療。公使之病，係心臟麻痹。其病之由來，因公使素性嗜酒，每公務勞煩時則飲量愈增，蓋恃杯中物之刺激爲精神上之助力已非一日，其致病也或係由此。至於一星期内與水野參贊相繼逝世，則爲事實之偶然，外間之疑議，實絶對的無根據也。

二、日本對華之外交。公使逝世爲意外變故，而其未逝世前之奉命回國，則實與日本對華政策大有關係，此事發生於日本新内閣，與公使無關。故離［雖］公使逝世，而於日之對華新外交政策毫不受影響。蓋自民國成立以來，各國對華外交，凡對於中國有所要求，必先與他一國或數國協商，成熟而後，乃與我政府交涉，日本向來亦即從此慣例。在各國中特别標異者爲美利堅，美自脱出資本團後，行動益見自由，其對於各國一概取直接交涉主義，不先與他一國協商。二年以來，外交團中顯劃爲兩大派别。日本大隈内閣成立後，頗擬改换前之對華外交手法，而取美利堅政策，一切單獨進行，其電令山座公使回國，蓋即爲此項問題。今公使逝世，則繼任之公使必攜大隈之外交政策而來，我國政府對此當抱如何之感想乎？

◎參政院近事錄要

◎山座公使逝世與中日外交

1914年6月5日（甲寅五月十二日）　第一張　第三版

**《山座公使逝世與中日外交再誌》**

山座公使逝世詳情已誌昨報。昨悉日使館定於六月六日舉行殯禮，停泊旅順之日艦名“明石”者，預定於十八日啓程西駛，接奉山座氏殯宮回國，其泊點係大沽或秦皇島現尚未定，山座氏家屬亦預定於十八日出京。昨東京電山座氏弟氏神鞭常孝及其近親古屋繁樹，於二日由東京出發來京助理喪事。又電日皇特傳諭旨追叙山座氏爲正三位，賜特賞金五千圓，死亡恤金五千二百六十六圓，山座氏其有身後榮矣。

山座氏逝世，日政府即電駐京日使館以現任使館二等書記官松平桓雄暫行代理使節，然此係暫局而非久計。繼任問題，外間推測以内田康哉、伊集院彦吉及小池張三皆有充選希望，而前日北京電信，則已簡任日置易［益］爲駐華公使。

中日邦交於近日具有一重要關鍵，即日本新内閣改定對華政策，山座氏且欲奉命歸國以行討論者也。山座氏之歸國，吾人認爲有絶大之關係。該氏之逝世，仍敢決日之對華政策毫不受其影響。蓋一山座氏去，而繼山座氏者且相繼以來，日新内閣新定之對華政策固不以山座氏之逝世而中止其實行也。

據最近東京英文各報記載，概謂大隈内閣之外交政策多以〈外〉相加藤氏爲之主動，而氏與山座氏又有密切關係者也。加藤氏主張英日續盟，山座氏亦同此主張。加藤氏曾任駐英公使，與英政府爲關於英日邦交之種種談判，對華政策亦略自發見，當得英政府之同意。桂内閣成立，加藤氏復任爲外相，以爲時未久、對華政策未實行，而桂内閣遽倒。最近大隈内閣成立，氏復爲外相，始得以其數年來懷抱之外交政策見之施行。蓋大隈内閣近日外交問題之標目不外三種：（一）英日續盟；（二）英日經濟同盟；（三）對華政策。第一、第二項與我國爲間接關係，第三項與我國爲直接關係。日來外交界又有英日新提議之傳聞，使發現爲事實，實則無論直接、間接，我國自無不在東亞外交風潮漩捲之中，彼加藤氏或且以山座氏之逝世，爲其大不幸矣。

附新公使日置易［益］履歷

日置易［益］君生於文久元年十一月伊勢國之門前村，明治二十一年七月東京帝國大學法律科畢業。二十二年七月，派往紐約辦事。二十四年四月，試補交際官，改派往華盛頓。二十四年十二月，叙從七位。二十五年三月，改派俄國。二十六年十一月，任俄公使館三等書記官，叙高等官六等。二十六年十二月，叙正七位。二十七年六月，被派朝鮮。二十八年十一月，任公使館二等書記官，叙高等官五等。二十八年十二月，以近二年中辦事有功，授勳六等，並賜旭日章及日金七百圓，進叙從六位。三十年十二月，任公使館一等書記官，叙高等官四等。三十一年三月，叙正六位。三十二年十二月，被命離韓，任外務省臨時之職務。三十三年五月，升高等官，改派來華。三十三年五月，叙從五位。三十四年六月，叙勳五等，授瑞寶章。三十五年一月，充改訂《日清通商航海條約》改正委員，改定税率。三十五年五月，授從軍紀念章。同年十二月，以中國事變，氏防衛有功，授雙光旭日章並賜金一千三百圓。三十六年三月，清帝贈以二等第一雙龍寶星。三十六年十二月，被派美國。三十七年正月，免除改正中日航海條約委員會及會議中國關税委員，五月叙勳四等，授旭日小綬章。三十九年一月，任駐美大使館一等參事。同年四月，叙勳三等，授旭日中綬章，七月任大使館參事官，叙二等高等官，旋調德國。三十九年十月，叙正五位。四十一年九月，特授駐智利國全權公使，同年十一月兼任智利國公使。四十二年八月，調駐亞爾然丁國。四十三年十月，普魯士皇帝特贈赤鷲第二等勳章並准佩用。四十四年十月，叙勳從四位，十二月升叙一等高等官。

1914 年 6 月 7 日（甲寅五月十四日）　第三張　第二版

**《日使出殯期誌哀》**

昨爲已故日本駐京公使山座君出殯之期，本埠日總領事署及浦江日本各兵艦皆懸半旗，以誌哀吊［悼］。

1914 年 6 月 9 日（甲寅五月十六日）　第一張　第二版

**專電　漢口（6 月 8 日到）**

旅漢日人在俱樂部爲山座公使開追悼會，中西官均到。

1914 年 6 月 11 日（甲寅五月十八日）　第一張　第三版

**《山座公使之榮哀録》**

六月六日爲已故日本駐華公使山座圓次郎開吊之期，京報記者以中日記者俱樂部幹事之資格參列喪儀，將一切情形記録如下：

致祭以前之情形

六日九鐘以後，中國之名公巨卿、外交團之公使及其隨員陸續而至。客廳門前有日本使館八員爲之接待，凡來賓與祭者皆在門前書名，佈置甚爲周備。中外女賓到者甚衆，以各國公使夫人爲多。十時後由日使館人員引導入祭場，參列喪儀，其一切秩序甚爲整肅。

與祭人物之略誌

此次山座公使薨逝，中外人士同深哀悼，故昨日與祭者有七百餘人，非常擁擠。在外交團一方面，則有各國公使及其夫人，與各使館一切有職務之人員。在中國政府一方面，除大總統特派施肇基爲專使，帶領衛侍武官四員前往致祭外，徐國務卿及各部總、次長亦均前往與祭。此外，凡政界中一般有名之人物，無不後先蒞止，此亦可見中日邦交親篤之一般。又如清皇室中則有世伯軒太保、朗貝勒、倫貝子、壽耆、桂春諸人前往。其他如軍官中到者尤衆。而報界則有朱季釙、汪健齋、康甲丞、李芬圃諸人。

祭場佈置之景況

祭場設於公使館大客廳外之西偏，用蘆席高搭祭棚，内容甚爲寬敞，設列座位，來賓至者依次入座。壁間懸掛挽聯、挽幢及花圈等物，中間懸有大總統所贈之花圈，靈前陳設與中國習慣無甚殊異，挽聯佳者甚多，不及備述，以外交孫總長一聯爲最長。

致祭時之情形

十時後來賓依次入席，門外奏哀樂，大總統代表到後，由導引員導入席次就座。先是山座公使夫人淺［賤］香女士，由小幡代理公使導引入場，衆皆起立。公使夫人身衣白衫，同中國之孝服，惟發則披散，束以白繩，其慘痛情狀令人爲之酸鼻。大總統代表入場後，即有日本僧侶入場參靈，其裝服與華僧無異。至於所用之樂器，亦有鈸有鼓有磬有木魚，惟中間之人則手執拂塵，其態度非常肅静，誦經雖雜以日語，而聲音則與華僧相似。喪族坐於靈位之前，日本使館人員及其婦女皆在兩旁侍立。僧衆誦經之後，則由大總統代表施肇基參拜，宣讀祭文。副總統派林長民代表致祭，其祭文亦當場宣讀。隨後則由日本人陸續參拜、宣讀祭文後，由喪主等於靈前焚香，致祭人員分班向靈前行一鞠躬禮，遂退出。

喪儀之順序

（一）會葬者就席；（二）小幡代理公使導喪主入場；（三）大總統特使入場；（四）僧侶入場；（五）第一讀經；（六）軍隊敬禮吹奏；（七）大總統特使參拜退出；（八）吊詞一、小幡代理公使，二、北京居留民會會頭，三、天津居留民團代表，四、中日協會副會頭，五、倶樂部員總代，六、學士會總代（表）；（九）第二讀經，此間燒香，其順序如左：一、喪主，二、代理公使，三、親族，四、公使館職員並外務省官吏，五、駐京軍司令官並步兵隊長，六、北京居留民會會頭，七、天津居留民團代表；（十）讀經暫停，此間會葬外人隨意燒香退席，小幡代理公使即率館員於場門謝送；（十一）讀經再始，會葬邦人燒香，逐次退場；（十二）僧侶退出。

葬儀式場規程

（一）小幡代理公使、鄭書記官、松平書記官，於場口恭迎内外會葬者；（一）大總統特使來時，鄭書記官迎接導入小客廳，代理公使帶領故山座公使夫人面接特使；（一）會葬者一同及故公使之未亡人入場之後，鄭書記官引導特使就席；（一）特使參拜既畢，退場之際，鄭書記官送到車旁；（一）館員燒香務須二人一次，以節時間；（一）各國公使及中國官憲退場之際，小幡代理公使以下館員謝送場門；（一）一般會葬者退場之際，親族謝送場門；（一）葬儀委員如左：接送員鄭書記官、松平書記官、縫田官補、中畑書記生、波多野警部式；場員高尾書記官、廣田官補。

附大總統祭文：維中華民國三年六月六日，大中華民國大總統謹遣禮官施肇基致祭於大日本國山座公使之靈，曰：猗歟公使，英華赫煒，方仰俊才，倏歸太始。憶初涖止，有曄其容，玉帛樽俎，式表海東。值我初基，艱難締造，嘉謨矩範，是則是效。兩國之交，君執其樞，無有彼此，以誠相輸。雖吾國人，僉曰明達，企此慶雲，以慰饑渴。愔愔雅度，蕩蕩德音，如淵之穆，如玉之温。云何不淑，忽焉委化，將返星軺，遽騰霓駕。遥瞻鄰邦，失此藎臣，縉紳搤掔，婦孺沾巾。一葦可抗［航］，敦槃相屬，尚冀後來，循玆芳躅。尚饗！

大總統袁世凱代表施肇基

附副總統祭文：維中華民國三年六月六日，中華民國副總統、參政院長黎元洪致祭大日本駐華公使山座君之靈。曰：嶽嶽｛之｝富山，篤生彦聖，樽俎折沖，珠槃報聘。洊膺局長，屬值戎衣，沈機默運，動無不宜。我邦初造，東南多故，慧［嘒］彼使星，載光燕路。保持東亞，敦睦邦交，俾我二國，如漆投膠。爾提爾攜，大猷未盡，如何一夕，梁催星隕。維天有日，乃殄良材，豈爲公慟，爲二國哀。遺疏猶存，靈輀將適，公若有靈，尚其來格。

黎元洪代表林長民

1914年6月12日（甲寅五月十九日）　第二張　第一版

**《漢口日僑追悼山座氏》**

漢口日本僑民，聞該國駐華公使山座氏在京病故，莫不同聲哀悼，特於七號午後四時，在日本倶樂部樓上開追悼大會。參列者除漢總領事高橋君外，有駐漢日陸軍司令官百川氏及陸海軍各級將校、領事館員、郵便局長、居留民團行政委員及日商、學子數百人。段都督、吕巡按亦各派參謀長宋玉峰、秘書章竇谷代表列席，特派交涉員胡朝宗暨漢口各機關長官親到者亦十餘人，歐美各國領事參列者亦衆。首由田中開教使讀經，次由高橋領事及丹羽行政委員會議長誦讀誄詞。香花燦爛，備極莊嚴，至晚更列席各餐茶點而散。

1914年6月15日（甲寅五月二十二日）　第一張　第三版

**《山座公使靈柩歸國》**

故山座公使十日爲“二七”日，公使之未亡人山座賤香女士舉行諷［誦］經念佛。十一日下午四時四十五分，由未亡人扶櫬出公使館，儀仗甚盛，六時乘京奉車返國，茲詳誌如左：

（一）特別通車之時表　（甲）六月十一號下午六時，在前門東站靈柩上車；（乙）九點十分到天津；（丙）九點十五分自天津出發，十點十分到大沽；（丁）十點二十分自大沽出發，六月十二日午前四點半到湯河，五點到秦皇島。

（二）秦皇島之上船　日本政府派“明石”軍艦在港候柩，仍由未亡人扶櫬乘軍艦歸國云。

（三）儀仗之預定　靈柩出公使館之後，日本兵中隊二、各國公使各派兵二十名護送。

（四）我國政府之優遇　大總統開放正陽門，俟山座靈柩由此通過，並派軍隊六百人爲儀仗送至車站。交通部特開臨時通車，並派護衛兵二十名，外交部代表二名送至秦皇島，並令靈柩上船時特放吊炮。

# 第三部分
# 相關報導與評論

## 一　天津《大公報》

1914年6月2日（甲寅五月初九日）　第一張　第4235號

**要聞　《駐日陸使往返密電》**

駐京日本使館水野參贊及山座公使相繼逝世，日政府當然另行簡員。昨聞外部因此連與駐日陸公使宗輿往返密電其［甚］多，大致爲探詢將來繼任之人員及一切對華政策事宜。關防頗極嚴秘，未易探悉内容。

## 二　上海《申報》

1914年5月24日（甲寅四月三十日）　第二版

**譯電　北京電**

駐京日使山座君，定本月二十七日回國與政府會商政務。

1914年5月24日（甲寅四月三十日）．第六版

**要聞　《熊前總理與日使之煙草談話》　（遠生）**

熊總理任内，日本人及日本報，宣傳中國政府將與英美煙公司訂立一約，每年由該公司納一總税於中國政府，嗣後即通行無阻。洶洶討議，似確有其辜者（此節已見本報專電）。且東京某報至謂：熊氏因此得賄百萬圓，熊氏特發電詰問，足見此事内幕風潮之烈。以余所聞，吾政府中頗有人主張仿照列國通行奢侈税加重之例，特將煙草税加重，以此漸擬與重要之煙草公司相商，似有其事。至於各日報所載，則絶對的傳訛也。然日政府至以此特行訓令山座公使質問政府有無其事，本日某報特將熊前總理與山座公使談話始末發表。斯蓋外交上一極好資料也，因轉録於下：

煙草專賣一事，係内政之關係，本無與於國際之交涉。外國人因營業上之影響，或有漫爲揣測者。熊秉三在總理任内，曾議煙草專賣辦法，日

本各報多登載吾國與英美煙公司訂立合同等語，至今此等風傳尚未盡息。記者特往謁熊總理詳詢兹事顛末，熊氏云：關於此事，日本山座公使曾於四月二十三日特來詢問，余詳爲解釋。兹述熊氏與山座問答之詞如下：

山座云：今日趨晤貴前總理，即因報載中國政府委託英美公司專賣煙草一事。昨見貴國當道，不得要領，特以此件爲貴前總理所發起□來見訪。本公使據報所載，貴國政府似已與英美公司以特別權力，業經訂立合同，未悉確否？答云：國家專賣煙草案本係鄙人發起。鄙人在七八年前張百熙尚書管户部時，以上海老晉隆販賣紙煙逐漸發達，曾經上書張大臣請速籌專賣抵制；至丁未年，澤公爲度支部，又上書請辦專賣，均未能見實行。嗣於去年財政部任内派員調查，外國紙煙銷售日廣，尤以英美煙草公司爲最，乃由部呈請大總統於部内設立煙草專賣籌備處，意在博采各國成規，預籌將來辦法，已奉總統批准籌備云者。關於煙草專賣或加税，尚須詳加研究，未定取法何國，即使實行，亦只能由國家自辦，安有委託外國公司之理？山座云：前接敝國政府訓條，以探聞貴國政府業與英美公司簽字並有委託公司經理代收印花税之説，敝政府以與舊日條約有礙，故令本公使特向當道詢問。答云：昨日敝國外交部有公函見詢，當即復函，告以此案關係重大，若與外國公司訂約，必須經由國務會議決呈總統批准，斷無單獨由財政部訂立合同之事。山座云：各報載之甚詳，或亦有因歟？答云：自鄙人呈請籌備專賣煙草之議起，各國商人均有來請求鄙人者，英美煙草公司尤爲恐慌，派人來説事誠有之。即如貴間岩谷、岡田兩君亦曾來見鄙人，以煙草事求與中國政府合辦。報或因此而有謡傳，亦未可知。山座云：貴國擬辦專賣及加税，究係如何意見？答云：敝國前議專賣煙草，本已將各國辦法略加研究，如貴國及法、奥、義等由國家專賣，土、西、葡等國則由商人包辦，英、德等國則重抽進口税，俄、美等國於製作發售時粘貼印花税。中國因關税協定條約限制，既未便加税進口，唯［惟］有於專賣及印花税二者擇而行之。山座云：專賣有礙條約，印花税亦不能於已收關税後再令納税，均與條約有礙。答云：專賣由國家自主，並無礙於條約。蓋仿日本成法，專由政府設局收買本國土産，轉賣華洋各商，既非不與外人交易，亦非專售一國公司。甚或如貴國辦法，國内發售，定價從重，運之出口，税反從輕。又何有礙條約之有？中國前與法國定約，係專指中外商人壟斷而言，並非國家專賣也。至印花税法，尤爲無礙。中國現在各省釐金尚未裁撤，凡各國進口貨物，已完關税及子口税後運售於華商之手，各省地方官多於華商抽收落地捐。革命後，浙江都督即於紙煙一項加征是項釐金，此種辦法，中國已成慣例。印花税若行，亦是此意。華洋各商紙煙，有願遵貼印花税者，除關税仍行照繳外，即准免去釐金；落地捐一税，之後聽其所之，均不再納釐捐。其不願者，聽各省自向各華商紙煙抽收釐金、落地捐，鄙人思想此種辦法無論何國商人，當無不願投納印花税也，似與條約斷無有礙。山座云：英美公司及各洋商不願遵照專賣納印花税者，中國政府將何處之？答云：中國政府對於紙煙只有三種辦法：一、專賣本國土産煙葉；二、印花税；三、自設工場製造煙草，以與洋商開戰。從來託辣斯公司之所最畏者，一政府以國家之力與彼對抗，人民以愛國心不吸外商所裝之貨。託辣斯公司雖屬强横，然究係商人股份資本所集合，若國家與之競争，鐵價□售，彼終不免於虧累。如臺灣美商設立制糖廠，後爲日本政府辦一工廠與之對抗，美商受累，終以該廠讓並於政府，可爲前鑒也。且中國前因抵制美貨，相戒不買“品海”牌紙煙，至今該牌無有起色。日本全國人民，無論在本國及外國，均喜食日本之紙煙，亦其先例。苟使外商不服從者，中國政府只好以最後之一著待之。山座云：此種辦法，固甚爲難，然亦大可研究之問題也。但中國專賣煙草與日本製造原料大有關係，不能置之不論。答云：上言中國政府專賣〈煙〉草，並非不賣與各洋商，實與日本製造無礙。且日本紙煙在中國銷售者，除奉天外，其餘各省並不見多。今市面上所見中外人民之吸食者，無非英美公司之牌號，惟［唯］日本人或吸本國所産耳。是則中國辦理專賣或印花税，英美公司最受打擊，日本銷貨不多，有何大礙？鄙人調查，英美公司銷場一日千里，實可驚異，其營業之推廣，交易之敏活，各國商人斷不能與之争勝。中國倘不設法，勢必如洪水之害，而第二鴉片之禍，將復見於中國也。且世界各國重課奢侈税，幾成不易之公理，中國以財政困難而注重煙草之大宗收入，外國實無可以抗議也。山座云：余奉敝國政府訓條，特向貴國探詢。今據貴前總理面告，尚未與英美公司訂立合同，本公使自當以此轉報政府也。

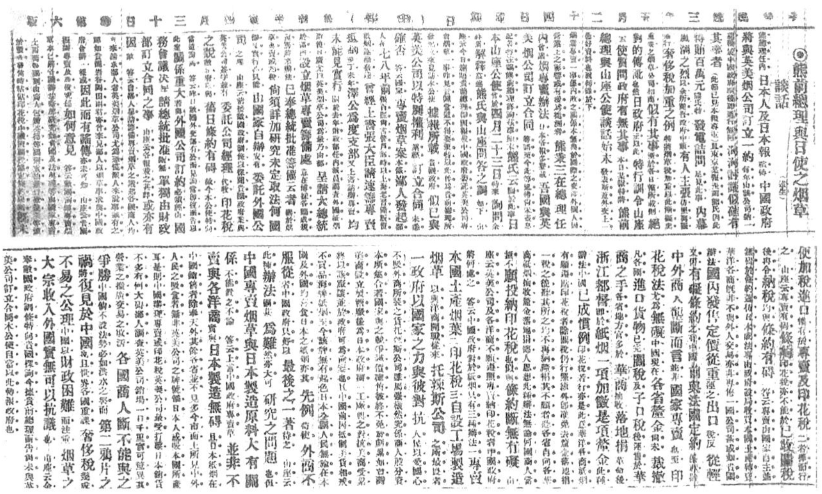
熊前總理與日使之烟草談話

1914 年 5 月 27 日（甲寅五月初二日）　第七版

**雜評　《澀澤氏之經濟道德談》**

澀澤氏謂：經濟之道，以利己利他爲用，仁愛爲體；斷非戰争以較勝負，搏噬以事攘奪，損他利己者所可比擬。斯誠長厚之言哉。然以近來商戰之趨勢證之，吾見其搏噬攘奪、損他利己，有甚於戰争耳。即以日人之經營南滿言，利我中國何在也？投資爲侵略人國之先驅，路礦實業爲制人死命之導綫，各國亦既昌言不諱矣。然則澀澤氏之言，亦僅理想之言耳。欲世界道德進步，而如氏所言者，不知將再閲幾十世紀也哉。

1914 年 5 月 31 日（甲寅五月初七日）　第二版

**特約路透電　北京電**

聞伊集院君將繼山座君爲駐京公使，前天津日本總領事小幡君已任爲一等書記，以繼水野君，已由日啓程來華。

1914 年 6 月 2 日（甲寅五月初九日）　第二版

**特約路透電　東京電**

山座公使繼任者，究屬何人尚無確訊，據東京消息有簡内田康哉子爵之説。子爵現未受職，前充北京公使時，頗有功績，大約此任不出伊集院君與内田子爵二人，中外各界聞伊集院君回任之説皆頗忻慰。

1914年6月3日（甲寅五月初十日）　第二版

**專電　北京電**

日本任小池爲駐京公使。此人現駐使智利，爲第一次與中國訂通商條約者。

1914年6月3日（甲寅五月初十日）　第二版

**特約路透電　東京電**

駐巴西［智利］公使小池君（譯音）已任爲駐華公使。

1914年6月3日（甲寅五月初十日）　第二版

**特約路透電　北京電**

新任日本公使小池君，前曾充北京使署一等書記，一九零三年與正金銀行北京經理小田切君商訂中日商約，後調華盛頓，既而任爲智利公使。

1914年6月8日（甲寅五月十五日）　第六版

**要聞　《續誌江蘇實業參觀團》　留東記者**

參觀團抵東情形已誌前報。茲悉上月二十八日上午十二時，大正博覽會協贊會宴該團於迎賓館，該會會長東京市長阪谷芳郎男爵演説，略謂：此次博覽會本爲東京府發起，後因全國各府縣出品赴賽，改爲全國博覽會，貴國對於鄙會出品頗爲踴躍，鄙會深爲歡忭。承貴團蒞會，更深榮幸，惟刻值明治皇后葬期，一切禮節多數欠缺，願諸君原亮［諒］。並云：此次博覽會各項品物，較明治三十六年大阪全國博覽會已多進步。如麥類一項，向居劣點，經歷次改良，近日已達優點；又十四吋口徑之大炮，敝國向不能自製，此次賽會，竟有出品陳列；又鋼制軍艦，向亦不能製造，現有某船廠新制一艦，竟與他國所制者無異，且速力過之；又第三、四會場多飛行艇，此種機械，非來自別國，實敝國工廠親自製造。諸如此類，可見我國近來製造之進步云云。後協贊會副會長中野武營君演説，謂：今番澀澤男爵赴貴國考察實業，貴省首先優待，此不特澀澤男爵之光榮，抑亦敝國國民之榮幸也。此次貴團光降，早由澀澤電請外務省通告各界如禮招待以資報德。王團長亦起立致答詞，謂：敝團東來觀覽，倍荷隆禮相將，深爲感謝。歡盡而散。

三十日下午六時，日本實業家近藤男爵、淺野中一郎等，又讌該團於芝公園之紅葉館，一時政治家、實業家蒞會者座爲之滿。農商務次官上山氏、中華民國特命全權公使陸宗輿君、橫濱領事王守善君等，均先後戾止。是時開會奏樂，繼演日本戲法。演畢，由近藤男爵致歡迎詞，謂：今日諸君子遠道東來，一堂相聚，兩國交好於此可見。願以後常保東亞和平，將各實業研究共進，報紙蜚言可置勿論云云。次陸宗輿公使演説，謂：此次敝國江蘇實業參觀團東來，承近藤男爵等竭誠款待，兩國交歡，實從來所未有。鄙人謹代中華民國政府致謝。夫實業一事，本賴互相提攜以圖進取，前澀澤男爵到敝國，鄙人亦深請其力爲考察，有利兩國國家。茲聞男爵先到江蘇，蘇人均表歡迎，可見兩國實業家具有密切聯繫者。祇圖一國之利於經濟學原理本屬不合云云。次王團長致答詞，謂：敝團東來參觀博覽會及工場會社等，諸荷招待，今晚又承筵讌，團員深爲感謝。言畢由女優演紅葉之舞，各藝員手執中日國旗，先中後日互相交錯，表示兩國敦睦之意，一時鼓掌如雷。演畢，日本各實業家同呼中華民國萬歲！中華實業界萬歲！參觀團亦同呼日本帝國萬歲！日本實業界萬歲！散會時，已鐘鳴十下矣。

中華民國三年六月八日星期一（舊曆甲寅五月十五日）第六張

◎續誌江蘇實業參觀團

日本東京大正博覽會攝影

智德塔與名譽門

第一會場全景

轉自《東方雜誌》第10卷第12號

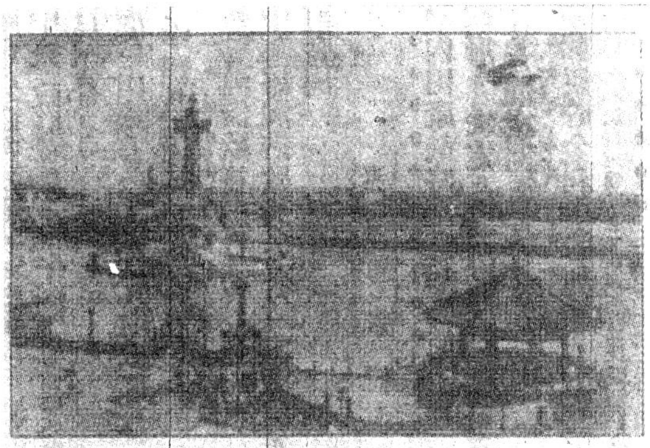

東京大正博覽會寫眞

轉自《盛京時報》大正三年五月三十一日

1914年6月13日（甲寅五月二十日）　第六版

**要聞　《日本大隈首相之外交政策》**

《大陸報》六月五日東京通信云：六月份《新日本雜誌》中曾載有首相大隈伯爵外交政策之大略，用特譯録如下：世界諸國可分强弱二等，破壞世界和平者，强國是也。蓋强國力足要索，增進利益，輒以壓力加諸弱國。弱國則因不能以武力保全利益，必常乞助於公道，弱國固亦當分負破壞世界和平之責也。文明若水，水性自高向下，進而不息，故文明輒由先進之國輸入退步之地。職是之故，巴爾幹各國爲歐洲文明輻輳之地，常起政治風潮而成政治漩渦也。弱國之存立，足礙强國權力之平衡，外交之困難，輒發源於此。日本尚不足號爲强國，然亦不能等諸弱國。質言之，日本較强國稍弱，而較弱國稍强，故日本實介於强弱之間，得止强弱之相爭，得爲兩方面傳達意見之媒介。吾人試瀏覽歷史，則見基督教與非基督教，因宗教上之嫌忌及歐亞之人因種族上偏私，頻動干戈，以相征戰。至就日本而論，則未遭牽累，日本於宗教上保有東方發源之古文明及西方出產之新文明，於種族上含有歐亞之血胤。世界各國能以西方文明輸諸東方、以東方文明輸諸西方而爲東西正式之通譯者，莫宜吾日，日本實有融合東西之責。今日萬國和平之維持，端賴權力之平衡。試觀巴爾幹之和平，豈非由英、法、德、俄、奥、意六國維持之乎！此六國之中，奥、意於遠東全無關係，故中國與遠東之和平，實由英、法、德、俄四國維持之，加以美、日，仍爲六國。美於十九世紀之初，曾宣佈“孟洛主義”

〈“門羅主義”——編者〉，藉止歐洲各國侵入美洲，同時復止干預美洲大陸以外之事，惟美國不復能久行此項政策，其經濟之發達，迫其須於海外求産品之出路及求餘資投放之地。今日“孟洛主義”實已不合時宜，美國與西班牙開戰之後，遂佔據菲列濱群島，其地逼近中國，而與中國有特別經濟之關係，故中美之相關實自然之勢也。惟鄙人敢信上述與中國有關之六國，均無侵奪土地之野心。中國非亞斐利加洲可比，其人民之衆幾與歐洲全土相埒，其文明發達之程度，殊可景仰。歐洲各國設期瓜分中國如斐洲然，此誠根本之乖謬，勢將引起亞洲大陸無窮之騷亂；其地商業、財政之恐慌，必致牽動全球，而受其害者必爲於遠東有利益之各國。日本與中國關係最爲密切，中國之騷亂，日本必受特別之影響，故中國和平應加擔保，不特有利於遠東，且更有利於日本也。日本對於中國並無隱圖，惟願擔保中國之和平，以助中國發達經濟，吸收西方之文明，藉除破壞遠東和平之危險。所幸者，吾人有英日聯盟、俄日協約、法日協約，非僅英國與吾人休戚相關，贊助吾人之主義者，尚有其他四國也。曩者各國盛倡瓜分中國之説，美國總統哈禮森君曾致各國通牒，堅主“開放中國門户主義”。開放門户者，即均等機會之謂也。其結果必致商品與資本，可以自由輸入中國，各國與中國經濟之關係可以更見密切。各國聯合經營之，爲當今急務，昭然若揭。經濟關係既更密切，則宗教、種族之嫌忌，自可逐漸消滅。總之，以强制弱非可行於今日，各國當協力行事，不當以力制勝。凡有違背此旨之國，則實文明與各國之公敵。吾人應守此旨，措施各事，不得另抱他項野心也。

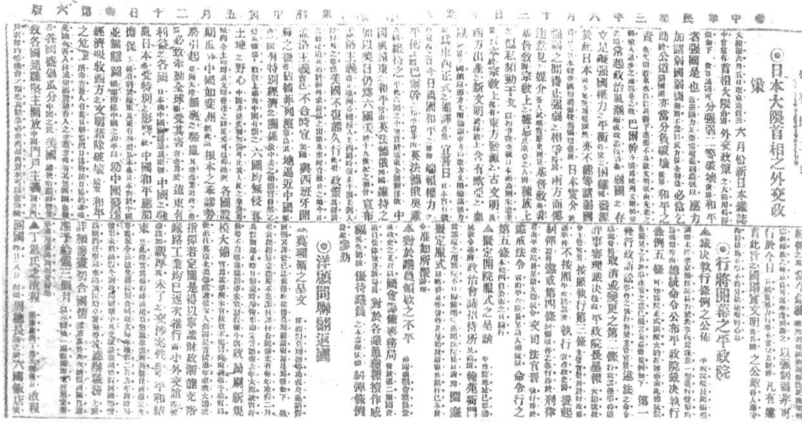
◎日本大隈首相之外交政策
◎行將開幕之平政院

1914年7月5日（甲寅閏五月十三日）　第三版

**特約路透電　北京電**

中日實業有限公司於六月廿二日在商部註册，備資本銀五百萬圓。中日各認一半，分爲五萬股，每股一百圓。總公司設東京，並在北京設總辦事所，上海設分所。設總董一員，副總董一員，助以總理二員。其股票僅准中日兩國人民購之。該公司之宗旨爲調查實業，投資經營，直接、間接贊助實業事務，發行借款，辦理其他財政事務。該公司否認與前孫逸仙發起之中日興業公司有關。

1914年7月5日（甲寅閏五月十三日）　第三版

**特約路透電　北京電**

據華人消息，中國某大員將任中日實業有限公司總董，澀澤男爵將任副總董，而派董事部之日員一人代其辦事。上海分所由周金箴君與日員管理。

1914年7月5日（甲寅閏五月十三日）　第三版

**特約路透電　北京電**

日使署否認澀澤男爵將爲中日實業有限公司之副總董，且謂唐□已就此任。

1914年7月5日（甲寅閏五月十三日）　第三版

**雜評（抱）**

近頃以來，各國之投入外資，圖發展其種種在華事業者，往往有偉大之機關組織，顧或顯或秘或成或否，而日本乃以靈敏之手腕，精練之組織。倏焉披露中日實業有限公司於新聞界，雖小小規模，亦以見其著著不肯落人後，可佩也。

前此外人挾其金錢與目的，以來於吾華，但知爲獨立之組織而已。自近頃國民合資之説大倡，而進行方針一變，顧其精神之無以異於曩昔，而此不過其假途焉。可知也。雖然苟迎其機而善用焉，未始非我利，而惜我國民未盡能注意及此也。

1914年7月9日（甲寅閏五月十七日）　第三版

**專電　北京電**

據確實消息，中日實業公司中國之資本洋二百五十萬圓，其中至少有一半乃向日人借得，或未繳付。發起該公司之華人，多屬南省之人。此亦可爲注意者也。

1914年7月9日（甲寅閏五月十七日）　第三版

**譯電　北京電**

中日實業有限公司，現擬收購浙江及南部各省之新繭，已託周金箴君辦理此舉。澀澤男爵謂日本對於擴張在華之勢力，希望該公司者頗深。

## 三　上海《時報》

1914年5月6日（甲寅四月十二日）　第三版

**《中國興業總會開會記》**

中國興業公司於上月二十五日在東京商業會議所開股東會，與會人物如左：

中國方面：周金箴、孫多森、朱葆三、印錫璋、胡宗瀛諸員。

日本方面：倉知鐵吉、尾崎敬義、森恪、大橋新太郎各董事，及澀澤榮一、中島久萬吉、中野武營、淺野總一郎等，並其他重要股東。上列人員及其他股東共計六十三名，股份計四萬二千四百。由倉知副總理主席首先報告財産目録並營業狀況，當衆求其承認，嗣決議利益處分法。據其原案云：本期利益計八千九百十一圓三十三錢，此中補償創業費五千七百十四圓七十三錢，所餘三千一百九十六圓六十錢，即遞下於後期決算内。滿場一致贊同此舉，毫無意見。次議變更定款事宜：（一）中日兩面各添增取締役一員；（二）公司名稱改爲中日實業株式會社。關於補缺並增員，則由中野武營提議，當經澀澤榮一指名互選。其結果如左：

中國方面：總裁楊士琦，專務取締役孫多森，取締役周金箴及李士偉，監查役胡宗瀛。

日本方面：副總裁倉知鐵吉，專務取締役尾崎敬義，取締役森恪及中島久萬吉，監查役大橋新太郎。

此外，並議決“正副總裁定爲共同代表，取締役若遇有缺員，則得單獨代表公司”之件，及“增撥重役薪金改爲每年二萬七千圓以内”之件，又關於“重役會享有特別許可權”之件，則由澀澤男爵援引美國礦山會社事例議定。隨定款所範圍臨機處置各事宜，皆經承認可決。嗣由中野武營氏代表各股東，感謝中國實業界諸員之惠臨並各重役之努力，次論及公司之發達能使中日經濟邦交益歸睦輯。又由孫專務取締役致辭，略謂：本公司自創立以來，鄙人等代表中國，自宜竭盡神力，不顧勞瘁，唯因鄙邦政界風潮迭出，未能翼贊事務，深兹遺憾。自值兹創業就緒，尤期彼此提攜，力圖本公司美滿之發達，自兩國經濟、國交得躋泰東於富强之域，此則與本公司實有密切關係云云。詞畢，滿場鼓掌。至十一時，乃行散會。傍晚，在帝國飯店由日本方面開歡迎懇親會，頗極其盛云。

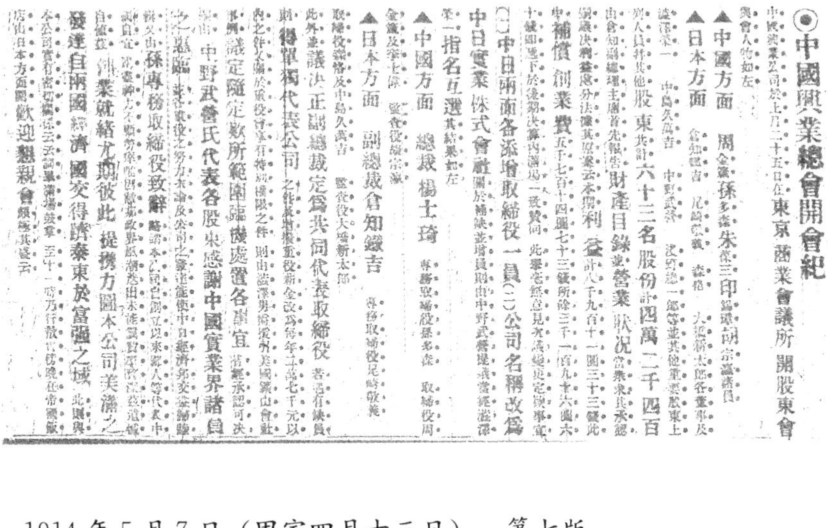
◉中國興業總會開會紀

1914年5月7日（甲寅四月十三日）　第七版

**《中日興業公司之進行》**

代表回滬

總商會總協理周金箴、朱葆三、議董印錫璋及周壽田君等，因中日興業公司訂於上月念〈廿〉五日在商業會議所舉行股東大會，特於前月代表赴日與該公司副總裁倉知鐵吉君等會商一切，於昨日（初六）上午返滬。

營業狀況

該公司之發起，中日資本家磋議多時，於去年（民國二年）始入手，該公司性質係中日合辦之事業，因開辦時，中國南方變亂，進步稍遲，今始完成其收入全額之確定者，日本金一千一百三十萬圓，洋銀一千七百五萬圓，規銀二百五十萬兩，又因該公司資金之準備必須聯絡歐洲資本家，故在二年九月後，對於英、法資本家又在聯絡，又因應中國各地調查礦山之目的，與各地方之調查，委託技師二名，先於長江沿岸調查礦山。自民國二年（大正二年）八月十一日至三年三月三十一日爲公司第一期，□業期間，本屆總收入金四萬九千七百二圓二十六錢，總支出金四萬七百九十圓九十三錢，贏餘八千九百十一圓三十三錢，以之填補開辦費五千七百十四圓七十三錢，尚餘三千一百九十六圓六十錢滾存於後期。

職員舉定

現改中日實業株式會社北京營業所爲總行統轄，中華民國各地之營業所，有應行補缺選舉各職員，除副總裁倉知鐵吉、管理專員尾崎敬家［義］、管理員森恪、監察員大橋新太郎均繼續任定外，推楊士琦爲總裁，孫多森爲主任，經理員則日本人十名外加中野武營、近藤廉平兩人，中國則張謇、周馥、李經義、朱葆三、印錫璋等云。

1914年5月24日（甲寅四月三十日）　第二版

**譯電**

近數日來，中國對於日本之態度，大爲澀澤男爵勢力所轉移。調查漢冶萍事件之委員會，對於日本投資於漢冶萍一議，亦已表同意，內部組織稍有更動，惟均不甚重要。追溯此情勢一變之緣由，則在澀澤男爵與委員會會長湯化龍之談話。大約中國政府在揚子流域，必尚肯割讓他項權利與日本。（北京二十三日德文報電）

1914年6月1日（甲寅五月初八日）　第六版

**時評　《笑中國情形》**

日本澀澤男爵語人曰："遊歷中國者，愈久愈不知中國情形。"此言良不誣也。非惟遊歷中國者，即我輩久居中國之中國人，亦自命能知中國情形乎？惟終日顛倒於昏覺迷瞀之中而已。

# 四　瀋陽《盛京時報》

1914 年 5 月 6 日（甲寅四月十二日）　2246 號 二

**《犬養氏不願列入閣員》**

大隈內閣力勸國民黨首領犬養氏推充內務大臣，犬養固辭不受，並推同志會首領太石氏代之，聯絡三派之計畫因之已見破裂，政友會在政界之地位由是益加强大。

1914 年 5 月 29 日（甲寅五月初五日）　2264 號 二

**《派員繼任日本公使及參事官》**

政府深恐山座公使、水野參事官相繼逝世，中日邦交因或受有影響，擬迅速派員繼任，以期不失機宜。

1914 年 5 月 30 日（甲寅五月初六日）　2265 號 二

**東京專電　《以松平爲代理公使》**

駐紮北京日本公使館二等書記官松平子爵，任爲臨時代理公使。

1914 年 5 月 30 日（甲寅五月初六日）　2265 號 二

**東京專電　《小幡總領調任一等書記官》**

前駐津總領事小幡酉吉，任爲公使館一等書記官，調駐北京。聞赴京履任之後，當與松平書記官更替。

1914 年 5 月 30 日（甲寅五月初六日）　2265 號 二

**東京專電　《內田繼任駐華公使説》**

北京公使遺缺，由內田子爵（往年充當駐紮北京公使，嗣升爲大使，調駐美國，西園寺內閣時入爲外務大臣）繼任之説，尤爲有望。

1914 年 5 月 30 日（甲寅五月初六日）　2265 號 二

**東京專電　《北京公使之繼任者》**

北京公使繼任何人，尚未確定，小池政務局長、石井駐法大使均有調補之説。

1914 年 5 月 30 日（甲寅五月初六日）　2265 號 二

**東京專電　《一等書記官赴華履新》**

新任北京公使館一等書記官小幡酉吉氏，訂於卅日赴華履任。聞山座公使遺骸將特派軍艦前往中國載回日本。

1914 年 6 月 3 日（甲寅五月初十日）　2268 號 二

**東京專電　《日置氏充駐華公使》**

日本駐華公使一席，日政府已派前駐紮智利國全權公使日置益氏充之。

1914 年 6 月 3 日（甲寅五月初十日）　2268 號 二

**東京專電　《大隈辭却内相兼職》**

大隈内相現已決定以兼顧不周爲詞，辭却内相兼職，使大浦農相繼任，所遺農相一缺，則大約有同志會總務河野廣中補充。

1914 年 6 月 3 日（甲寅五月初十日）　2268 號 二

**東京專電　《平岡樺太長官辭職消息》**

平岡樺太長官行將辭職，繼任者押川則吉氏（前農商務次官）尤爲有望。

1914 年 6 月 3 日（甲寅五月初十日）　2268 號 二

**東京專電　《北京公使之繼任者》**

北京公使略已決定擬將某國公使調駐。

1914 年 6 月 3 日（甲寅五月初十日）　2268 號 二

**朝鮮專電　《小幡代理公使行旌》**

新任駐紮北京代理公使小幡酉吉氏，於一日晚間經過京城，直往北京任所。

1914 年 6 月 4 日（甲寅五月十一日）　2269 號 六

**東三省新聞　奉天　《駐京代理日使過奉晉京》**

新簡駐京代理日使小幡酉吉君，已於昨三日早由安奉鐵路過奉，即時换坐京奉火車晉京履新。（左）

1914年6月6日（甲寅五月十三日）　2271號 二

**東京專電刊　《日置駐華日使到任期》**

駐紮智利公使日置益氏，已奉大命調任駐華公使。聞政府日前已電致該公使迅速回國，以便正式任命，並聞該使電覆，擬日內起程，先赴阿爾善丁，旋即取道歐洲，搭坐西伯利亞鐵路回國，計程約需四十日，赴任北京之期大約爲八月間。此間，北京外交事務均由小幡代理公使辦理。

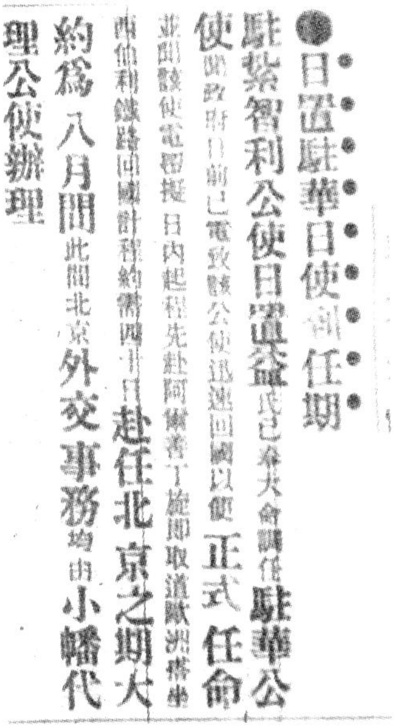
●日置駐華日使到任期●●●●●●●●
駐紮智利公使日置益氏已奉大命調任駐華公使聞政府日前已電致該公使迅速回國以便正式任命並聞該使電覆擬日內起程先赴阿爾善丁旋即取道歐洲搭坐西伯利鐵路回國計程約需四十日赴任北京之期大約爲八月間此間北京外交事務均由小幡代理公使辦理

1914年6月7日（甲寅五月十四日）　2272號 二

**北京專電　《小幡代理公使抵京》**

駐紮北京日本臨時代理公使小幡酉吉氏，於四日午後七鐘時安抵北京。

新任支那駐剳
臨時代理公使
公使館一等書記官
小幡酉吉氏

## 五　上海《時事新報》

1914 年 5 月 21 日（甲寅四月二十七日）　第一張　第二版

**北京專電**

天津日人開設之某英文報，著社論痛詆政府，外交部已向駐京日使嚴重交涉。

## 六　北京《順天時報》

1914 年 5 月 19 日（甲寅四月二十五日）　禮拜二　3762 號　第二版

**論説　《駁英文北京日報之謬論》**

日昨，英文《北京日報》著有一段評論，題曰《日本及支那》，而引用日本大隈内閣稱揚《日英同盟》協同列强決定對華政策之宣言（其詳載前日路透電報欄内），牽涉澀澤男爵遊華事宜。謂：大隈内閣將有謀於中國，否則爲澀澤氏特行先容以淆惑華人視聽。詎知中國未嘗感謝日英同盟，蓋英國助華則有之，日人則反援助亂党隱冀弱華云云。種種冷嘲謾駡極其悖謬卑鄙，令人齒冷。夫大隈内閣説破同盟之利益，因日英協力保全領土，此策可云不誤，名論可云不刊，不必問被保全者之樂聞與否，而其功固有在也。少數日人援助亂黨，本黨亦不諱其事之絶無，然以他國亂黨負國事犯之行爲，懼罪潛逃蟄居域内之故，即謂舉國援助亂黨，如是則何國不爲敵國耶？須知日本朝野對待亂党實有何態度，凡具眼之士決不爲如許盲詞之怨懟也。至於“希圖友邦之日瀕貧弱，依賴列强庇護，僅立其國”數語，則老婆絮語，真使人不禁鼻笑。今爲之正告曰：中國貧弱，一任列强憑淩，而日本何以得獨安然無事耶？論者不察泰東形勢如何變遷，如何危急圉圉焉？目爲包藏禍心者，其所見之抑何陋也！況日本實以商工圖强，對華貿易遂得竟佔優位，設使中國嗣後不能躋於衽席，則我爲東鄰者立國之計，亦宛如崩角之勢矣。自非第三國施反間苦肉之計、與吹牛拍馬之徒，誰歟有覥面目肯爲斯等齎言語乎？惜乎彼英文《北京日報》前月二十四日一曾發露妄論，已經本報苦口駁詰一番，乃仍不改，其故轍意者，其有不堪理喻者乎?!

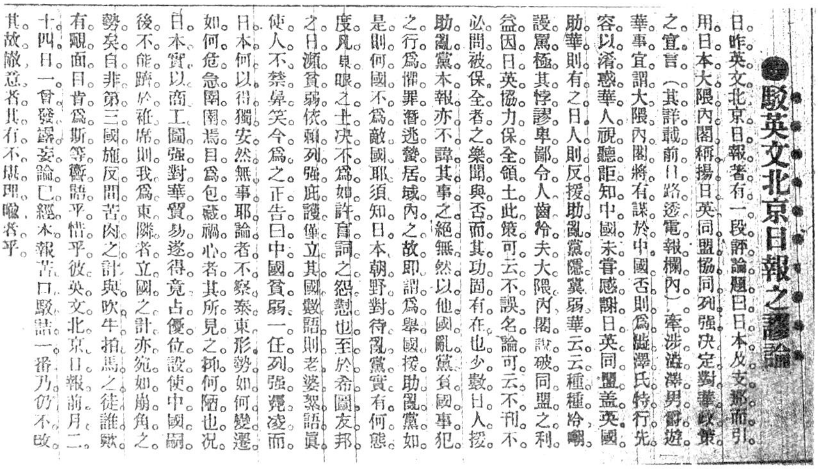
駁英文北京日報之謬論

日昨英文北京日報著有一段評論題曰日本及支那而引用日本大隈內閣稱揚日英同盟協同列強決定對華政策之宜言（其詳載前日路透電報欄內）牽涉澁澤男爵遊華事宜謂大隈內閣將有謀於中國否則爲澁澤氏特行先容以淆惑華人視聽詎知中國未嘗感謝日英同盟蓋英國助華則有之日人則反援助亂黨隱冀弱華云云種種冷嘲謾罵極其悖謬卑鄙令人齒冷夫大隈內閣說破同盟之利益因日英協力保全領土此策可云不誤名論可云不刊不必問被保全者之樂聞與否而其功固有在也少數日人援助亂黨本報亦不諱其事之絕無然以他國亂黨負國事犯之行爲俳罪潛逃避居域內之故即謂爲舉國援助亂黨如是則何國不爲敵國耶須知日本朝野對待亂黨實有何態度凡具眼之士決不爲如許盲詞之怨懟也至於希圖友邦之日瀕貧弱依賴列強庇護俾立其國斷語則老婆絮語眞使人不禁鼻笑今爲之正告曰中國貧弱一任列強覬覦而日本何以得獨安然無事耶論者不察東形勢如何變遷如何危急閉閣焉目爲包藏禍心者其所見之抑何陋也況日本實以商工圖強對華貿易遂得竟占優位設使中國嗣後不能躋於祗席則我爲東鄰者立國之計亦宛如蝸角之勢矣自非第三國施反間苦肉之計與吹牛拍馬之徒誰歟有覥面目肯爲斯等齎語乎惜乎彼英文北京日報前月二十四日一曾發露妄論已經本報苦口駁詰一番乃仍不改其故轍意者其有不堪理喻者乎

1914年5月31日（甲寅五月初七日）　禮拜日　3772號　第二版

**東京特電（五月三十日接到）**

《駐華臨時代理使節》

駐華公使館二等書記松平恒雄氏，現已奉命任爲臨時代理公使。

《公使館新任書記官起程》

奉諭小幡酉陽吉氏任爲公使館一等書記官，命駐居中國北京，聞本日（即三十日）由東京起程，已登赴任之途。

《駐華公使尚無繼任者》

駐華公使之繼任人員，政府現正在物色中，聞駐華公使資格，此次尚擬定改爲親任官之待遇云。

《内田子爵將任駐華使節》

駐華日本公使繼任一席，聞已略定將委内田子爵充任。

1914年6月3日（甲寅五月初十日）　禮拜三　3775號　第二版

**《小幡酉吉氏明晚到京》**

新任駐京日署頭等書記官小幡酉吉氏，現已在途，計聞其行程大約明

日（四號）晚車可望晉京云。（本）

1914年6月3日（甲寅五月初十日）　禮拜三　3775號　第二版

**《山座公使後任之預聞》**

山座公使病故，所餘駐華公使一席，聞本國政府現已議定命現任駐南美智利國公使日置益君以繼後任之説，所聞如此，姑誌之以待公報。

1914年6月6日（甲寅五月十三日）　禮拜六　3778號　第二版

**論説　《日本之對華外交》**

去歲，伊集院公使去職、山座公使來華時，中國一部人士，頗疑日本對華外交或有變更，本報曾經辯明，以解其惑。今不幸山座公使突然病故，又值日本内閣更迭未久，於是一般耳食皮相之士，復爲種種揣測之詞，或謂大隈内閣行將一變山本内閣之外交方針，或謂新任公使未必繼續山座公使之對華政策。種種誤解，較前尤甚，此吾人不得不爲一言者也。

按：日本對華之外交，其根本主義不外保全中國領土、開放中國門户、維持機會均等。日英同盟既以此主義爲根本之精神，《日俄條約》亦就此主義爲明文之規定。國際關係炳若日星，苟日英同盟一日未經解除，《日俄條約》一日未經破棄，日本之對華外交固絶對不能有所變更也。

惟自中國革命以來，内亂頻仍，國家多故，日本因地理接近，通商繁盛，對於中國之利害關係較爲密切，故少數人士或言助南，或言助北，所持態度未能盡同，然國家外交上之根本方針，決不因此而稍有摇動。蓋國是既定，固非少數人所能轉移，更何至因内閣之更迭、公使之易人，遂一變其根本主義乎。

猶憶山座公使生前，當［嘗］謂日本對華外交，宜取王道，不宜取霸道。故於擴展領土、侵略鄰邦諸種謬論，極端排斥，專務促進中國富强，以維持東亞之大局。蒞任駐華公使以來，竭盡心力，增進邦交，亦無非行此主義而已。然吾人須知此種主義，非山座公使一人主義也，實緣山座氏服官外務省中，爲日甚久，深知日本國家對華之方針。故能本此方針，發爲言論，見諸實行。由此推之，則後任公使，無論改命何人，日本内閣，無論更迭幾次，保全領土、開放門户、機會均等之主義，決不能稍有變動，自可斷言。今日適爲山座公使葬禮之期，故吾人特申明日本之對華外交，使知後任公使，必能蕭規曹隨，繼述山座氏之遺策，以解一般人之誤解焉。

抑吾人尤有不能已於言者，近來海宇大通，世人眼光，不僅囿於國内，是以歐美各國之新聞雜誌，於外邦政治莫不任意批評。言論自由，固應如是。今日本言論界，亦頗發達，對鄰邦政治，記載評論，原無足奇。夫既已記載評論，則遇有中國政府之失政，加以駁難，亦固其所。惟因中國現狀，尚屬官僚政治，多數人之思想，每以官僚即政府，政府即國家，遂指鄰邦批駁官僚、攻擊政府之言論，認爲離間邦交之據。此又根本之錯謬，而種種誤會之所由起也。

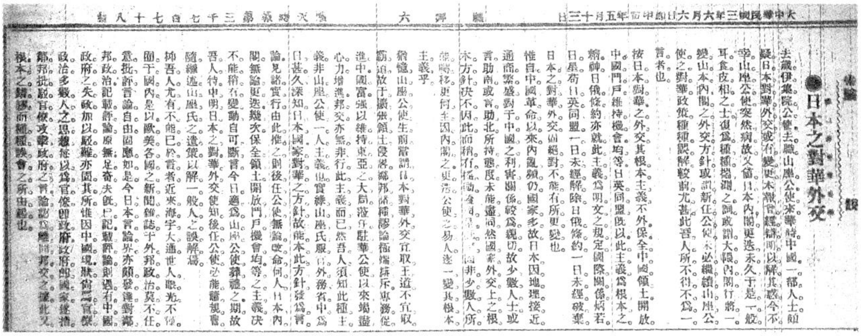
日本之對華外交

## 七　上海《神州日報》

1914年5月9日（甲寅四月十五日）星期六　2541號　第一版

**社論　《日本對華政策演變之可注意（一）》　隨時**

日本近二十年，嘗以對華政策之得失，爲其國家榮枯之一元素，故彼政客之遊説、報紙之霏詞、當局之苦心焦思、武夫之拔劍斫地，侈口縱筆之間，莫不有“中國問題”之意思存在；而著書立説汗牛充棟，吾人尤目觸而時逢之，不能究其多少也。惟其前此内閣怙戰勝之餘習，追歐人之軼塵，屢屢强横無理，逞臆奮胸相加於我。致其究竟，一面徒挑中國之惡感，一面轉來歐美之責言。日本國際上之信用，因之大替，終致貽禍於其國際金融（歐人以日本不足信賴，乃多存不屑與交之意，致其外債之募集屢受打擊），此皆前事之未遠者也。試觀去秋日兵在昌黎殺害我國盡職巡警多名之重案，久爲世界所震驚，而日本前政府之與我交涉，一味横蠻誣撇事實。同時南京出有誤傷日人一案，彼之要脅條件，又何其嚴酷重大，軼出常軌，終使我政府於風雨漂［飄］摇之中，曲從彼之要脅條件。而昌黎一案本較南京案加重十倍者，彼則絶不容我要求，擱置甚久。及至日本前政府傾覆，大隈氏起而組織新政府之際，始稍稍容我要求，且以迅速手段行之，此固極可注意之事也。又前日本報所得東京電報，大隈氏最近所以表示於英者，謂："英日同盟且當力守而擴張之，並欲用英之財力，合以日本之智識，協而對華。"大隈氏固自承其財力上決不能用於對華，而惟自誇日本熟悉華性，有越邁之智識，洞中隱奥，優於英國，故敢爲此言以表示也。日昨，日本大名鼎鼎之澀澤氏亦已到滬，其對某西報記者之語，亦與大隈同一聲調，此尤可注意者也。循是而察日本新政府之用意，固不外一面用懷柔手段交歡中國，乘機謀爲實業上之擴張，以冀多獲平和中所得之權利，而一面則以此政策消弭英日二國在華權利競争之衝突（近來因漢冶萍及寧長鐵路並及支路與大冶銀礦等，英日暗中發生衝突甚烈，已見本報），即可企圖恢復英日舊歡，利用英人之資本，以樹新標的於華。吾人逆料不久將有事實發現。在英日國際上，此時必本是意試爲談判，特不知其究竟能成功否。蓋大隈氏以垂暮之年出秉鈞衡，彼固急欲行其政見，決不肯曠日需時以待也。顧吾人今日更觀日本在野者之一面，覺其侮慢中華之態度，毫未少改，現今日本政府雖有特派員來華稽查日僑助亂者之事，以爲表面上敷衍之計，然彼國在野之人，似不欲贊成，仍然日日爲我國黨人吹噓，且正多方設法以剝中華政府之信用，其技［伎］倆今亦依然進行，儼若與彼新政府之行爲成爲兩橛。從前之日本號爲對外言論有紀律者，今則流風餘韻似已化爲煙雲，消滅於寥廓中矣，此又大可注意者也。又昨見日本某報評論我之增修約法，搬磚弄瓦，本彼慣技，乃竟至大放厥詞，恣加攻擊，其言至有非吾人所忍聞者。此其用心，果出忠告之誠，抑仍謾罵之故態乎？吾人甚不解也。蓋一國法律，必由其本國人定之，乃可密合，若外國之法文，但可供參考，而決不足以供抄襲。若以甲國法律一孔之思想，執著不通，而轉據此以詈乙國自定法律之不當，此殆無以異於日人之自詡其文身遺俗，而詈英婦之束腰，謂不若文身之俗美也，詎非心量狹隘之民之大蔽乎？

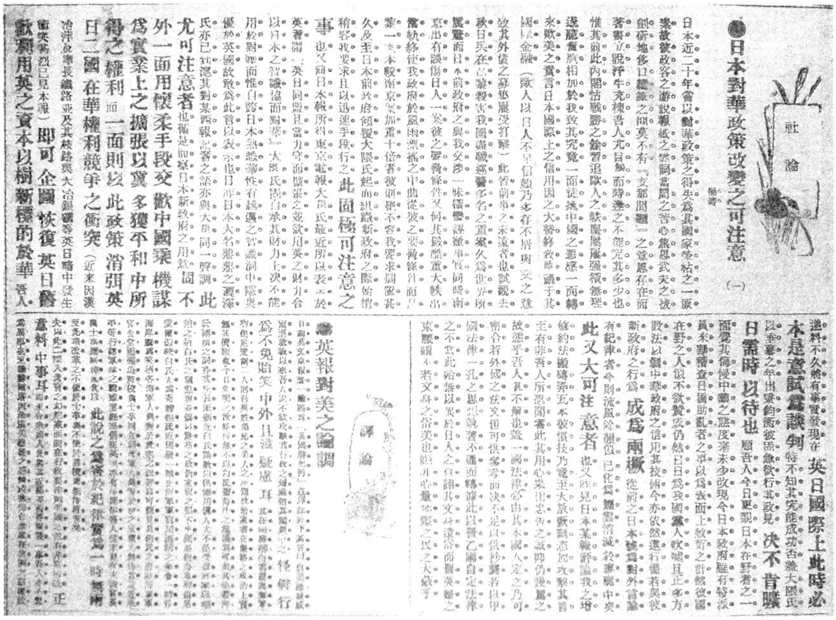

社論 日本對華政策改變之可注意（一）

英報對美之論調

1914年5月10日（甲寅四月十六日） 星期日 2542號 第一版

**社論 《日本對華政策改變之可注意（二)》 隨時**

夫日本法制，苟以法理衡之，其可議者正多。故日本名爲大權政體，實則君主等於守府，純由長、薩二閥，因利乘便代行貴族政治而已。今薩閥因海軍受賄案，破敗盡露，勢窮力絀，方由號爲擁護憲政至勤至力之大隈出組政府，然而長閥之勢，又已倔然蠢動，吾人料其“增二師團”一案，不久當更現實。若議會再與之抗，必有解散之令隨於其後，民氣若仍流於偏激，亦將有極無道之壓制顯出，乃彼偏不自恤其緯，而惟吾國之矢是加，亦可見其用心所在矣。此尤吾人應同注意者也。今特移譯彼國某報對我增修約法之評論於後，以見其態度之一斑。至其太甚之詞，皆經擯削。其言曰：“中華民國修正約法今已公佈，記者於此有一疑問焉。即此新約法告成對於中華運命究有若何之關係是也。夫袁總統增修臨時約法之議，實發端於去歲十月下旬咨交國會之提議，乃議會束之高閣，而急先制定憲法。袁大總統心懷不滿，既臻其極，乃乘機施行‘特克推多’（西語霸主也）之制以臨於國會，時維去歲十一月五日也。爾後黎元洪等聯合二十二行省都督、民政長、護軍使等二十八人，呈請總統停止國會，所謂政治議會者，由此孕育而出。至十二月二十二日，總統舉修正約法等件諮詢該會議，該會議協議結果，謂須別組約法會議，以本年一月廿四日判定約法會議組織條件二十二條。至三月三日而議員之選舉遂以告成，復於同月中旬審查當選者之資格（原注：當選者共六十人，就中三名不合格另選）。審查既畢，至同月十八日舉行開會式。該會着手修正約法以來，歷時一月有半，乃克蕆事。以其經過之手續論之，不謂之慎重周詳不可得矣。雖然，當約法修正以前、袁大總統蒞任以後，臨時約法早已消滅，而於實際上因有不文之修正約法在，今惟以不成文者改爲成文而已。不觀約法修正之期間以内乎？袁總統行動之專制何等激烈，彼無論何時所得發揮之權力，胥於斯時披露。由此觀之，約法之有無實一無足重輕之問題也。謂臨時舊約法束縛過甚，施政當局窮於運用，此亦一般之局外人所公認也。記者亦發爲評論主張修正。所可惜者，袁總統修正之目的並非出於至誠，以國家國民爲念。袁總統之言曰：民國成立二年，於茲建設之業未成，人民益趨危殆，皆此約法之所致。噫，豈篤論乎？益彼欲達其懷抱之目的，於是出以極陰險、極暴虐、極惡辣之手段。吾人無論何等善意觀察，覺袁總統之爲人絶不尊重革命精神，顧念國家厲害，垂問民生休戚也，惟知擴張一已之權勢、一已之功利，其所設施，十之八九在安享帝王之榮華，此吾人所不得不反對者也（按：此純以國民黨口氣）。若夫善政之當施行者，袁總統幾熟視無睹，約法雖經修正，而發揮之權力與未修正以前等，然則此次約法公佈，爲問有何等新意義發生乎？論形勢於今日之中華，以視前清末造，更覺悲觀，袁大總統之權威殆淩駕天子而上之（按：此言何據?）。約法修正，無異絶對確保其權勢，在袁總統得實施帝王的專制政治，其喜也可知。若由此更出以焚書坑儒之壓制，保無隱憂潛伏於其後，是所望於袁大總統之反省者也。又如此次徐世昌不肯輕於出山，今進而組織内閣者，悉屬約法修正之功。何也？内閣基礎所慮者摇動，有此修正約法，而内閣之基礎固如磐石矣。袁大總統之位置所慮者亦摇動，有此修正約法而總統之位置安如泰山矣。夫袁、徐二人同心協力，中華國家雖有鞏固之望，然當此財政窮困、内外多事之際，謂能建統一之業，誠一大疑問，況與國民新思潮又乖離耶?”（下略）日本報紙之作此等議論，久爲吾人習見之筆墨。彼以隔岸之眼光，且有成見在心，則其爲斯言也，亦不足怪。吾國人所應注意者，試合大隈最近之宣言，與此文後末段所云“當此財政窮困、内外多事之際，謂能建統一之業，誠一大疑問”數語，而參究之，當知日本最近對華政策所欲以英國之財力與日本之智識協以謀我之真相，大有在矣。嗟夫，吾國朝野不急自振策，恐越俎代庖之人，轉眼即光臨，且無他術能避却矣。嗚呼，危哉。

日本對華政策改變之可注意（二）

1914年5月24日（甲寅四月三十日）　星期日　2556號　第二版

**譯電**

政府將撤回駐滬偵探。蘇督馮國璋擬在滬開一會議，商定關於永保揚子流域秩序安寧之辦法。蘇、浙、贛、皖、湘、鄂六省，各派文武官吏二人，參列此項會議，六省軍警之組織，亦以永保揚子流域之秩序安寧爲目的，故各省互相扶助，遇有亂事發生須互相通告。九江將設常駐之偵探局，分局則設於漢口、重慶、上海三處。（以上德文報廿三日北京電）

1914年6月14日（甲寅五月二十一日）　星期日　2577號　第四版

**《日本駐華新公使之來歷》**

日本公使山座氏病故後，彼邦已決定以日置益氏繼任來華。頃得東京函，述日政府決定派遣日置氏情形甚詳。函云：此次日政府對於駐華公使之繼任人物，先有以前任華使内田康哉氏充任之意，嗣因内田氏不肯承諾，遂決定爲日置益氏。日置益氏現任智利公使，在本國之名望尚不甚顯。提出閣議之際，閣員中頗有不贊成者，旋經加藤外相之堅持，大隈總理之同意，遂一致通過，而外間輿論尚多不滿。蓋日人方以對華外交爲第一重要之任，陸軍派且提出軍事出身之人物，迫當局以派遣，而思行其所謂對華外交之激進主義，故於以圓熟著稱之日置氏不甚謂然，亦固其所。日置氏爲伊勢人，帝國大學出身，現年五十二歲，歷任朝鮮、俄國、美國等國外交官及駐華使署一等書記官。中日通商追加條約之談判，日置氏曾與其事，號稱有功，此其派遣之原因也。日置氏通英、法、德、西班牙各國語言，英語尤所擅長，性質温厚而内剛毅，少壯時頗圭角稜稜，現入老境，漸成圓熟。其得升任公使，係受故小村侯之知，此次來華則出於加藤外相之特賞故。日置氏現在智利，其歸日本當在七月下旬，其到中國則當在九月中旬。臨時代理公使小幡西［酉］吉氏聞頗不願在日置之管下，日置氏到華時，大概小幡氏將轉任於他國矣。

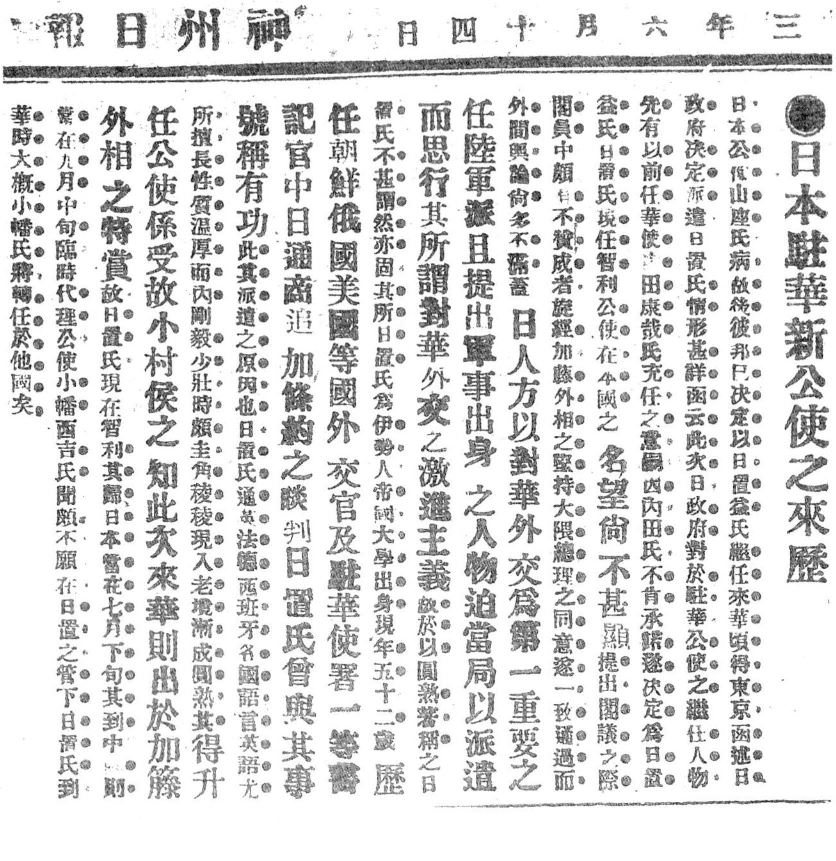
三年六月十四日 神州日報

日本駐華新公使之來歷

日本公使山座氏病故後彼邦已決定以日置益氏繼任來華頃得東京函述日政府決定派遣日置氏情形甚詳函云此次日政府對於駐華公使之繼任人物先有以前任華使內田康哉氏充任之意嗣因內田氏不肯承諾遂決定爲日置益氏日置氏現任智利公使在本國之名望尚不甚顯提出閣議之際閣員中頗有不贊成者旋經加藤外相之堅持大隈總理之同意遂一致通過而外間輿論尚多不滿蓋日人方以對華外交爲第一重要之任陸軍派且提出軍事出身之人物迫當局以派遣而思行其所謂對華外交之激進主義故於以圓熟著稱之日置氏不甚謂然亦固其所日置氏爲伊勢人帝國大學出身現年五十二歲歷任朝鮮俄國美國等國外交官及駐華使署一等書記官中日通商追加條約之談判日置氏曾與其事號稱有功此其派遣之原因也日置氏通英法德西班牙各國語言英語尤所擅長性質溫厚而內剛毅少壯時頗圭角稜稜現入老境漸成圓熟其得升任公使係受故小村侯之知此次來華則出於加藤外相之特賞故日置氏現在智利其歸日本當在七月下旬其到中國則當在九月中旬臨時代理公使小幡西吉氏聞頗不願在日置之管下日置氏到華時大概小幡氏將轉任於他國矣

# 八　上海《東方雜誌》

第10卷第12號　第1—7頁　1914年6月1日

**章錫琛譯　《日本大隈伯爵之東方平和論》**

本年三月，日本《新日本雜誌》發表一文，題爲《三論東方之平和》，宣明對於我國之外交方針，爲其編輯主任伯爵大隈重信所作。嗣該號雜誌，以牽涉海軍問題，禁止發行。本論因不在禁止之列，復於四月號中發表。大隈伯爵新任總理大臣之職，則其政策，或由言論而見諸實行，未可知也，爰亟譯之以告國人。

一　由極端移於極端之對華政策

吾人之東方平和論，在本誌雖以此次爲始，而前後實已三次。其第一次，即在二十年前中日戰後列强共謀瓜分中國之時。先是列强素以睡獅目中國，此由清朝重臣曾紀澤，在巴黎演説，擬己國於酣睡之獅子，自謂一旦覺醒，將振其震駭百獸之威，中國非復今日之中國，聞者震之。時中國方效法泰西，講求富國强兵之術，編成洋式海陸軍，特設大沽炮臺、旅順、威海衛軍港，大有刷新之氣象。及中日戰役之起，而兩國之勝負，竟出於人人意料之外。當時中國海陸軍，均較日本爲優。海軍已有戰鬥艦二艘，爲日本所不及；陸軍則屬李鴻章部下之直隸軍，受洋式訓練，夙以精鋭著稱。日本僅有七個師團，兵數之衆，器械之良，均遠遜於中國。故歐美人之通外情者，咸謂中國必佔最後之勝利，而莫不爲日本危。乃兵刃既接，中國軍隊，竟棄甲曳兵，一敗塗地，不出半載，即派李鴻章至馬關議和，是爲《馬關條約》。而三國之起干涉，即在斯時。

中國地廣民衆，徵諸其歷代之史迹，苦中國者，常爲北方之蠻族。此北方蠻族，卒席捲中原，奠定國基，即愛親［新］覺羅朝也。此威猛可怖之韃靼民族，一經訓練，而組織爲文明軍隊，則其勢力之優越，自在常人預料之中。歐美列强，其初所以過重中國，實由於此。及一與日本相觸，而實力之薄弱，暴露無遺，於是列强之見解，乃由極端之推重，而趨於極端之輕蔑，以爲中國之土崩瓦解，即在目前，使日本更加一指之力，必將潰亂而不可收拾。此三國干涉所以由來之主因也。

中國既失其實力，而勢力範圍劃定之問題，乃因之繼起。此問題方盛之時，吾人則以爲空想而加之辯難。蓋勢力範圍一語，本興於亞非利加分割之際。亞非利加原爲無人之地，故列强得案手地圖，而定自某處至某處爲某國勢力範圍。至若中國，則其事固截然不同。中國有四千年之歷史，有四千年歷代相傳之文明，奄有與歐洲全土等大之土地，而四萬萬人民，聚處栖息於其間，烏可以分割非洲之法而分割之？蓋列强之於中國，其初過於重視，故遂生此極端輕蔑之反動。當時《時事新報》（日本），既載中國分割圖。我國（指日本）外交當局，亦率爾提出分割中國之説明書，似此事不久即當實行，乃其所以自禍也。夫欲亡中國，非屠盡中國之國民不可，而欲屠殺中國民族百萬，至少必先犧牲十萬人之己國國民，以如斯人口繁殖之國，吾恐華人未盡亡，而歐洲人已先自滅矣。此則吾人當時之所極力反對者也。

二　列强利用中國之疑懼心

第二次東方平和論，發表於日俄戰争之後。日本實力之强大，既爲中國人所大懼，故日本將乘勢侵略中國全土之説，不僅爲華人所想象；即擴張商權於中國之歐美列强，亦甚慮日勢之伸張於中國市場，於是因其忌嫉之心，謀有以中傷日本，日以譖日論震聳華人。謂日本虎視眈眈，包藏滅華之禍心，其危不勝言，吾歐美諸國，蓄志保全中國，别無他意，故中國宜速遠日本而親歐美。而中國對於日本，遂益起疑懼恐怖之念。不知日本與中國，居同洲，人同種，書同文，輔車相依，唇亡齒寒，日本而滅中國，乃日本之大害，中國而仇視日本，亦中國之不利也。此重華人本位立説，即當時論文之主旨也。

三　扶掖中國爲日本之天職

今兹爲第三次之東方平和論。然今日日本對華關係之重大，實無異於十年以前，且近來華日經濟上之關係，益加親密，故利害更較前爲切。中國而有滅亡之憂，則其爲害於日本也尤大。今日日本國際貿易之額，莫大於中國。中國現因生産力至低之故，所需物質，太半取給於日本，加以人口衆多，繁殖尤盛，故華人遂爲日本一大顧客，而將來之增進，則尤可望。日本今日雖居債務國地位，苦於債額之負擔，然他日此對華貿易更盛，不久可轉債務國爲債權國。故此日本之大市場，一旦有土崩瓦解之禍，則日本貿易，必將卒然停止，寧不可憂。且此猶不過目前之小害而已，假令中國果就滅亡，西洋之新勢力，一旦出現於日本對岸之大陸，則日本帝國之領土，必有不克保全之憂。日本守今日之財力，而欲退嬰孤島，維持其繁殖無限之人口，實爲必不可能之事。此尤日本永久之殷憂，而至可寒心者。故日本苟有發言權於中國，斷不可不堅決維持之者也。

維護中國之安全，啓發中國之文明，以爲維持東洋平和之基本，此日本之天職。欲棄而不可棄，欲奪而莫能奪者也。蓋日本與中國，同種同文，經濟上之關係，既冠絶於世界，而思想感情風俗習慣，又莫非同出一源；兩國人口之合計，實足與全數白種相匹敵。以如此偉大之民族，苟能互相聯絡，不難與西洋諸國，對峙並立，誇文明於世界之上。日本文明程度，對於中國，差有一日之長，提撕扶掖，使中國進於世界最高之文明，舍日本其誰任之。此天之所以命日本而義不容辭者也。故日本對華之政策，宜取積極的而不當取消極的。

四　民國政府無實力

凡兹所論，皆吾人昔日之所主張，然實際上固未易言也。今日中華民國之政府，雖已成立，而其所謂成立者，僅有形式而無實力。形式無論爲王政，爲帝政，爲共和政，舉可置之不問；所當問者，中國實力果否能存立於世界競争場中也？乃試觀今日中國之政府，其實力蓋薄弱已極，財政較滿洲政府爲窘，有非倚賴借款，不能一日立國之勢。考中國行政，至少須有六萬萬圓之歲入，然徵諸實際，僅及三分之一。此四萬萬圓，既莫從而徵收，則仰鼻息於借款，固爲必至之勢矣。

自古中國民族，爲難於取税之民族。非謂其天性之貪吝也，往昔聖哲，莫不非難徵税，而詆爲横暴之虐政。蓋中國歷代帝王，僅以租税供土木衣食之奢用，而其官吏亦皆賴此以買土地，謀貨殖，爲子孫身後之計，故所謂租税者，除填塞權力者之欲壑以外，别無何等之意味。此實中國歷代相傳之積弊，立法家、道德家所由常以徵税爲暴政之表像，用之上諷帝王，下戒官僚，而取税即營私之觀念，乃深入於其國民之腦蒂，不可復拔。故自古中國革命，莫不有免税之佈告，即此次革命，亦嘗師其故智者也。嗚呼！租税者，常與國家之利害一致，所以爲保安寧、維秩序、增進國利民福及防禦外侮之準備，國家非是不可一日存者也。其目的豈可如是乎?!

五　無權力之政府將如何

文明之政治，需多金，即需租税，中國人之租税觀念，與文明之政治，斷難兩立。中國而苟欲行文明之政治，不可不掃除歷來之思想，且同時增大政府之權力。世界無論何國，未有樂於納税之國民，故徵税實有强制之意味，而中央之不可無絶大之權力。中央政府之權力，當常能十分維持一國之安寧秩序。若有國民因不肯納税而擾亂安寧秩序之際，則國家當竭全力威壓之。今國民政府，遇有此等情事，徒知迎合人民，以謀其歡心。革命以後，中央所收之金，不過二千萬兩，地方既不納税，中央何以成立，於是舍借款以外，别無他策矣。嗟夫！以革命之全力，而不能打破中國從來頑固之謬想，則此現象，將經幾萬世而不可變。此今日中國國運之所以日蹙也。

六　借款全盛之現狀

今中國十八省無省不借外債。當初借款者，僅止中央，嚴禁各地方自行借款，然地方屢向中央求索政費，中央無以應，遂不得已亦許各地方以除政治借款外之經濟借款。今日各地方以鐵路礦山爲擔保之大小借款，即起於此。其間西洋企業家及資本家，紛紜糾雜，各出其縱横之術，以相競争，而回扣遂重。考回扣即歐美所謂康密欣 Commission（日本稱手數料），不過爲一種商業習慣，今在中國則爲不規律之大弊。蓋華人天性，一觸金錢，必入其幾分於囊橐中。此種惡俗，愈養而愈大，至於今日，雖聖人不能禁。中國現狀，殆猶大財主，開其寶庫以散給公衆，求者既紛至遝來，而中央地方之大小官吏，亦樂其可因此而得利益，故其運動遂由是而益盛也。

七　日本對於中國之位置

借款全盛之中國，其將來果若何？歐美資本家，以經濟上之大有利益也，忽焉而蝟集。一見利益，則非常之投機熱頃刻即起，歐洲市場，乃爲之屢亂。然其初争先承攬，注入資本，達於極度，其後竟少分外之利益，而利息又恒被延欠，於是由私人之關係，轉爲國家之關係，而派員監督財政之事遂起。其經過之事實，頗與埃及相類。惟埃及借款之巨者，以英、法爲最，其大不及中國十分之一。而國境與英、法相近，英、法兩國，遂因埃及之破産，互起争端，至於三十年之久，近日始漸相妥協，復其交情。今中國借款之關係，爲英、法、德、美、俄、日六國，其次又有比利時，有荷蘭。美國雖新脱六國借款，然對於中國，仍爲債權國，故不能不仍稱六國。此六國中，其初本無俄、日，僅有四國，而日本之金額，又居最少，然利害之關係，實以日本爲較大。即由距離言之，日本與中國，僅隔一衣帶水，無論何國，均無接近如是。且航行中國境内之外國船數，英居第一，第二即爲日本。據現狀以推測將來，日本必將漸次增加，出於英國之上；故日本在華位置，航海上、貿易上之希望，莫不日高。六國對華之關係，未有切於日本者也。

八　奪取中國之不易

中國近有土匪白狼，起於河南。河南古稱居中國之中，白匪起於其間，更有蔓延四方之勢，焚掠竄突，拆毁鐵路，因之妨礙商業，杜絶交通。中央兵力薄弱，不能立時削平，投資諸國遂不復信賴民國政府，對於自己投資之利益，欲取自行保護防禦之策。其策維何？即佔領中國之領土是也。然佔領中國領土，其事至難。徵諸中國徵税之匪易，即可概見。假令列强欲征討匪盜，鎮其暴亂，則必勞師傷財，淹滯歲月，非一朝一夕之所能奏功，是非徒無益而反獲損也。且餦餱彈藥之費，彼投資家之不能擔負，固無俟言。而使國家支財用以護己國之利益，於理自無不當，然其事必受國際間之約束，非一國之所能自由。即不然，而中國本部四萬萬民衆，欲加以軍事之統禦，夫豈易言。此吾人所以重發三次之東方平和論也。大抵歐美諸國，其於中國之觀察研究，恒多謬誤而不得其真，其初也懼之，其繼也侮之，侮之而後有分割之心。及後悟其非，乃一轉而謀攫經濟上之利權，不謂中國挽回利權之説日張，竟出列强意料之外。美人謀築廣東之鐵路則拒之，德人謀開山東之礦山又拒之，於是始知利權獲得之困難，始出貸資於中國事業之策，而所欲者乃安然盡獲。此策一方既滿足華人自尊之心，而他方則又得收十分之利益。適革命之事突起，斯時民國政府，以金錢缺乏故，但求列國肯以資財見假，無論何種利益，均願提供。蓋至今日，而資本征服一語，竟實現矣。列强對於中國，盛謀資本的開發，誠將來最有希望最多利益之事也。

九　誰抱侵略之野心

以侵略態度對待中國，其爲難既如此；故從前列强中，或不乏對華而抱野心之國，若今日則早已無有矣。世人每於俄國之蒙古經營，齗齗未已。然俄國與蒙古之關係，已非一朝一夕之間。蓋二百年中，蒙古侵俄被俄擊退以來，始有哥薩克入蒙古之反動。彼得大帝而後，俄國人民，頻在外蒙古與蒙古人韃靼人相接觸；回疆部及伊犁新疆等處之韃靼族，常越天山而入俄，曾有對中國稱獨立之事。且自地勢言之，是等諸地，與中俄兩國之距離，俄國亦較中國爲近。如由外蒙古赴俄，水行既有汽舟，陸行又有西伯利亞鐵路，交通至爲便利。故其與俄國相親，亦爲自然之勢。況蒙古地多水草，其人民以遊牧爲生。當其逐水草而居之時代，屢南下與中國相衝突，因屈伏於中國之下；及既與背後之俄國交涉，不願復讓於前面之中國，亦固其所。夫俄國對蒙經營，歷史上之事實，既已如是；故雖今日之侵略無大利益，而五十年來，蒙古已早入俄國之勢力範圍矣。此爲彼得大帝以來之事，最後因愛［瑷］琿條約，定爲中國領土，而其間亦嘗幾次入於俄國領地。更有兩屬於中國及俄國而成不可思議之狀者，時或向中國稱兵，僞爲獨立國不受中國之統治。一年以前，吾人嘗忠告中國，於藩地屬地，宜僅收宗主權，而使之獨立，彼國當局不肯見聽，此其所以有今日之窮狀也。

更觀西藏之關係亦然。西藏若歸他國，則地勢上印度即爲其脅。蓋西藏者，印度防衛上重要之地，故英國斷不肯使之入於他國之手，然欲收西藏而入之印度，其事至難。是以英之於西藏，但求不歸於他國勢力而止，並無略奪之謀。英既若是，其餘諸國，又孰敢染指其間。法之於南方亦然。法國今日於其領有之東京，既無所利而反覺困難，方懲前毖後之不暇，又烏願復取領土於中國。至若德國，更有越國蔽遠之困，即獲地於中國，亦無大利。故通觀列强之態度，今日決無向中國逞領土之野心者。其所抱者，特商業關係之征略政策而已。

十　導英國之輿論

中國之將來，必因此列强之經濟野心，而生許多之混雜，即列强間猛烈競争之發生也。其結果必至起極强之利害，因之擾亂東方之平和，而使中國陷於非常困厄之運命。若然，則日本決不容退守，不可不積極進行而以扶掖中國爲己任矣。彼對岸大陸有四千年文明四千年歷史之大國，早晚將有不幸之事，舍我大日本帝國，誰復能盡此救濟不幸之責任。斯之職任，不僅力之問題，金之問題，而實爲同種同文思想感情、風俗習慣一切同源民族之問題。日本與中國，國境相鄰，一旦有事之際，咄嗟間負保全其國民安寧秩序之能力，非日本而誰。特日軍一臨華境，往往易生誤解，誤解則忌嫉，忌嫉則生亂；故避免列國之誤解，實爲至要之事。英日同盟，力［方］能保中國之安全，且防其分崩離析之禍，其中實以日本爲此運動之主，而當責任之衝，故他國且暫置不論。至同盟之英國人民，則不可不使之諒我日本之誠意。然吾人不能以不知諒我，責彼英人，但當進而求其見諒。求其見諒奈何？即力導英國輿論，俾深知吾人誠意之所在，與夫吾人責任之何若也。苟能如此，則我國對華之政策，可以無所顧慮。此則吾人所當努力者也。

十一　此次革命之損失

中國之現狀，早已無可如何，雖有智者，莫能補救。中國爲自古以武力統一之國，然二百五十年清代之傾覆，則以智而不以力。此事與吾儕異國人無關，可以不加評騭。惟願中國一洗從前之謬想，得十分足用之租稅，能組織現代之國家，而立安邦定國之計也。中國國力之薄弱，實由租稅之少收，而其故首在無收稅能力之官吏。試徵之鹽稅，即可瞭然。當中國官吏自任收稅時，其數殊不足觀，今得五國承認後，由英國派員監督收稅，其結果竟得意外之收入。第二借款，以鹽稅爲擔保，初僅值二億五千萬，及此次增收以後，可爲五億萬之擔保，恐可更借二億五千萬。鹽稅如是，則中國欲收取六七億之稅，實爲至易之事。故中國苟有完備之稅法，得才能之官吏，而又能剔除中飽之弊，則如此大國，不難得十億萬以上之租稅。然積弊所在，非一朝所能改。故今日宜先養成善良之習慣，暫以厚賞獎勵官吏，並同時設備有規律之軍隊員警，削平匪亂，使國民得維持安寧秩序，而貪官污吏，莫不斂迹以去，則中國乃可臻於强固之域矣。然若此者，固非如革命之可以武力解決，蓋不能不有藉於外國之力也。

十二　中日合同爲先天的約束

歐羅巴十六七世紀所行之政策，至今早歸無用，但當視如幻夢，付之一擲而已。吾人深信白人以外之人民，必與白人並立於今日之世界，對於同種之中華民族，當依友誼而盡力於救濟之策，俾發揮偉大之新文明。一東一西，互相輝映，此我日本國民之目的也。向此目的，則中國無論若何，當爲我日本之友，而亟亟於脣齒輔車之關係。中國者，日本之障壁也，障壁一撤，則日本國運，立即於危殆。今中國方當存亡危急之秋，成敗之機，間不容髮。我日本既立於先進之地位，不可不早爲之計，以救其危。此吾人所以反復於三次之東方平和論也。

第 11 卷第 1 期　第 23—36 页　1914 年 7 月 1 日

**章錫琛　《日本政界之風潮》**

一　政潮之醞釀

日本自桂内閣顛覆、山本内閣成立以來，倏忽已近一載。當時山本氏以薩摩系閥族，承政變劇烈之餘波，受政友會派之擁戴，勉成混合内閣。一載之中，民黨之囂張，財政之困難，海陸軍之衝突，反對派之抗敵，在在爲梗。當其成立之初，識者固早知其不久，而果也僅及一年兩月，又蹈桂内閣之覆轍矣。

山本内閣之傾覆也，海軍收賄一事，實爲其爆發之導綫，而其主因則在財政之困難，其動機則在豫算之不成立，至以藩閥而失人心，則與前茲之桂内閣，固先後一轍者也。日本閥族之跋扈，與薩、長兩系之争衡，本誌嘗詳述之（見第九卷第十一號，《記日本大政變》篇中）。自桂内閣失敗以後，長閥之勢，爲之一挫。薩系之山本，既取桂氏而代之，其勢寖盛，然而民心之厭閥，其於薩長則一也。特以政黨多數之維護，故能贊安於一時耳。桂氏既退，又日與其徒組織新黨，以回復其勢力，故未嘗須臾忘薩閥也。及桂氏逝世，其徒復相與繼承其遺志，而爲積極之進行，常與在野諸政黨，環伺内閣之側，謀乘隙而攻之。是以山本内閣自成立以來，無日不在風雨飄摇之中，而有厝火積薪之象，適海軍補充計畫一萬萬六千萬圓之新要求，列入於大正三年度豫算，而海軍收賄之巨案，又暴露於斯時，皆足以起人民之疑憤，而授敵黨以口實，於是議會之彈劾，人民之暴動，一時並起。海軍計畫，遂破壞於貴族院中，而山本内閣，乃不能以一日存。

二　政黨分合之形勢

日本政黨，最著者向稱政友會及國民黨，而政友會尤佔勢力。去歲桂太郎以武斷派推翻西園寺之政友會内閣，起而代之，大招政友會之讎視，國民黨亦憤不能平，於是兩黨聯合，有憲政擁護會之發起，卒覆桂内閣。當時桂氏知政黨勢力之偉大，乃自組新黨以謀抗衡，雖究無裨於傾覆，然退政以後，仍復繼續進行，謀爲異日報復之豫備。桂氏既没，其徒述之，卒底於成，是爲同志會。山本氏組織内閣時，宣言遵守政友會政綱。除山本氏自身外，其閣員皆入政友會，故政友會與山本内閣之關係至深，而同志會與政友會，已成政黨之敵。國民黨初與政友會合力以敵桂氏，本在組織政黨内閣，以應輿論之要求。及政友會聯合薩閥以成山本内閣，仍不免有閥族之性質。故兩黨即因此斷絶提攜，各求貫徹其素日之主張。政友會中尾崎氏等激烈一派，亦不滿於本黨之行動，因具脱黨書，宣告脱離政友會，别組政友會俱樂部，其後蜕化而爲中正會。中正會與國民黨，則仍結合而從事於憲政擁護之運動。故山本内閣成立以後，與政友會相對者，實有國民黨、中正會、同志會三黨，然握政界之勢力者，仍爲政友會。三黨莫能敵也。

### 三　廢税運動之失敗

自明治維新以來，日本國内之財政，日趨困窮。及日俄戰争之結果，窘迫益甚。度支之吏，舍取責於人民之外，別無他策，於是人民之負擔日重，而要求廢税之運動以起。夫人民爲國家之主體，人民之負擔國用，固理之當然，而勢之不容避者也。然爲政者，必先量民力之何若，而後可責之以負擔。若欲以舉千鈞之重，而加之孱弱之病夫，非奄然待斃，即挺［鋌］而走險耳。況日本近歲之中，饑饉薦臻，災害頻發，其民力之困窮，既達極點，彼執政者，但據泰西理財家之學説，課重税於其民。若米穀輸入税、營業税、所得税、通行税、織物税、石油消費税、鹽專賣税等，凡足以取民財而裨國用者，靡不行之。雖日本民族，素以服從命令著稱，然至於力所不能勝，則釋負之念必日切。於是憲政擁護會，首先順合民意，發起廢税全國同志會，爲要求減税之運動。國民黨、中正會、同志會等，皆一致主張減税。而各地人民之會合，如通行税廢止會、營業税全廢同盟會、聯合廢税會、全國商業會議所聯合會等，一時並起，減税廢税之聲，喧於國中。國民黨主張田畑地租之輕減，米穀輸入税、營業税、通行税、織物税、石油消費税、鹽專賣等之廢止，中正會贊成之，同志會亦主張廢止營業、通行兩税。要求減税之舉，乃漸達於實行之期。一月二十四日，國民、同志兩黨議員，遂在衆議院提出減税廢税議案十二件，盡力攻擊營業税、通行、織物消費税、石油消費税、鹽專賣法等之弊，並申論廢止之不可緩。中正會於三十日提出織物消費税輕減及通行税全廢兩案。嗣國民、同志、中正三黨復互相協商，議定對於營業、通行兩税廢止案，取一致之行動。因有聯合軍之號，當時聲勢洶洶，幾有不勝不休之概。然此事果見實行，則大正三年度之税額，將減收至一萬萬五百萬圓以上，而政府必立處於窘迫之地位。政府所計之減税總額，僅有六百萬圓，其多寡相差，幾及一萬萬。惟此時能轉移議會之權，實操諸政友會，而政友會之所主張，則僅減税千五百萬圓而已。自二月十二日至十七日聯合軍與政友會，繼續以廢税問題大戰於衆議院中，至有投票箱被毁之事。及其結果，政友會卒佔勝利，國民、同志兩黨提出之惡税廢止諸案，一一盡被否決，而數月甚囂塵上之廢税運動，乃完全歸於失敗。

衆議院討論廢税案之第一日，即彈劾案失敗之後二日，二月十二日也，是日午前，廢税同盟會員暨各地區廢税運動家，結隊遊行，求入議院被拒，復派代表謁衆議院議長。未幾，聚衆至二千餘人，環繞議院門外，旋闖毁政府、報館及員警派出所，與員警大起格鬥鬬。政友會議員武藤金吉，致爲暴徒所毆受傷。警廳大怒，遂於是夜十時派員警百餘名，迭在各處逮捕暴民至三四百人之衆，嚴密審訊，訊結取指印釋放。自是以後，聚者始漸散。蓋是日暴動之劇烈，與十日彈劾案否决後相埒。三日之中，東京之混亂兩見，誠日本之大不幸哉。

日比谷公園開國民大會時之狀態（圖爲該園奏樂堂）

二月十日日比谷松本樓之國民大會

四　海軍收賄案之始末

日民之要求廢税，蓋深惡夫軍費之過鉅，欲減削之以舒民困也。而政府本年預算中所列海軍允［充］實案，爲費凡一萬萬六千萬元，此不獨招人民之憤懣，而尤爲陸軍派之所疾視，適海軍納賄案爆發於是時，反對者遂不暇究其事之真僞，肆意攻擊海軍之腐敗，而山本内閣，遂以是事爲集矢之的。

初，德國西門子電氣公司日本支店，有雇員黎希德者，因竊見公司密書，要經理海曼增薪，不許。黎旋以故被辭，乃竊其密書，以謀脅巨資。書繼歸東京路透通信社社員溥賚，即關於日本海軍受賄案者也。黎既返德，在柏林裁判所被控，處以脅迫取財之罪，懲役二年。案既結而日本海軍受賄一事，喧傳於世界。

關係海軍受賄之密書，共有數件。一九一一年七月十五日柏林西門子總公司開士來致電東京支店經理海曼之書曰：舊與岩崎少將所訂契約，今猶繼續進行。近在倫敦與藤井少將新訂之回扣契約，造一軍艦付回扣五分，其他訂貨付二分五釐，實爲不合。海曼復書，謂藤井少將，頗有勢力，不得不增高回扣以饜其欲。又倫敦支店致東京支店書，述日本駐倫敦之海軍委員井出大佐，欲減訂貨價格。而東京支店復書，則囑其勿允，并謂日本海軍省人員，與本公司有關者，實佔全能地位，願爲本公司盡力。凡海軍省特派人員，若反對本公司，即可設法罷免之。凡此皆密書中牽涉海軍之事實也。

此事既發，日本全國人民，均以爲以至高貴之軍人，而有此腐敗之穢德，莫不憤慨無極。一月二十六日，衆議院議員島田三郎，遂在衆議院豫算會議中，即起質問，並謂曾聞有路透通信社社員溥賚要索二十萬元事，胡不徹究？内務大臣原敬，以犯罪未確，不能遽事過問爲辭。山本首相，亦答稱真相未明，徐圖推闡。及二十九日，復由衆議院議員花井卓藏，提出緊急動議，請國務大臣出席，説明海軍受賄問題之真相。各大臣既蒞議會，首由齋藤海軍大臣詳述此事顛末，略曰：去年十一月十七日，西門子公司經理海曼，偕德國總領事費爾（按：費爾爲領事館通譯，非總領事）至海軍省，費爾首自承來爲覲寄，非關公務。據稱西門子公司有密書被竊，隨入外國通信員手中，其人多方脅迫，謂非以重金相酬，即將宣布，經海曼付以二十五萬元，始將密書收回。書中多涉及日本海軍長官，願執事爲全海軍省名譽計而善圖之。本大臣答以此事不問發表與否，職當查問，因即密告警視廳詳查。旋據覆稱並無其事，乃復令在外監督官密訪，并在海軍省内特置調查委員調查。近西門子公司亦已□〈致〉書本省，否認其事，而德國遽來法庭決詞，亦明言西門子公司並未贈賄於日本海軍省。言畢，朗讀德國法庭決詞及西門子公司函電。然各議員均以未足釋國民之疑，群致責難，最後議員島田三郎，因前斥溥賚，溥賚聲稱將訴以誹毀之罪。乃堅詢海軍大臣所稱外國通信員，是否即系溥賚，海軍大臣然之，未幾遂有逮捕溥賚之事。

溥賚之被捕也，在一月三十日，其先既受取調，至是始由裁判所檢事小原氏起訴，收之東京監獄，並搜其私宅，其夫人羅蘭，亦受召詢。既歸，憤而自殺，遇救得免。於是搜查西門子支店，經理海曼及公司職員高木澄三郎、吉田收吉等，均相繼入獄。時海軍查問會，既於二十九日成立，以海軍大將出羽重遠爲委員長，中將吉松茂太郎等十一人爲委員，召藤井、岩崎兩少將就質。三月十七日，海軍機關少將藤井光五郎褫職付軍法會議，而岩崎少將、澤崎寬猛大佐及吴鎮守府司令長官松本和中將、吴工廠長村上格中將、横須賀機關學校長武田機關中將等家中及德山之海軍煉炭所，皆接續被搜。二月二十三日，查問委員會以查問既終閉會，將一切證據文書移交東京軍法會議。軍法會議豫審後，收禁鈴木海軍中將，并褫其職。而三井物産常務取締役岩原謙三，亦以牽涉海軍案受令狀執行。未幾，西門子公司職員吉田收吉，自經於獄中，益生外間之疑慮。而内閣彈劾之聲，時已轟騰於全國矣。

彈劾内閣之議，發於憲政擁護會，即國民、同志、中正三黨之所主張者也。三派既相聯合，屢在各地開會演説，全國人民，幾莫不公認海軍内部之腐敗，而以此爲内閣不能存在之理由。二月七日午後，三派聯合之政府彈劾案，遂提出於衆議院。決定上於十日之議事日程。及期，日比谷公園，先於午前開國民大會，以爲民黨之聲援。午後一時，衆議院開會，門外民衆群集。議會旁聽席，皆擁擠無復隙地，警察亦戎裝守衛。不信任決議案提出後，三黨與政友會互相辨難，漸至叫囂怒詈，秩序大紊。最後決定投票表決。是日，出席總數爲三百六十九票，反對者二百零五票，贊成者僅百六十四票。贊成者盡三黨議員，而反對者政友會議員實佔二百零二票也。於是三黨之不信任案，遂告失敗。報告既畢，院外民衆之熱狂，達於極度，群向議院闖入，議院之鐵扉被毁，於是民衆與警察，大起争鬬，争以竹杖、木屐擲擊警察，兩方負傷者甚衆。民衆愈聚愈多，遂相率攻政府報館，襲政友會本部，止電車，圍警署，破警察派出所，厥勢如潮如沸，警察乃拔劍擊人，傷及東京日日新聞記者橋本繁，其餘受創者無數，而被捕於警察之人民，至百數十人之多。蓋是時東京之混亂，既與戰亂無殊矣。

彈壓内閣之運動失敗，而警官暴行之問題發生。因警官之暴行問題，而更有彈劾内務大臣之舉。東京日日新聞記者之被擊也，新聞記者團爲之大憤，十三日午後，開會於東京築地，決議致文内務大臣原敬，要求答覆。旋得答書，殊不滿意。而東京朝日新聞記者，又見毆於政友會黨員，於是新聞記者團益憤，連日開會運動，俾原敬去内務大臣之職。而國民、同志、中正三黨，乃隨斯風雲，決議彈劾内務大臣。蓋其意欲由排除原氏以達其解散内閣之初志也。然原氏爲政友會之中堅，而政友會議員，又居衆議院多數，故此案乃不得不與彈劾内閣案同轍。及二十六日内相問責案，遂又提出於衆議院中，辨［辯］論終結后，投票表決，復以二百三票對百五十二票之多數否決。民黨運動，至是全歸於失敗。

以海軍中一二軍官之違法，而疑及於海軍省全部，以至於内閣，致有彈劾案之提出，民衆暴動之洶起，此固亦日人之神經過敏，不免於盲動之議。要亦由其事牽涉軍人，所關至巨，且官吏與人民之衝突，抑鬱過久之所致也。乃内閣卒藉政友會之力，不爲摇動，多數之民意，竟不敵少數官吏之勢力，而所謂主要之海軍問題，仍不得徹底之解決。然而此事之影響，因此益鉅，而當局乃不敢不審慎以處之矣。

當二月十日衆議院内閣彈劾案否決以後，貴族院亦於十六日對於海軍問題爲嚴重之質問。是日，首相暨閣員均出席，首由田健男質問此案被告爲誰，齋藤海軍答稱係海軍大佐澤崎寬猛及海軍機關少將藤井光五郎二人。田健復質問海軍大臣及内閣，應否負責。山本首相答稱犯罪内容未明瞭以前，不能斷定責任所在。曾我子因質問查問委員會及司法省之調查，須俟明日發表。奥田司法答此事正在豫審，或尚在搜查，内容猶難明言。惟既決事實，則一月二十九日對於溥賫之被告事件起。二月二日海曼付豫審。十一日吉田收吉付豫審。七日澤崎大佐之調查書類交還海軍省。同日對於海曼要求贈賄罪之豫算。十五日關於藤井少將等事件之證據送交海軍省。其他均在搜查中，何日結案，則難斷定云云。自是以後，兩院雖屢有質問，其結果大略相同，在國民均以山本首相處嫌疑之地位，内閣不能卸責，而内閣則以事未明瞭，不能知責任之所在。未幾内閣卒以海軍充實問題豫算不成立辭職。此案迄未解決。而四月六日東京地方裁判所發表之豫審決定書，於西門子事件，判海曼以證據湮滅、賄賂提供之罪。判溥賫及布蘭德二人以贓物故買恐喝［嚇］之罪。判權藤震二、上田碩三二人以贓物收受之罪。又另有惠加斯事件，判飯田義一、岩原謙三、山本條太郎等三人以文書變造及僞造行使詐僞並賄賂及有價證券僞造之罪。判松尾鶴太郎以有價證券僞造、行使賄賂之罪。判松野德哉、加納宗三郎二人以文書變造僞造、行使證據湮滅之罪。判長谷川直藏川證據湮滅之罪。其判決書中，均牽涉海軍武官澤崎寬猛、松本和諸人。厥后海軍省又宣布海軍少將藤井光五郎之罪狀。其文如下：

藤井光五郎，當明治四十四年，向德商西門子公司，定造巡洋戰艦“金剛號”，約受回扣五釐，其他物品，約受回扣二釐五毫。高等軍法會議，因藤井蒙此嫌疑，乃自本年二月十四日審訊至今，更發覺左列各二事件。惟事關外國公司，一一調查，勢非多日不辦，今審問未能終結者以此。

第一件 自明治四十四年一月以迄明治四十五年一月，藤井依軍艦“金剛號”契約，由英國惠加斯公司收賄數次，共得銀二十三萬餘元。

第二件 自明治四十四年一月至明治四十五年末，因購買物品，藤井自英國威雅公司，收賄數次，共得銀二萬九千餘元，并取得汽車一輛。

第三件 自明治四十四年四月迄大正元年九月，因購買物品，藤井自英國阿洛爾公司，納賄銀二萬六千餘元。

第四件 自明治四十四年迄明治四十五年三月，藤井關於職務上，自英國雅洛公司，收賄數次，共得銀九千七百餘元。

第五件 明治四十五年七月購買比叡軍艦之臥輪水車，自英國惠加斯，受賄銀四萬八千元。

此書發表在五月四日，蓋距山本内閣之辭職，已月有旬日矣。至藤井氏若何定罪，其他諸人若何判決，則至今未明也。

新內閣總理大隈重信

轉自《東方雜誌》第11卷第1號

五　海軍充實計畫與大正三年度之豫算案

日本財政之困難，既如上述，而海軍增師問題，尤爲薩、長兩閥紛争之點。去歲西園寺内閣，即以反對陸軍增師爲長閥所持辭職，致有大正二年之政變。而今兹山本内閣之傾覆，又以海軍充實計畫爲貴族院破壞之故，則甚矣增師問題爲日本政争之焦點也。

大正三年度豫算案，以一月二十一日提出於衆議院，其中所謂海軍充實計畫者，除經常費四千萬圓外，其臨時部之總額凡一萬萬六千萬圓。此爲自大正三年度至八年度六年之繼續費。其中六百萬圓，已追加於大正二年度之軍備補充費，實計一萬萬五千四百萬圓。其六年内每年度之分配額如左：

大正三年度 10，000，000

大正四年度 10，000，000

大正五年度 30，000，000

大正六年度 30，000，000

大正七年度 40，000，000

大正八年度 30，000，000

此豫算案提出以後，即付委員會審查。國民、中正、同志三黨，對斯海軍充實計畫，全部否認。政友會則主張將臨時費削減三千萬圓。其削減之理由，以大正五年度至八年度應造之戰艦，每艘費用，不必於來年度決定，而實有至他日建造時再當協贊之意。故表面雖稱削減三千萬圓，實與全部承認無殊。審查之結果，卒以政友會委員佔多數。於二月九日，依其修正案通過。至十二日，大正三年度豫算案，遂上衆議院議事日程。是日，國民、中正、同志三黨議員，皆爲激烈之修正演説。政友會議員，起而反對。兩排互相攻擊，紛擾喧囂，不可名狀。最後仍以政友會居大多數。對於委員會報告全部可決，而政友會於是又佔完全之勝利。

豫算案既在衆議院通過，乃上於貴族院，經迭次審查後，於三月六日審查委員會中，依樋口子提出之修正意見可決，自政府提出之原案一億六千萬圓中，削減七千萬圓，其理由凡二：

（1）政府爲海軍要求巨額之經費，而於陸軍無何等之計畫，未免偏輕偏重。

（2）海軍部内之瀆職問題，政府當明其責任，而舉海軍廓清之實。

及十三日，討論此案，審查委員長報告后，各議員互相辨［辯］難，末以記名投票採決。是日投票總數爲二百八十四，贊成者二百四十票，反對者僅四十四票，遂以大多數可決修正，却還衆議院再議。

日本歷來之慣例，凡衆議院議決之豫算案，貴族院大都不復加修正。蓋日本憲法，衆議院之有豫算先議權，本貴族院所明認，而貴族院雖得行使其修正權，在事實上此修正權之行使，實非易易。此其故，實因衆議院審議豫算案時，非常慎重，對於國民之輿論，政府之意見，均已一一吻合，不復有修正之餘地。故貴族院自非有特別重大之理由，斷不敢加以修正。今貴族院對於衆議院送上之豫算案，決行海軍費七千萬圓之削減，實破日本第一次議會以來相傳之慣例。然一般輿論，對於此次慣例之破除，大都不以爲非，而轉抱愉快之感情，此蓋由衆議院之議決豫算，僅據政友會一黨之意見，不爲民衆所同意，遂反以貴族院之非常手段爲正當。雖然，貴族院此舉，果盡由於順從民心之公意乎？抑其意尚別有所在乎？觀其修正之第一理由，乃注重於陸海軍之偏輕偏重，則其故可深長思矣。

豫算案既自貴族院却還於衆議院，衆議院以其不尊重院議，皆反對之。乃組織兩院協議會，兩院各選議員十人，於十九日開會協議。然衆議院選出之議員，皆政友會派，而貴族院所選出者，則皆非政府派，故兩完實處完全反對之地位，咸各固執其主張，不相上下，討論完結后，以衆議院修正案爲原案取決。除會長外，衆議院議員十人全部贊成，貴族院九人全體反對。然議長則出於貴族院，故斯案雖稱多數可決，而所謂協議者，卒於不協，復定二十三日各開總會報告。衆議院中以此爲關係憲法之大問題，除同志會外，皆可決協議會案。貴族院中則仍固守成議，加以否決，於是豫算案卒不成立，而貴衆兩院自二十三日至二十五日停會三日之詔勅下降矣。

六　内閣之更迭

大正三年度豫算案，因貴衆兩院之不協，而不能成立。山本内閣，乃不得不見逼而辭職。停會詔下之翌日，山本首相暨全體閣員，捧呈辭職表。二十六日，行帝國議會閉會禮。遂召集元老會議，議組織新内閣。是時，政友會謀以原敬薦充首相，旋爲輿論反對未果。二十九日，日皇依元老之推薦，命貴族院議長公爵德川家達組織後繼内閣。翌日，德川氏以材［才］力不逮辭。元老又推薦樞密顧問官清浦奎吾子爵，清浦於三十一日拜受大命，物色閣員，至四月五日，大略就緒。其決定之閣員如左：

總理大臣 清浦奎吾

外務大臣 内田康哉

内務大臣 宗像政

大藏大臣 荒井賢太郎

陸軍大臣 岡市之助

海軍大臣 加藤友三郎

司法大臣 松室致

文部大臣 福原鐐二郎

農商務大臣 押川則吉

遞信大臣 田健治郎

右列閣員，多無政黨關係，實爲完全之超然内閣，故各政黨均極力反對，然其勢甚微。閣員决定后，海軍大臣加藤氏，獨提出就任條件二條：（一）開臨時議會，要求實行海軍充實計畫。每年支出海軍費九百五十萬圓。（二）若不可能，則須以支出九百五十萬圓之補充費，爲責任支出。清浦以此事斷難允許，决然拒絶。加藤氏即不允就任。當時海軍大臣一職，除加藤氏及前任齋藤氏外，别無相當之人。於是清浦内閣，遂垂成而復毁，於六日午後詣闕拜辭大命。

清浦奎吾告辭后，元老會復迭次開議選擇繼任之人。時日本老成宿望，漸次凋謝，後起英俊，雖不乏人，然際此廢税海軍諸問題正在風潮澎湃之時，茍非素負重望，斷不足以鎮服人心。旋以西園寺公望，歷當政局，首先推舉，即電請出山，西園寺稱疾力辭。乃於十日推薦伯爵大隈重信，即以翌日奏請降旨，大隈氏奮然應命，即與各政黨協議。至十五日，閣員選定上奏。十六日受任。其閣員如左：

内閣總理兼内務大臣 伯爵 大隈重信

外務大臣 男爵 加藤高明

大藏大臣 若槻禮次郎

陸軍大臣 陸軍中將 岡市之助

海軍大臣 海軍中將 八代六郎

文部大臣 一木喜德郎

司法大臣 尾崎行雄

遞信大臣 武當時敏

農商務大臣 子爵 大浦兼武

大隈組織内閣，於今玆爲第三次。其前半生之閲歷，大都失於急進。前次曾因收回領事裁判權，主張聘歐人爲審判長，致遭國民反抗，喪其一足，有不免剛愎之義。自退政以後，頗盡力於社會事業，日人之受其賜者不鮮。故此次被薦，輿論翕然，以爲得人。至其閣員，亦皆一時才智之士，如尾崎、武當、一木等，均有聲於時。而尾崎曾任外交官，前爲東京市長，善演説，能文章，抱平民的思想，於大隈爲數十年舊交。加藤久充駐英大使，在外交界亦負時譽。武當與大隈，在進步黨時，即相契合，最長於財政經濟。一木係法學博士，兼貴族院議員，年僅四十八歲，在現内閣最爲年少，實温厚篤實之學者。若槻久任大藏次官，嘗見知於伊藤博文及桂太郎，於財政經驗尤爲宏富。統觀全體，誠不可謂非得人者矣。

嘗大隈從事組織時，本欲邀犬養毅入閣，犬養氏亦進步黨舊人，與大隈交稔，現爲國民黨領袖。國民黨之與政友會，固不相容。即與中正、同志兩派，雖稱聯合，亦多衝突。今大隈之出，爲政友會之所忌，故欲并三黨於一閣，以與政友會相抗。且政友會既佔議會多數，則欲謀根本推翻，必先解散議會，另行選舉。而自選舉之競争上言之，内務大臣實居重要之職。故大隈邀犬養入閣，欲畀之内務以遂其志。然國民黨主張黨員決不入閣，犬養爲黨議所迫，不敢自異，大隈伯所以兼任内务，蓋由於此。

此次大隈内阁之成，以民党三派为基础，固無待言。然兹所谓三派者，其意見互異，而無和衷共濟之志。如此次佔閣員大部分之同志會，本屬桂系，與國民黨素有宿怨，而中正會與同志會亦多間隙，故其狀至危。且就三黨内容觀之，國民黨既有犬養舊派與新派之分，復有親政友派與非政友派之别。中正會則包括政友俱樂部與亦樂會二黨。同志會則分中央派及國民脱會派，其分子更爲雜糅。其尤奇者，諸閣員中，素日之主張互異，如岡中將前固極力於增師計畫，而尾崎氏則極力反對增師。若槻氏向反對節減經費，而武當氏則嘗主張擲還桂内閣之預算。合如斯反對之人而爲一處，不能不使吾人生意外之感。況政友會人，既深憾其黨勢之不得張，而純粹民黨，又不慊於内閣中官僚之過多，而減税海軍問題，尤不易解決。前途之危險，殆難預計。雖然，大隈内閣之成立，而猶不免於失敗，則日本前途，蓋難言矣。此吾人所以不能不有望於大隈内閣者也。

第 11 卷第 1 號　第 52—54 頁　1914 年 7 月 1 日

**錢智修譯　《論日英對華同盟》　《公論西報》**

近日相大隈伯提議，擬將日英同盟，自政治方面，推至經濟方面，是説也，英國報紙及商界中人，頗不表示歡迎。大隈伯之提議，略謂英國當供給金錢，日本當供給人材，於是通力合作，以有事於中原。其於英人之能力，頗有所不滿，而英國之商人若製造家，則方自謂熟悉中國之情形。彼同盟國之日本所以受訓之者，決無以相勝，其互相枘鑿者勢也。夫英人之方，若過於高自期許，固未可知，而排日之惡感甚熾，則事實彰彰，不容掩飾。當日政治家之以減輕遠東海軍爲鵠的，而與日本同盟，彼等方且以其徒託空言而深滋詬病，其於大隈之提議，必有所不能忍矣。吾人於英人對於日英關係之意見，爲是爲非，且所勿論，然其感情固已如是，則已無可疑矣。

今試進論日英兩國，是否如大隈伯所提議，有商業及經濟同盟之必要。其首當注意者，則此種同盟，實際上固已存在。日本著名之企業，大都以英國資本，爲創辦維持之費。日本之崛起，其大部分，固以倫敦借款爲憑藉。南滿鐵道者，日人成功之紀念牌也。使非以在倫敦所募得之資本及借款，源源接濟，必且無成功之機會。而日人因有此等資本，乃遂以政府之補助及保護，於各方面擴充其商業。英國商人，見其以低利率貸英國之金錢，而即用其金錢，爲英人之障礙，蓋已屢作不平之鳴矣。雖持論未免過當，然亦頗有數事，足爲妒忌之理由。自英國商人視之，日本商業活動之形式，正如利用英國之牛以耕田。而日商之在中國及其他各處，其競争方法，頗多不正，又曾爲英商所發覺，如購物贈彩，及從前上海所傳之著水棉花是已。著水棉花，大都爲日商所購買，而此種出品，遂因之而日多。至購物贈彩，則凡雜貨商尤習聞之，以英商與此等人競争，其不能相敵，固無待於蓍龜矣。積種種之原因，故英商決不願更爲密切之協辦。以英國之資本，與日本之人材聯合，今已實行有年。至英國汽船公司，爲受政府補助之日公司所購買，而即以該公司與英人競争，彼等即以爲此等聯合，不容繼續。蓋據英人之意見，使日人專恃本國之金錢，必不能厲行補助政策也。惟其意見之正當否，則不可知耳。如實言之，日本之各種企業，固非全恃英國資本，而英人則盛怒之餘，並不暇悉心静氣，以察其論理上分析綜合之謬誤，蓋已以特種之事例，適用於普通之論題矣。如漢陽鐵廠，自英人視之，固明明歸日人之掌握者也，顧未幾而日本債券，已發行於倫敦市場，以爲獲得利權之資本。又如江西鐵路，固有日人之資本者也，而其結論，亦復相同，此皆英人之不平。所以反對日本之人材，侵入英國範圍者也。

既明上列之事實，吾人乃得論及本問題之其他方面。英國者，久欲回返其勢力範圍政策者也。據中國協會會長之報告，英國官場，曾於去年通告中國政府，謂在揚子江流域，應有特別待遇之權利。英國商界，以中國協會爲代表，亦不願與他人協力，而欲於揚子江流域，及其他可以進行之處，爲自由行動。中國政府，對於英人之要求，並不加以注意。實則此種要求，在英人方面，亦久已棄置。於是法人則得浦口商埠之建築權，比人則得蘭海鐵路之敷設權，爲揚子江英國優越權之勁敵。其他待時而發之進行尤多，而英國之政策，亦不能適用矣。前者英國外部，拘繫至多，未暇注意遠東之利益，固嘗以勢力範圍政策自守，及佛殊遠 Fashoda 地方，幾與法人釀成交涉，而南斐洲之困難，又接踵而起，於是翻然變計，改用門户開放政策。顧自開放門户以來，乃至鍋内之糖果，亦不能自保。故現今政策，漸漸爲國人所非難，而有復用舊政策之趨勢，此歷年來變遷之迹象也。溯其内容，自相矛盾之處，亦頗不少，即今日之排斥外人於揚子江流域以外者。其執行之機關，亦非純粹英國性質，故於一面則封鎖揚子江之門户，而於一面則自留其罅隙，此猶令右手不知左手之作事耳。然就其大體論之，則英人之意，固欲自爲奮鬥，而無待他人之助力，大隈伯日英經濟同盟之提議，恐終無何等之回應矣。

若吾人進問中國人關於此事，應居何等之地位，將見彼等已在不議不論之列。蓋大隈伯之提議，有其所據之原則焉，即日人有對華之智識，而英人則有資本，以英人之資本，可使日人之智識，有實際效能是也。雖然，中國人之對於本國，詎毫無所知乎？中國人對於本國之智識，吾人獨不當計及之乎？據吾人之感想，則中國人確有此等智識，中國人既有此等智識，則其自然之結論，似中英兩國，應有商業及經濟之同盟，此誠中英間困難問題之真解決法。能確立遠東之新同盟，而於東方之平和，大有裨益者也。政治上之同盟，今固不成問題，而鞏固中英兩國之公共利益，則其結果可決其善良。凡與中國有商業關係之列强，均可仿行斯策，斷不至有反對他國之嫌疑。日英之經濟同盟，其事頗似向他國挑戰，而中英同盟，則風聲所樹，且爲中國無窮之利賴，未可知也。蓋中英兩國，既有商業之同盟，則法國、德國、美國，乃至其他各國，均可與中國有商業之同盟，若協商使此種同盟，以最簡單之條文表示之，亦真正之門户開放機會均等，而使各國之利益，均達最佳之限度而已。

要而言之，本問題之全部，愈加討論，愈足證大隈伯之必歸失望；而大隈伯之提議，愈加公平之研究，亦愈可決其迷夢無實現之日。外人之對華利益，久已互相連鎖，若進而求正式之聯合，亦惟使中國之商業財政及經濟，更受束縛而已。此不特非中國之利，抑豈外國事業之利乎？外國財政家及資本家所握之管理權，每易爲自便私圖之利器，而失其真正協力之涂轍。既失其真正協力之涂轍，則凡真正之商業財政及經濟之安全，爲政治獨立所恃爲憑藉者，均將不可保，其危險不亦甚耶！

# 九　蘇州商會檔案

**《農商部爲日本實業家澀澤男爵來華遊歷致蘇商總會電（1914 年 5 月 2 日）》**

商務總會：日本著名實業家澀澤男爵五月一日由神户乘輪來華遊歷，先赴滬，經由蘇、浙、寧、漢入京。抵境時，希妥爲招待，以資聯絡。農商部。東。

馬敏、祖蘇主編：《蘇州商會檔案叢編（1912—1919）》第 2 輯，華中師範大學出版社 2004 年，第 253 頁。

**《蘇州交涉署爲轉請優予接待澀澤遊歷事致蘇商總會函（1914 年 5 月 5 日）》**

逕啓者：本年四月三十日奉外交部二十九日十碼電開：日本實業家澀澤男爵五月一日由神户起程來華遊歷，到境時優爲照料。五月三日准外交部特派江蘇交涉員楊函開：查日本男爵澀澤榮一來華遊歷，奉外交部電令優待在案。昨准日總領事函稱：敝國男爵澀澤榮一先生此次來華遊歷，偕同隨員十一人，定於本月初二日由本國起程，初五或初六日晚間由敝國旅滬官民在虹口文路本國人俱樂部設宴會歡迎，並請貴國官商士紳一同莅會，以聯雅誼。除另備請貼分別往邀，並送旅行日程預定表，請爲察閱。等因。除分函外，相應抄表函達，即希查照，届時招待爲荷。

五月四日又准楊特派員函開：現准駐日公使函稱：日本大實業家男爵澀澤榮一君現赴我國遊歷，先至沿江各省，再赴北京，現乘“地洋丸”赴滬。此君於政治、經濟上具有勢力，且與大隈總理亦甚交好，抵滬時當乞優予接待，以表歡迎而聯交誼，至爲感荷。渠在滬勾留數日，大約先赴蘇州，並希函達蘇州政商兩界，一律優待爲禱。等情。准此，相應函請查照，轉致蘇商總會，届時一律優待，各等因。奉准此，除先後分別呈函辦理外，合抄旅行日程表轉達查照，預爲籌備。即希將貴總會擬定如何招待情形先行詳細見復，以便接洽。是所至盼。此致蘇州商務總會。

計抄件。

楊士晟

附：日程預定表

男爵澀澤榮一先生旅行日程預定表

五月初二日，由神户乘地洋丸輪船出發；

初五日或初六日到上海；

初七日，赴杭州暫住一天；

初八日回上海；

初九日到蘇州，即回上海；

初十日由上海到南京；

十一日到南京暫住一天；

十二日溯江而上，遊歷各地。

馬敏、祖蘇主編：《蘇州商會檔案叢編（1912—1919）》第2輯，華中師範大學出版社2004年，第254—255頁。

# 十　天津市歷史博物館館藏檔案

**《楊以德就日本男爵澀澤榮一到津活動情形密呈徐世昌稟（1914年6月）》**

敬密呈者，竊奉統率辦事處密函，内開：以探報日本男爵澀澤榮一乃日之重要人物，與我國黨人在東者頗有聯絡。此次來華遊歷，應請派探跟護偵查等情。現該男爵已赴蘇州，日内尚須往濟南、北京、天津等處遊歷，或取道奉省回國。如其到境，望選派高等偵探，妥爲保護，一面偵查情形報告爲盼。等因。奉此。該日本男爵於本月二十七日上午十一鐘半到津，午後謁見都督，隨即乘汽車到廳。伊談及大總統面諭之件，極端贊成，擬以實力進行，並非徒託空言。以德復與其暢談，聯絡感情。本定於二十八日約同津埠紳商各界宴會，以盡東道之誼。該男爵因病未到，意在速行回國，不去山東，擬於一二日内起程。除飭偵探妥爲保護外，謹將《忠告各國商家文》隨折呈閲。伏乞鑒查。

楊以德〈字敬林——編者〉謹呈

〈原檔案中缺忠告各國商家文——編者〉

林開明等：《天津市歷史博物館館藏北洋軍閥史料》，徐世昌卷，第7卷，天津古籍出版社1996年版，第70—72頁。

**本埠　《勸商文告》**

天津警廳楊廳長《忠告各國商家文》云：今日之世界，一商戰之世界也。故寰球各國上自政府下底人民，無不競力於此，以求實際之福利。然泰西各國商業之發達已臻極度，而企業者流離欲投足其間亦每嘆無從，故有今日而爲商業之競争場者，厥惟中國。中國自海禁大開，各國商人競爲投資以謀商戰之優勝，而其結果優劣不一，甚或因此生出種種特別問題，則其故安在哉？是不可不長思也。蓋一國之存在，必有一國之主權，主權者在此一國内立於至尊無上之地位，而爲其國之人民所最敬愛而服從者也，故凡生息居處於其間者，莫不應服從而尊重之。我國之主權雖因領事裁判權之故，稍受限制，而人民之敬愛則與他國無少差别，故外人之投資我國者，若能以和平態度遵守法制，彼此互相維持，感情既洽，則利益自生良善結果不難預見。否則，恃其有特别保護之權，以强硬手段肆意進行弁髦約法，横收不正當之利益，雖或僥倖一時，然行之日久，以侵害主權故而惹起營業地一般人民之惡感，則不但營業之目的不能達，而其結果或反來意外之失敗。此徵之各國之先例及我國近來之事實，莫不如斯。蓋商業之性質，以營利爲目的，尤以得營業地之人心爲手段，□□反乎一般人之心理而能發達其營業者也。我國在前清時代，因當局者不諳外情，各國商人時或以恫嚇手段攫利一時。自民國成立，百度革新，不但與各國邦交日益親密，既對於各國商人亦莫不開誠佈公，以廣招徠，但與主權無害者，無不盡力保護。各國商人誠能善體此意，互助進行，以謀生産實業之發達而求公共和平之福利，則不但〈中〉國之幸，實全球之幸也。

《大公報》，1914年6月1日，第4234號，第一張

# 十一　政府公報

第五五四號　民國二年十一月十八日

**《日本駐華公使山座圜次郎覲見袁總統，呈遞到任（連任）國書，日使致頌詞，袁總統致答詞（1913年11月17日）》**

日使致頌詞：

大日本帝國特命全權公使山座圜次郎敬白：本公使欽奉我國大皇帝陛下流充駐紮貴國全權公使，茲特晉見大總統閣下，恭呈國書，曷勝榮幸。伏維貴國與我國固屬善鄰友邦，保同文相親之誼，昭有無共通之道，進而同冀扶掖世界之文明，維持東亞之平和。而今也，貴國邦命維新，閣下方膺大任，而逢兩國友誼益加輯睦，國民亦舉親交之實，則我國大皇帝陛下所深爲忻幸者也。本公使尋蒙大總統閣下知遇有年，嗣後益荷眷顧，得全大皇帝陛下使命是所切禱也。敬祝貴國國運隆盛，大總統閣下政躬康泰。

袁總統致答詞：

貴公使以奉貴國大皇帝欽命，爲駐華全權公使，親呈國書，並述貴國大皇帝輯睦邦交之厚意，本大總統實深欣感，中日兩國以同洲同文之關係，友誼素親，今貴公使特膺簡命，駐節我國，必能賡續夙好，使邦交日臻鞏固，國民日前相親，東亞和平藉以永保，實本大總統所最爲切望者也。本大總統與貴公使相識有年，深知貴公使誠篤性成，辦事公正，嗣後必當優加待遇，俾貴公使善盡厥職，本大總統對於貴國大皇帝感謝之意，尚希代爲轉達。順祝貴國大皇帝褆躬康泰，貴公使福履安寧。

陳志奇輯編：《中華民國外交史料彙編》第1卷，臺灣渤海堂文化公司1996年印行，第222—223頁。

第七四七號　民國三年六月五日

**《外交總長孫寶琦呈請派員致唁已故駐京日本公使並頒給花圈文並批令》**

爲駐京日本公使病故，擬請派員致唁並頒給花圈事。竊准駐京日本臨時代理公使松平恒雄照稱特命全權公使。山座圓次郎於五月二十八日病故。請查照。等因。查前清時代駐京俄國公使璞科第在京逝世，經前外務部奏奉諭旨派御前大臣博迪蘇即日往俄館吊唁，並賜花圈遣員致送在案。此次駐京日本公使在京病故，事同一律，擬請大總統特派遣禮官前往該國使館吊問，並頒給花圈，派員致送。是否有當？理合具呈。謹乞大總統鈞鑒訓示施行。謹呈

批令：呈悉，已派員前往矣。此批。

大總統印

中華民國三年六月一日

《外交總長孫寶琦呈駐京日使病故該館二等參贊官松平恒雄充臨時代理公使文並批令》

爲駐京日本使館二等參贊官松平恒雄充臨時代理公使事。竊准駐京日本臨時代理公使松平恒雄照稱特命全權公使，山座圓次郎病故業經照會在案。現奉本國外務大臣電訓松平恒雄充臨時代理公使。等因。請查照等因。理合呈明。謹乞大總統鈞鑒。謹呈

批令：據呈已悉。此批。

大總統印

中華民國三年六月一日

第八〇六號　民國三年八月三日

**《日本原駐華公使山座園次郎五月病逝，日調其駐智利公使爲駐華公使。外交部據以呈報大總統，奉批令："據呈已悉"（1914 年 8 月 1 日）》**

爲呈報日本新派駐華全權公使，仰祈鈞鑒事：竊本部准接駐京日本臨時代理公使小幡酉吉照稱：接本國政府電稱，七月二十三日奉旨，特命日置益爲駐紮中華民國全權公使，相應照會查辦等因。查日置益曾充駐京日本使館一等書記官，現由駐紮智利全權公使調充今職，除由本部照復該代理公使表示歡迎外，理合呈明。謹乞大總統鈞鑒。謹呈

批令：據呈已悉。此批。

陳志奇輯編：《中華民國外交史料彙編》第 1 卷，臺灣渤海堂文化公司 1996 年印行，第 314 頁。

# 附録一：大事記

1914 年 5 月 1 日（甲寅四月初七日）

澀澤榮一及隨行人員由日本神户起程赴華遊歷。

1914 年 5 月 5 日（甲寅四月十一日）

澀澤榮一乘東洋汽船會社“地洋丸”行抵吴淞港，同行者馬越恭平、白岩龍平等人。

1914 年 5 月 6 日（甲寅四月十二日）

上午十時，澀澤榮一及隨行人員從税關碼頭登岸，暫住虹口日本旅館。

午後七時，滬上日僑假日本俱樂部歡迎澀澤榮一男爵。中國方面到會者有伍廷芳、唐紹儀、上海商務總會總理周金箴、協理貝潤生、沈仲禮等二十餘人。澀澤榮一在演講中申明此行主要目的系求中日實業關係之增進，並無政治目的。

1914 年 5 月 7 日（甲寅四月十三日）

上午七時，澀澤男爵一行乘火車前往杭州。在清泰旅館休息片刻，到日本領事館用午餐。

傍晚，訪問都督府民政署，七時出席都督府舉辦之歡迎宴會。

1914 年 5 月 8 日（甲寅四月十四日）

澀澤榮一等上午遊覽西湖等名勝古迹，午間出席商會舉辦之歡迎宴會。宴畢，繼遊玩三小時，訪問團始搭乘小蒸汽船離開杭州赴蘇州，夜宿於船上。

1914 年 5 月 9 日（甲寅四月十五日）

上午八時，澀澤榮一訪問團抵達蘇州。在黑澤税關長官宅邸小憩後，乘坐税關小蒸汽船前往寒山寺。午間，陸軍第二師朱師長、水警第二廳趙廳長、蘇州警廳孫廳長、吴縣楊知事暨紳商等，藉留園款待澀澤榮一，互致頌詞。午後一時送至火車站。

午後二十二時十分，澀澤榮一訪問團從蘇州返回上海。

傍晚，上海總商會、漢冶萍公司、中日實業公司於棉紗公所聯合爲舉辦歡迎會，宴請澀澤榮一。

1914年5月10日（甲寅四月十六日）

澀澤榮一拜謁海關總税務司。

傍晚，楊交涉使代表虞和甫、鎮守使鄭汝成、員警督辦薩鼎銘於静安寺路交涉公署（洋務局），宴請澀澤榮一及日本總領事村上義温等二十餘人。

夜十一時，澀澤榮一乘火車赴南京。

1914年5月11日（甲寅四月十七日）

澀澤榮一偕馬越恭平、白岩龍平等抵寧，江蘇都督、省長宴請，日僑亦開會歡迎。

1914年5月12日（甲寅四月十八日）

澀澤榮一及隨行人員乘“襄陽丸”輪，由寧赴漢。沿途擬遊九江、大冶。

1914年5月14日（甲寅四月二十日）

澀澤榮一到達九江，短暫參觀後，乘輪船至湖北大冶，查視大冶鐵礦後登船往漢口。

1914年5月15日（甲寅四月二十一日）

澀澤榮一及隨行人員乘“大貞丸”抵漢口。駐漢日總領事高橋率同館員、商及駐漢日軍，列隊碼頭歡迎。澀澤榮一在領事館小憩後，即赴漢陽鐵廠考察，並在該廠午餐。隨後，澀澤榮一及隨行人員沿途考察漢陽市面。

下午七時，赴日領事館筵宴。出席者有中日官紳及企業鉅子共六十一人。

1914年5月16日（甲寅四月二十二日）

上午十時，澀澤榮一渡江到武昌，拜會鄂都督、省長，出席都督府午宴。四小時後，由招待員伴同遊覽鄂城名勝，周歷黃鶴樓、抱水堂等。

午後四時，赴官錢局督辦高佑緒茶會，與武昌商會董事等見面。

晚七時，出席漢口總商會歡迎會。

1914年5月17日（甲寅四月二十三日）

晨，澀澤榮一乘京漢列車北上，中日官商均至車站送行。

1914年5月19日（甲寅四月二十五日）

澀澤榮一男爵抵京，擬逗留一周。楊士琦來訪，與之晤談。澀澤榮一重申此行目的系爲中日實業公司要務，並不含有政治性質。

1914年5月20日（甲寅四月二十六日）

澀澤榮一及隨行人員午前往謁外交總長孫寶琦。正午時分，日本資本團代表小田切萬壽之助，在裱褙胡同宅邸招待男爵一行，並請内務總長朱啓鈐、外交次長曹汝霖、司法兼農商部總長章宗祥、農商次長周家彦、商工局長陳介、交通次長兼路政局長葉恭綽、參事兼鐵路局總務科長權量、籌辦煤、油礦總裁熊希齡、平政院長汪大燮、幣制局總裁梁啓超、税務處督辦兼交通銀行總理梁士詒、中國銀行總裁湯叡、政治會議員李盛鐸、北京商務總會總理馮麟霈與協理陶寶楨、中日實業公司協董孫多森、農商部員王治昌蒞會。日本方面，除山座公使因日本皇太后奉安，謝絶宴會之外，水野敕任參贊、高尾參贊等均列席。

午後，往謁國務卿徐世昌及代理農商總長章宗祥。

傍晚，旅京日本官紳等在三條胡同大和倶樂部爲澀澤榮一舉辦招待會。

1914年5月21日（甲寅四月二十七日）

午前往謁各部總長，正午赴早稻田大學校友招待會。

下午五時，澀澤榮一與日本駐華公使山座圓次郎一道謁見民國大總統袁世凱。同行者有麥酒會社長馬越恭平、日本生命會社長尾高次郎等。謁畢，澀澤榮一有言："余未見袁大總統時，以爲總統系武人的政治家。頃於談次，始知袁總統富有經濟上之知識，爲近世不可得之理財家。”

傍晚，外交總長孫寶琦設宴招待。

1914 年 5 月 22 日（甲寅四月二十八日）

午前澀澤榮一參觀頤和園，正午受農商總長章宗祥宴請。午後參觀農事試驗場，傍晚國務卿徐世昌宴請。

1914 年 5 月 23 日（甲寅四月二十九日）

澀澤榮一午前參觀大總統府、北海、瀛台，午後參觀國子監、雍和宫。傍晚中日實業公司楊士琦總裁招待。

下午六時十分，日本駐京公使館敕任參事官水野幸吉因遽罹急性盲腸炎併發腹膜炎，醫治無效逝世。

1914 年 5 月 24 日（甲寅四月三十日）

籌辦煤、油礦總裁熊希齡、平政院長汪大燮、税務處督辦兼交通銀行總理宴梁士詒請澀澤榮一一行。澀澤榮一在演説中指出：“日本對我外交誤於外務省、陸海軍及對外無責任三者之中，且多以一知半解爲之，吾實業社有對此甚痛心，日希望有實業之外交出現，即兩國資本聯合，純以公道行事。”他還重申此次來華專爲已成立之中日興業公司事務，不爲要求利權。

1914 年 5 月 25 日（甲寅五月初一日）

遊覽萬壽山、八達嶺及十三陵等名勝。當晚在昌平南口鎮住宿，翌日歸京。

1914 年 5 月 27 日（甲寅五月初三日）

晨八點三十分，澀澤榮一乘京奉專車赴津。正午，赴日駐津總領事署宴會。下午，天津商務總會函約都督朱經田、内務司長吴子明、財政司長汪向叔、實業司長梁式重、交涉員王麟閣、都督副官張紹山、渤海觀察使劉琴舫、參謀長陸秀山、員警廳長楊敬林、津海關監督徐指升、天津縣知事王芷颸齊聚商會，歡迎澀澤榮一等抵津。傍晚，津門日僑開會，歡迎澀澤榮一。

1914 年 5 月 28 日（甲寅五月初四日）

直隸都督朱家寶爲澀澤榮一開歡迎宴會。是日晚，天津商會爲澀澤榮一舉辦歡迎宴會。

日本駐華全權公使山座圓次郎逝世。山座圓次郎去年六月起始任駐華公使，在任不過一年。

1914 年 5 月 29 日（甲寅五月初五日）

日本政府恐山座公使、水野參事官相繼逝世，中日邦交或受影響，已籌畫派員繼任。

1914 年 5 月 30 日（甲寅五月初六日）

早六時，澀澤榮一訪問團於紫竹林碼頭乘坐“西江號”輪船赴大連。

同日，前駐津總領事小幡酉吉，任駐北京公使館一等書記官，替換之前的臨時代理公使松平子爵。

1914 年 5 月 31 日（甲寅五月初七日）

下午一時三十分，澀澤榮一及隨行人員乘坐德國輪船“西江號”由天津抵達大連。滿鐵總裁野村、大內民政署長等官員和日僑在碼頭歡迎。其後，一行人搭乘滿鐵三井遼東酒店所派馬車，由滿鐵秘書上田陪同下榻遼東酒店。當晚，澀澤榮一、馬越恭平及隨員出席於星浦舉辦的滿鐵晚餐會。

1914 年 6 月 1 日（甲寅五月初八日）

上午九時，澀澤榮一訪問團搭乘由大連始發之臨時列車，於十時三十分左右抵旅順。前來車站迎接的有民政長官白仁、要塞司令官青木、要港部司令官川島、警視總長佐藤、民政署長吉田等官員及日僑。隨後，訪問團乘坐由都督府所派馬車赴工科學堂。參觀教室、工廠後，登上 203 高地，考察日俄戰爭遺迹。

中午十二時三十分，出席由民政長官白仁主辦的大和飯店午餐會。要塞司令官青木、副官阪部，要港部司令官川島、副官松枝，陸軍部高級副官田村，民政部警視總長佐藤，秘書官白須、五泉、黑崎和百濟的事務官以及民政署長吉田等作陪。一時三十分左右散場。嗣澀澤男爵一行及隨員繼續參觀，下午四時三十分搭乘列車返大連。

1914年6月2日（甲寅五月初九日）

澀澤榮一及隨員搭乘“嘉義丸號”離開大連，返東京。

1914年6月3日（甲寅五月初十日）

日本政府已派前駐智利全權公使日置益充任駐華公使。

日置益接到電令後，先赴阿爾善丁，旋即取道歐洲，經西伯利亞鐵路回日本，計程約需四十日，赴任北京之期約爲八月。此間，北京外交事務均由小幡酉吉代理公使辦理。

1914年6月4日（甲寅五月十一日）

午後七時，新任駐北京日本臨時代理公使小幡酉吉安全抵達任所。

1914年6月6日（甲寅五月十三日）

午前十時，特設祭場於日本使館内，爲日本駐華全權公使山座圓次郎舉行佛式葬儀。日本方面：小幡代理公使、北京居留民會會頭平井晴次郎、天津居留民團代表長峰興一、俱樂部員代表實相寺貞彦、學士會代表岡田朝太郎等參加追悼。中國方面：大總統袁世凱代理施肇基、黎元洪副總統兼參政院議長代理林長民、徐世昌、劉冠雄、段祺瑞、汪大燮、董康、沈金鑒、周家彦、蔡廷幹、湯化龍、那桐、毓朗、世續、梁善濟、張弧、喀喇沁王、朱啓鈐夫婦、周自齊夫婦、江庸、蔭昌、權量、桂春、龍建章、李盛鐸、王揖唐、溥倫、林棨、孫寶琦夫婦、江朝宗、陳宧、陳恩厚、徐樹錚、熊希齡、孫多森、梁敦彦、梁士詒、章宗祥、江康等均臨祭場。外國方面：英國公使朱爾典夫妻及各國公使文武官員，並各國銀行及其他各國商人員等多數來會。

1914年6月8日（甲寅五月十五日）

已故水野參贊之靈柩，上午八時由前門車站啓程赴津。是日，搭乘“大智丸”輪船回日本。

1914年6月11日（甲寅五月十八日）

下午四時四十五分，山座公使靈柩出日本使館正門，沿禦河而北行，經東長安街、户部街、駐京美軍操場之側，繼通過正陽門，抵正陽門車站京奉鐵路，即登特備專車。六時發軔，當晚九時抵天津車站，停車一刻再行開車。

1914 年 6 月 12 日（甲寅五月十九日）

上午四時半，山座公使靈柩至湯河車站，五時到秦皇島，搭軍艦“明石號”返日本。

1914 年 6 月 13 日（甲寅五月二十日）

水野參事官靈柩，早晨行抵神户。晚間六點半鐘復由神户啓行，約翌日即可抵東京。

1914 年 6 月 14 日（甲寅五月二十一日）

水野參事官靈柩到達東京，時有加藤外相、伊集院公使等一百餘人於新橋車站出迎，訂於翌日舉行正式葬禮。

1914 年 6 月 15 日（甲寅五月二十二日）

澀澤榮一及隨行人員抵達日本東京。

1914 年 6 月 19 日（甲寅五月二十六日）

山座公使之靈柩於下午四點半抵東京。日本各大臣及朝野重要人物均到站迎接靈柩。

1914 年 6 月 20 日（甲寅五月二十七日）

山座公使葬儀二十日在東京青山祭場舉行。日本伊集院公使、福原次官、寺尾博士及軍艦“明石號”水兵隊，皆均隨從靈柩之側，並有皇族代表、各國大使、公使、各大臣及其他多數朝野名士參加葬禮。

# 附録二：報紙簡介

**《大公報》**

英斂之創辦，1902 年 6 月於天津出版。1916 年由安福系王郅隆經營，1925 年 11 月 27 日停刊。創刊號標榜“忘己之爲大，無私之爲公”，以“開風氣，牖民智，挹彼歐西學術，啓我同胞聰明”爲宗旨。1926 年 9 月 1 日起由吴鼎昌、胡政之、張季鸞等接辦。1937 年 8 月，日軍侵佔天津，移至漢口出版，漢口淪陷後遷重慶出版。日本投降後，1945 年 12 月復刊於天津。1949 年 1 月停刊。該報以時評、新聞，執華北、全國輿論界之一牛耳。

《大公報》人民出版社 1982 年影印版“影印者説明”。

**《國民公報》**

四川發刊較早的一家民營報紙。1912 年 4 月於成都出版，1935 年 5 月停刊，1936 年 8 月於重慶復刊，至 1950 年 2 月終刊，共出版 12721 號。該報始由李澄波、康心之等 6 人集資籌辦，原爲《大漢國民報》。第一任總編輯爲張季鸞推薦之《大公報》駐川特派員杜協民。報紙系金融界集資所辦，故内容偏重金融和經濟新聞。1912 年 3 月，成都大漢軍政府與重慶蜀軍政府合併，全川統一，報紙改名爲《中華國民報》，4 月 22 日，又與《四川公報》合併，擇其“國民”與“公報”四字，取名《國民公報》。社長汪象蓀，編輯陳少松、沈峰，經理謝翼謀、向竹賢，發行人謝翼謀。該報於“五四”前後，刊登過介紹有關馬克思主義及布爾什維克主義的文章。1944 年後，不少中共地下黨員與進步人士，先後進入報社主持筆政。1950 年初終刊。

重慶地方誌編纂委員會編：《重慶市志》第 10 卷，西南師範大學出版社 2005 年版，第 936—937 頁。

**《河南日報》**

報館選址河南開封市南書店街路東，中華郵政掛號認爲新聞紙類。零售價12文，每月售銅元三十枚，外寄加郵費一角五。

録該報報頭語。

**《滿洲日日新聞》**

1907年11月，日本人於大連創辦。設有編輯局、總務局、營業局和印刷所。初由後藤新平等首倡，滿鐵出資，主要宣傳滿鐵。報紙原爲日文，後增設英文、中文專欄。因資金不能自給，滿鐵將其改組，委守屋善兵衛經營。1913年11月再次改組，實行股份制，資金爲135萬元。1910年英文專欄獨立，改爲《滿洲每日新聞》。1922年中文專欄獨立爲《滿洲報》。1927年與《遼東新報》合併，改名爲《滿洲日報》。中經合併《大連新聞》、《奉天日日新聞》，1940年7月更名爲《大連日日新聞》。1945年8月，日軍投降後停刊。

王榮國主編：《遼寧歷史圖鑒》，瀋陽出版社2008年版，第210頁。

**《全浙公報》**

約創刊於1910年1月，報館設杭州省城保佑坊大街。葉中裕、吴複齋等先後出任經理，景韶伯、程光甫、馬緒卿相繼爲主筆，汪鐘玉、魏在田、章學謙爲編輯。辦報人員多系學界名流。該報一般日出對開兩張。報紙以開民氣、啓民智爲主旨，政治上貌似公正。内容着重於提倡興辦新學堂，刊載之消息、言論側重教育。

王文科、張扣林主編：《浙江新聞史》，浙江大學出版社2010年版，第56頁。

**《申報》**

近代中國歷史上出版時限最久的中文報紙。1872年4月（清同治十一年三月）由英商美查等創刊於上海，至1949年5月27日終刊，計出25599號。初任主筆爲蔣芷湘，繼任者有何桂笙、錢昕伯、黄式權、金劍花、趙孟遴等。初隔日出一張，後改日報。1909年爲席裕福所接辦，1912年轉給史量才，次年由史氏接辦。抗戰初期，《申報》一度停刊，曾先後發行漢口版（1938年1月15日至7月31日）、香港版（1938年3月1日至1939年7月10日）。1938年10月10日《申報》於上海復刊。1941年12月8日太平洋戰爭爆發後，《申報》在敵僞劫持下出版。抗戰勝利後，成爲CC系報紙。1949年5月停刊。

《申報》上海書店1982年影印版“影印説明”；《辭海》歷史分册（中國近代史），上海辭書出版社1982年版，第114頁；熊月之主編：《上海名人名事名物大觀》，上海人民出版社2005年版，第505頁。

**《時報》**

中國近代有影響的全國性日報之一，也是近現代上海與《申報》、《新聞報》形成三足鼎立之勢的三大報紙之一。光緒三十年四月二十九日（1904年6月12日）創刊於上海，主持者爲狄葆賢，主筆爲陳冷。該報向北京、天津、南京及各省，乃至東京、倫敦、紐約、三藩市、芝加哥、聖路易等地派駐記者。《發刊例》標榜“不偏徇一黨之意見”。獨創體裁，首立時評一欄，開闢文學“附張”，歷屆主編爲雷奮、包天笑、戈公振等。狄氏因疾，將該報售於黄承恩。因經費困難，1939年9月停刊。

戈公振著：《中國報學史》，長沙嶽麓書社2011年版，第129、121、124、125頁。

**《盛京時報》**

1906年10月（清光緒三十二年九月），日本人中島氏於瀋陽創辦。此後又有宫川貫作、染谷寶藏等任社長，至1944年9月停刊，歷時38年。創刊時爲對開一大張，不久增加附張（兩版），後又日出兩大張，最多時達到對開兩大張半，發行量達18萬份。社長下設論説委員會、編輯局。該報得到日本官方支持及滿洲鐵路公司之津貼，對中國内政、外交、經濟、軍事、文化、教育、社會風情等重大事件均有報導。

王榮國主編：《遼寧歷史圖鑒》，瀋陽出版社2008年版，第209頁。

**《時事新報》**

前身系上海之《時事報》（1907年12月創刊、主編汪劍秋）與《輿論日報》（1908年2月創刊、主編狄葆豐）。兩報於1909年合併，定名《輿論時事報》，1911年5月改爲《時事新報》。汪詒年任經理。清末時，該報宣傳立憲政治。辛亥革命後，成爲進步黨報紙，後又轉爲研究系的喉舌。1918年3月起增《學燈》副刊。五四運動後逐步演變爲抵制革命的輿論工具。1932年與《大晚報》、《大陸報》、申時電訊社組成聯合公司（簡稱“四社”）。1935年報紙産權轉讓給孔祥熙財團，1937年11月26日遷重慶出版。1945 年 9 月 21 日在上海復刊。1949 年 5 月 27 日停刊。

馮天瑜：《中華文化辭典》，武漢大學出版社 2010 年版，第 579 頁。

**《順天時報》**

1901 年 10 月，日本人於北京創刊之中文報紙。初名《燕京時報》，先後由中島真雄、龜井陸良等人主持。該報得到日本財閥和外務省支持，是日本在華半官方報紙。民國以後成爲華北第一大報。1928 年國民革命軍攻佔北京後，該報因造謡生事，遭到北平郵電工人及報販抵制，銷路大減。1930 年 3 月停刊。共計發行 9284 號。

石源華主編：《中華民國外交史辭典》，上海古籍出版社 1996 年版，第 473 頁。

**《神州日報》**

1907 年 4 月於上海創刊。由于右任、邵力子、張俊生、譚介人等籌辦，葉任裕、汪彭年分任經理，總主筆楊篤生。早期政治傾向鮮明，積極宣傳反清革命思想及民主意識。1915 年後，因早期辦報人陸續退出，該報政治傾向逐漸轉變，銷量低落。1918 年錢芥塵接辦。至 20 年代初，依靠附刊《晶報》勉强維持。1927 年 1 月停刊。1936 年 10 月復刊，先後辟《神皋雜俎》、《神州畫刊》、《娱樂》等副刊。1941 年因太平洋戰争爆發停刊。1945 年元旦復刊，次年 12 月終刊。

熊月之主編：《上海名人名事名物大觀》，上海人民出版社 2005 年版，第 615 頁。

**《新聞報》**

1893 年 2 月 17 日（清光緒十九年正月初一）由英人丹福士創辦於上海。蔡爾康任主筆。1899 年轉讓給美國人福開森。汪漢溪爲華經理，郁岱生、孫玉聲、金煦生任編輯。該報以“中國化”特色掩飾殖民主義立場。1919 年銷售達 4500 多份。1929 年售給由金城銀行經理吴藴齋、四行儲蓄會協理錢新之及史量才等組成的華商股份有限公司。抗日戰争時幾度停刊。1949 年 5 月終刊。

馮天瑜主編：《中華文化辭典》，武漢大學出版社 2010 年版，第 593 頁。

# 編後語

此項目系華中師范大學澀澤榮一研究中心與日本澀澤榮一紀念財團之合作產物。此動議最早由日本關西大學陶德民教授於 2006 年 12 月提出，他在 E-mail 中告知：“一又正雄所編《山座圓次郎傳》（原書房 1974 年）一書中，有謂澀澤榮一 1914 年在山座公使陪同下謁見袁世凱總統，但至於澀澤在華整個活動却語焉不詳。”由於澀澤系日本近代“實業之父”的特殊身份，弄清澀澤訪華細節，對瞭解其時之中日關係尤有要趣。中經陶德民教授之溝通，中日雙方幾番商討，決定從新聞報道方面梳理澀澤在華行止，編輯、出版《1914 澀澤榮一中國行》資料集，並將此列入研究中心的工作計畫。

始自 2007 年下半年，我們先後安排碩士研究生張偉然、吕曉麗、熊偉勇等開展文獻調研工作。因我們各自手頭任務較重，搜撿文獻工作時斷時繼。幸賴翟金懿同學獲得碩士學位後加入團隊，全情投入文獻複製與整理之中，對本資料集之終篇厥功至偉。李曉雨、徐珊珊同學不避溽暑，録入、翻譯《滿洲日日新聞》，亦需附識。扉頁上的珍貴歷史圖片選自野口米次郎所編《中日實業株式會社三十年史》（昭和十八年），一并致謝。我校出版社學術出版中心主任馮會平女士及編輯蕭緒旭、張懷東專注處理繁、異體字，積極促成是書出版，謹致謝忱。

最後，感謝章開沅教授、馬敏教授、木村昌人研究部長、陶德民教授撥冗作序，共襄中日學術合作之事業。